Dedico estas fotografías a mi madre
A. S.

I.S.B.N.: 950-9140-01-5

Publicado en la Argentina en 1983 por Cosmogonías S.A.
Billinghurst 2386 - Buenos Aires.
Queda hecho el depósito que dispone la ley Nº 11.723.
Impreso en Japón.

VIDA Y GLORIA DEL

TEATRO COLON

TEXTO DE MANUEL MUJICA LAINEZ
FOTOGRAFIAS DE ALDO SESSA

TEXTOS COMPLEMENTARIOS

JUAN PEDRO FRANZE	CONCIERTOS Y RECITALES.
ANA LUCIA FREGA	INSTITUTO SUPERIOR DE ARTE DEL TEATRO COLON.
ANGEL FUMAGALLI	PRODUCCION Y ESCENARIO. COMPILACION DE OPINIONES.
SILVIA GSELL	BALLET.
JOSE MARIA PEÑA	ARQUITECTURA, ORNAMENTACION Y DECORACION.
ENZO VALENTI FERRO	ARTE LIRICO.

VIDA Y GLORIA DEL

TEATRO COLON

EDICIONES COSMOGONIAS
Buenos Aires

MIS MEMORIAS DEL TEATRO COLON

Tenía yo unos seis años (es decir que esto pasaba hacia 1916), cuando por primera vez me llevaron al Teatro Colón. Daban en aquella oportunidad, felizmente, *Aída*. Gracias a ella, a la fascinación de su colorido y de su música, el Teatro me conquistó para siempre. En él entré, niño asombrado, de la mano cálida de Verdi, entre trompetas, y no podía entrar mejor. Fue como un encantamiento. Todavía hoy, al cabo de tantos años, cada vez que asisto al regreso triunfal de Radamés, la misma emoción, muy vieja y muy joven, me estremece y me entusiasma.

Como es natural, tardé bastante tiempo en valorar lo que el Teatro Colón significa. Poco a poco, su condición de lugar feérico donde la magia es posible, se enriqueció —sin perder nunca esa maravilla esencial— con el aporte orgulloso de lo que representa para nuestro país.

Buenos Aires —y a través de ella, la República— es dueña de varios espejos suntuosos en los que refleja y exalta lo más preclaro de su espíritu. A ellos nos asomamos con justa vanidad, y las imágenes que nos ofrecen nos mueven —o deben movernos— a ser dignos de su jerarquía y de lo que soñaron sus creadores. Uno de esos espejos deslumbrantes, es el Teatro Colón. Todo en él, desde la equilibrada majestad de su arquitectura y decoraciones y el noble estilo de vida que implica su esplendor, hasta su larga historia de arte excelso, habla a nuestro ánimo de la fe en la grandeza argentina que abrigaron quienes lo construyeron, setenta y cinco años atrás. Basta su existencia para imponer un tono. Se siente en lo más íntimo de la sensibilidad, mientras se lo recorre, que hay que merecerlo, y que al proceder así se corresponde a la mencionada ilusión de lograda grandeza que inspiró a nuestros antecesores.

En el Teatro Colón se cifra, simbólicamente, la pujanza patria de 1908, el fervor de un país próspero en lo intelectual y en lo material. Del lujo mundano de su palcos y plateas, a la sencillez de sus galerías y de su paraíso, los más diversos estratos sociales han tenido cabida en su vastedad que los resume. Nadie que verdaderamente lo deseara, dejó de gozar de la maravilla de su espectáculo, y de formar parte de él, porque en el Teatro Colón de los grandes momentos, el espectáculo procede del proscenio y de la sala, integrantes de una sola armonía. Ojalá consiga-

mos, a nuestro turno, ser acreedores a tanta hermosura magnífica, pues ello indicará que el país, nuestro país, sigue siendo digno de éste y de otros símbolos, que reiteran con callado lenguaje, en el ritmo soberbio de sus estructuras, perdurables lecciones de certidumbre en la trascendencia del porvenir argentino.

De mí sé decir que he vuelto y vuelto al querido Teatro, a lo largo de la vida entera, y que no hubo ocasión en que abarcara la sala gloriosa, fuese desde el antepecho de un palco o apoyado en el barandal de las últimas alturas, sin que tornase a experimentar la impresión alucinante de que el tiempo, los tiempos, flotaban en la amplitud del ámbito encendido por mil luces, y sin que mi mirada creyera descubrir, disimulados aquí y allá, dentro de la vibración oro y rosa de las balaustradas y los cortinajes, en una vacilante mudanza de modas, los rasgos de rostros admirados o amados que han desaparecido. Las presencias memorables, las presencias que contribuyen a dar carácter a determinado sitio y que, en cierto modo, lo completan hasta incorporarse a su alma misteriosa, son inseparables de él, y quien aguce la percepción hallará su rastro leve, insinuado en un temblor de sombras y de apariciones fugaces. El Teatro Colón posee ese secreto caudal, tan suyo, para siempre, como el movimiento del telón fastuoso que, al abrirse, recoge sus pliegues como si trazara una reverencia.

Pero ahora estamos en el Teatro, y el murmullo de las conversaciones, al cual se mezcla, sutil como hecho de suspiros, el de voces pasadas y el de abanicos invisibles, cesa doquier: el Director ha subido al podio, y sus brazos alzados despertaron los ocultos instrumentos. Se fue oscureciendo la sala, hasta que, súbitamente, prodigiosamente, la iluminó la música.

***

Dentro de lo que, por sugerencia de mi amigo Aldo Sessa, estoy escribiendo, no cabe que yo trace la historia lírica del Teatro Colón, ni me arriesgue a técnicas profundidades, para acompañamiento de sus fotografías de excepcional artista. No sabría hacerlo. Esa tarea incumbe, en este libro, a especialistas, con títulos, conocimientos y experiencia sobrada. La circunstancia de haber sido un concurrente asiduo al Teatro, no basta, por cierto, para graduarme de melómano. La verdad es que mi relación con el Teatro deriva tanto del placer que la buena música y el buen canto producen, como de la felicidad que para mí brota de su atmósfera.

He tenido la suerte, en el andar de muchos años, de aplaudir allí a estupendos cantantes, directores, ejecutantes y bailarines. Tuve abonos en la cazuela, y disfruté de palcos con rara fortuna. Esto último fue cuando era director general de Relaciones Culturales en la Cancillería. Dicho cargo, por entonces casi honorífico, comprendía en aquella época el favor envidiable de un palco en el Teatro Colón. Desde él, flanqueado en ocasiones por un decorativo agregado cultural extranjero —con turbante, de ser posible— completé cómodamente mi sabiduría operista, y cuando abandoné tales funciones, si perdí ese palco, gané otro, el de la Academia Nacional de Bellas Artes, al cual tenía derecho, y lo usufructué largamente, a menudo junto al cordial escultor José Fioravanti, el que sembró a Buenos Aires de monumentos.

Intentaré ahora una nómina de las grandes figuras que vi desfilar por la escena del Teatro Colón, a partir de la época en que, muchachos ufanos de nuestros fracs flamantes, de nuestra gomina y de nuestro futuro, los de mi generación ojeábamos a las niñas, parapetados tras el programa abierto, en la enjoyada penumbra del Teatro. Sé que olvidaré a muchos y principales. Sé que por ello me criticarán con justicia los expertos. Pero me atreveré, con buena voluntad y mala memoria, a componer una lista embarullada e incompleta, cuya resonancia es imprescindible aquí, y que —aun coja— será suficiente para que quien lea estas líneas aprecie, si es joven, lo que ha perdido, y para que se sature de nostalgia, si no lo es: Claudia Muzio, Beniamino Gigli, Lauritz Melchior, Renata Tebaldi, la Schwarzkopf, Lily Pons, María Caniglia, María Callas, Chaliapin, Fedora Barbieri, Birgit Nilsson, Victoria de los Angeles, Christoff . . . Serge Lifar, Tumanova, Markova, Nureyev . . . He tenido el honor de ver a

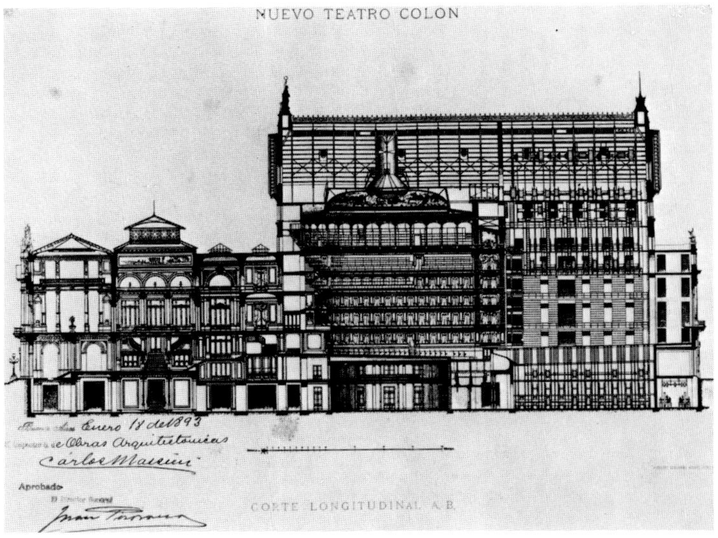

Manuel de Falla y a Stravinsky, dirigiendo sus obras (a éste, cuando la voz de Victoria Ocampo colmó la sala, declamando los versos de André Gide para *Perséphone*), y a Toscanini, de muy cerca, de un avant-scène, gobernar la orquesta con los ojos terribles más que con la batuta . . . y a Hindemith y a Weingartner . . . Y a los pianistas y violinistas famosos . . . Esto, sin nombrar —porque ahí sí sería peligroso equivocarme— a los múltiples y notables argentinos.

¡No me puedo quejar! ¡Cuánta gloria! Cierro los párpados, en el silencio de mi casa cordobesa, y recreo las imágenes. Hay tanta música alrededor, que dejo la pluma y aguardo. Los inmensos álamos de la Carolina me traen, en sus estremecimientos, ecos de Mozart, de Beethoven, de Wagner, de Bellini, de Puccini, del adorado Verdi . . . Arthur Rubinstein está al piano; está al piano Brailovsky; saluda Segovia, con la guitarra en la diestra; Jehudi Menuhin, como un cetro, alza el arco del violín. Y el Teatro crece en torno, y confunde su oro y su rosa con el verde y el azul del paisaje, mientras que, simultáneamente, el canto de los árboles y el canto de las divas asciende hacia las nubes, como hacia un hermoso techo escenográfico.

A esos privilegios se añade el de haber conocido la otra faz del Teatro, la oculta, la ignota, la que subyace en el arcano de los pisos distribuidos bajo tierra, y que ha crecido en las entrañas de la hoy llamada Plaza Toscanini. En diferentes momentos, he visitado ese mundo secreto, sin el cual el complementario, el que arriba se expande, envanece y brilla, no podría existir, porque en sus escondrijos se hunden las raíces, a veces modestas pero siempre imprescindibles, que nutren de savias vitales al mundo superior.

Difícilmente imaginará quien, acomodado en su asiento, presencia el alzarse del telón y escucha los acordes preliminares de la obra, que

debajo de él, en ese instante mismo y a cualquier hora, de la mañana a la noche, bullen las energías de una pequeña ciudad. Su admiración se mudaría en asombro, si le fuera dado internarse en sus portentos y taumaturgias, por un dédalo de escaleras y de ascensores, de pasajes y de galerías, en cuyo enredo se hubiese extraviado de no contar con un avezado lazarillo, para desembocar en ringleras de estudios, de talleres, de depósitos y de salas de ensayo, que eventualmente reproducen con fidelidad las proporciones del gran proscenio.
Los habitantes con quienes tropezaría en su peregrinaje turístico serían, en ocasiones, los mismos que vería en la escena, pero le parecería que en las zonas profundas cobraban distinta dimensión. Vería —y oiría— a cantantes probando escalas y gorgoritos; vería las coordinadas acrobacias y las disciplinadas cabriolas de bailarinas y bailarines; vería también a los peluqueros peinando pelucas; a las modistas cortando trajes, copiando bordados; a los pintores decorando trastos, idealizando bambalinas; a los que esculpen, a los carpinteros, a los tapiceros, a los maquinistas, a los electricistas, a los utileros . . . Se cruzaría, según las temporadas, con Otelo a medio maquillar, con Sigfrido en mangas de camisa, con el tierno Pelléas, con la terrible Turandot, con la dulce Butterfly; se cruzaría con bandadas de vaporosas discípulas de danza, con walkirias que comen sandwiches, con multitudes medioevales que discuten sobre el costo de la vida en la Argentina. La Historia, la Poesía, la Fantasía, la Extravagancia, andan allí con la mayor naturalidad, y toleran que se codeen las épocas contradictorias y lo aparentemente real con lo que seguramente no lo es.
Todo ello metamorfosea al Teatro Colón en ciudadela de la magia y en refugio de los sueños, en el centro de Buenos Aires, de una metrópoli a la cual sacuden las pasiones de la política y de la economía o agitan las inquietudes propias del tiempo que fluye y de la vida que se va, porque en el seno hermético del Teatro triunfa la paradoja de que el tiempo no existe, al no existir la vejez eliminada por el disfraz, y de que tampoco impera la muerte, puesto que las generaciones transcurren y los Rigolettos se suceden y se suceden los Boris y las Aídas, y luego de que muere, aleteando, el Cisne de Saint-Saëns se levanta para hacer una bonita

reverencia a quienes lo aplauden. Feliz lugar; isla hechizada y hechicera; invisible, dinámico, tumultuoso circo subterráneo, y visible palacio del orden supremo ordenado por la música, donde la elegancia se da aún cita con el arte, en días en que el arte y la elegancia ofrecen la imagen de un loco divorcio (que vaya uno a saber hasta cuándo se prolongará, porque todo vuelve): he ahí al Teatro Colón.

* * *

Aparte de los vínculos fundamentales ya citados, que desde mi infancia me unen al Teatro Colón y que, afirmados y refinados con el correr del tiempo, comparto, por distintas razones, con miles de aficionados, de mundanos y de admiradores, hay cuatro episodios originales que establecen entre mi existencia y la del Teatro, nexos de rareza particular. Así, sin que yo me trazase un plan previo, me encontré, por fuerza de las circunstancias, en cuatro oportunidades, tan íntimamente conectado con el Colón y su vida, que hoy, de proponerme escribir mis memorias —cosa que ni siquiera aflora a mi imaginación— de ellos no podría prescindir.
Se desarrollaron, respectivamente, en 1942, en 1963-66, en 1967-72 y en 1979.

* * *

El primero de dichos episodios, el de mis treinta y dos años, me confinó en el Teatro Colón durante un verano entero. Era a la sazón su director escenógrafo mi querido amigo el pintor Héctor Basaldúa. Lo fue de 1933 a 1950, y proyectó en ese lapso decorados inolvidables, la mayoría de los cuales recopiló en un volumen la Intendencia Municipal de Mariano de Vedia y Mitre.

En 1942 se le ocurrió pintar mi retrato en el Colón, aprovechando el relativo reposo con que la calma estival aliviaba sus abrumadoras tareas. Para elegir el atuendo propicio, juntos visitamos los colosales depósitos de trajes y accesorios, extendidos en uno de los pisos subterráneos. Recuerdo el serio buen humor y la profesional destreza con que el artista —a quien yo conocía desde mi París quinceañero— me probó birretes, chapeos y cascos, me arrebujó en togas, mantos y albornoces, desdeñó jubones y apartó plumeros. Terminó decidiéndose por la capa de Cavaradossi y, con ella bajo el brazo, regresamos al estudio del maestro, situado en la primera planta.
Ocupaba su taller una habitación luminosa. Desde allí, por encima de la Plaza Lavalle, y de la columna en cuyo extremo hace equilibrio el héroe que veneraron mis antecesores, se avistaba, aérea, una cúpula fantástica, la perdida aguja de la cual sobrevive, gracias al mismo Basaldúa, en una de sus ilustraciones para mi *Canto a Buenos Aires.* Héctor esbozó, durante los días iniciales, varios dibujos míos, en busca de la "pose" conveniente, hasta que aseguró en el caballete la tela, y se dispuso a la aventura de pintar. Había optado por una efigie de medio cuerpo. En ella visto un pantalón azul y una camisa blanca, de cuello abierto; pende de mi hombro izquierdo la capa azul del amante de Tosca, y ambas manos descansan, en mis piernas, sobre las páginas de un libro.
Si yo hubiera sabido que el retrato me iba a exigir cincuenta y cuatro "poses", o sea cincuenta y cuatro matutinos viajes, desde mi casa del barrio de Belgrano hasta el acceso del Teatro por la calle Cerrito, dudo bastante de que hubiera encarado la probabilidad de llevarlo adelante, pese a que la idea de poseer mi retrato por Basaldúa me hacía inmensamente feliz. El retrato no hubiese existido, y su ausencia me hubiera privado de mi imagen más lograda de aquella época. Por ventura, tras cotidianas vacilaciones, tras avances y retrocesos incontables, llegó a su fin, y el óleo cuelga en la actualidad en el comedor del menor de mis hijos. Se medirá la estrictez escrupulosa del maestro, con sólo tener en cuenta que cuando habían transcurrido treinta sesiones, de súbito, sin prevenirme, irritado, enarboló un cuchillo y raspó y borró la cara de la tela; y que el blanco de la camisa representó, a su vez, más de veinte

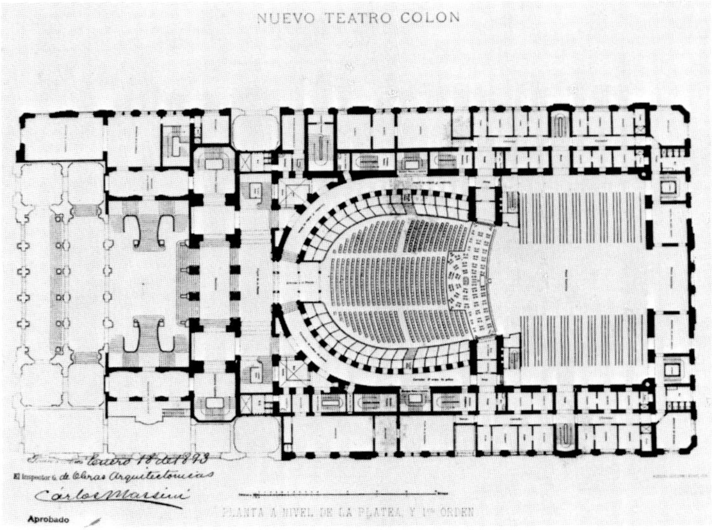

sesiones consagradas maniáticamente a superponer pinceladas, indagando en la rebeldía de la materia plástica y sus matices, hasta que el autor hallaba lo que creía justo.

Esas diarias visitas al taller estrecharon mi vieja amistad con Basaldúa; también la estrecharon con el Teatro Colón. De cuando en cuando, al par que la mañana seguía su camino, interrumpíanse las "poses", porque sus ayudantes acudían a consultar al escenógrafo, o porque éste le concedía a mi inmovilidad rigurosa una pasajera vacación. Yo la dedicaba, si era posible, a vagar por los contornos del estudio. Descubría algún palco entreabierto, y me deslizaba en su interior sombrío. Frente a mí, causándome un instantáneo vértigo, naufragaba la sala en las tinieblas. Unicamente el proscenio ardía, como una extraña fogata, en la negrura. Y en él se sucedían los ensayos de *Pelléas y Mélisande.*

¡Ah misteriosa conjunción de la música pictórica de Debussy, del texto musical de Maeterlinck y del cuadro poético de Basaldúa! Hoy, al cabo de tantos lustros, las sensaciones producidas por incentivos tan diversos, se confunden y crean una sola, larga, honda, arcana, armónica emoción bellísima, cuyos elementos, inseparables en mi memoria, confirman la unidad del arte, por encima de la clasificación discriminante de las expresiones estéticas.

Sonaba la clara voz de Pelléas: "Toute ta chevelure, Mélisande, toute ta chevelure est tombée de la tour! . . . Je la tiens dans les mains, je la touche des lèvres . . ." La música ondulaba, como si fluyese debajo de un río. Yo había vuelto al taller; había recuperado la capa azul de Cavaradossi; había reasumido la familiar actitud, quietas las manos sobre el libro; y el retrato, secretamente, convocado por el pincel que parecía lo único vivo de la habitación, se impregnaba del alma del Teatro que nos envolvía.

* * *

El segundo episodio que debo referir, tuvo por antecedente una hepatitis tan benigna como prolongada, que en 1963 me mantuvo en la cama casi cuatro meses. Durante ese tiempo, leí mucho; traduje en verso *Les Femmes Savantes* de Molière; escribí infinitas cartas; empecé a pegar fotografías y recortes en un grueso álbum, el primero de una serie que alcanza hoy a nueve tomos. También me enteré entonces de los trabajos llevados a cabo por Chagall para dotar de una nueva decoración a la cúpula de la Opera de París. Y, en las extensas pausas de ocio más o menos meditabundo que la enfermedad me imponía, maduré lentamente la idea de conseguir algo similar para el Teatro Colón. Me decía a mí mismo que la incorporación de ese elemento se justificaría incomparablemente más en el caso de nuestro Teatro que en el de la Opera, pues ésta poseía ya una cúpula pintada, mientras que en Buenos Aires la perdimos hace muchos años, a consecuencia de unas humedades y filtraciones producidas por la inventada refrigeración que se utilizó, desaprensiva y torpemente, en el curso de ciertos bailes de Carnaval. En su lugar, un amplio espacio desnudo, gris, en torno de la araña, afligía al Teatro con una especie de injusta calvicie.
Conocía yo bien a los artistas que se destacaban veinte años atrás. Analicé detenidamente sus trayectorias y sus características, en pos de aquellas que coincidiesen con mis ambiciones. El pintor, en mi opinión, debía ser capaz de expresarse y de realizar su tarea, sin que ésta desentonara y se "despegara" del equilibrado conjunto, eso sí conservando intacto lo propio de su personalidad de artista, porque sospechaba (después verifiqué, en París, mi acierto) que el aporte de Chagall a la Opera debía causar un efecto exactamente contrario al deseable. Y, por lógica, fue fácil llegar a la conclusión de que el más adecuado era Raúl Soldi. Hasta el mágico clima en el que Soldi había vivido de niño, entre circos y proscenios donde florecía el bel canto, lo señalaba para incorporar al Colón una cúpula que, al coronarlo, constituiría a la vez la contribución de nuestro tiempo al edificio admirable.
Me comuniqué con él, y de inmediato advertí que lo entusiasmaba la idea. Poco después me visitó, y me confió que su exaltación y su ansiedad por iniciar la empresa era tal, que la haría sin percibir ninguna retribu-

ción económica. Llamamos enseguida por teléfono a nuestro común amigo Alberto Prebisch, Intendente Municipal de Buenos Aires, y le hicimos conocer el proyecto. Su adhesión fue tan intensa como la de Soldi, quien sin pérdida de tiempo, estimulado así por el jefe de la comuna, dio principio a los esbozos. Pero no le incumbió a la intendencia de Prebisch el impulso definitivo. El proyecto durmió hasta que, siendo el Sr. Francisco Rabanal el Lord Mayor porteño, la Sra. Zulema Paz Zuberbühler de Hueyo, esposa del Secretario de Abastecimiento de la Municipalidad, conoció por casualidad la maqueta del techo futuro en el taller de Soldi. Fue ella quien logró oficialmente que la obra se concretase. En diciembre de 1965 visité ese taller, y allí vi la gran rueda ingeniosa, giratoria, en la que el maestro había distribuido la ronda de los personajes que anhelaba desarrollar, como un ballet multicolor, en el techo del Teatro Colón. Aquello perfeccionaba delicadamente lo que imaginé. Cantantes, bailarines, actores de la Comedia del Arte, se enlazaban con suave ritmo, para cubrir los 318 metros cuadrados de la cúpula. Algo después gocé del privilegio de llegar hasta la cúpula misma, utilizando un estrecho puentecillo tendido desde el paraíso del Teatro. Apenas se distinguía, abajo, diminuto, más allá de la trabazón del andamiaje que nos sustentaba, el proscenio. Soldi estaba retocando las tenues transparencias de sus gráciles pinturas. Tan cerca las tuve, tanto me rodeaban que, como en los cuentos, sentí que había podido entrar, fugazmente, luego de atravesar un abismo vertiginoso, en la región donde conviven los seres encantados.

Por fin, el 25 de mayo de 1966, apertura de la temporada, me emocionó asistir al acto inaugural de la creación de Soldi. Recuerdo que cuando ingresamos en la sala, la totalidad de sus luces estaban encendidas, con excepción de las de la gran araña y que, acomodado el público, que llenó las localidades, se apagaron de súbito esas luces, al par que se iluminó la araña resplandeciente y brillaron las lámparas superiores. Entonces, allá arriba, arriba, como si detuviesen el desenroscar de su espiral feérica, los personajes fabulosos parecían inclinarse para recibir la unanimidad de los aplausos. De un palco al otro, por encima de la distancia de una sala semihundida en la oscuridad, Raúl Soldi y yo nos descubrimos y, al prenderse entero el Teatro, levantamos los brazos en fraternal saludo. Por supuesto, hubo críticas; nunca faltan, cuando se trata de innovaciones. Han pasado diecisiete años. Hoy la ronda de Soldi es tan propia del Teatro Colón como los amorcillos que, sobre el proscenio, juegan con las notas musicales. Y, dentro de dicha ronda, uno de sus componentes más pequeños sostiene una máscara de unicornio, en recuerdo de quien, en la lejanía de su lecho de enfermo, alguna vez soñó con las criaturas seductoras, las cuales día y noche, estuviese el Teatro colmado o vacío, danzarían en su cúpula, para felicidad del Teatro Colón bienamado.

* * *

El año que siguió a la importante inauguración de Soldi, se inició el tercer y prolongado episodio de la serie que estoy evocando. Ese 1967, en mayo y en Washington, se estrenó la ópera *Bomarzo* de Alberto Ginastera, inspirada por mi novela del mismo título. Su éxito fue realmente extraordinario, con ecos que llenaron columnas laudatorias en periódicos y revistas. El embajador argentino —lo era el Dr. Alvaro Alsogaray— nos ofreció en la sede diplomática una comida espléndida, de la cual participaron invitados numerosos y destacados, encabezados por el Vicepresidente de los Estados Unidos, Mr. Humphrey. Los alegóricos monstruos del Sacro Bosque de Bomarzo, habían sido pintados en grandes telas que decoraban el salón de baile, y las langostas, servidas en largas fuentes de plata, fueron aderezadas en forma de claves de sol por el arte del chef. El generoso embajador tiró la casa por la ventana. En consecuencia él debió asombrarse tanto como Ginastera y yo —y a él le habrá resultado más difícil, si no imposible, elaborar una explicación coherente—, cuando se enteró de que la censura municipal había prohibido el estreno de *Bomarzo* en el Teatro Colón, anunciado para el

inmediato mes de julio. Yo me enteré en Río de Janeiro, donde estaba representando a la Academia Argentina de Letras en los actos celebratorios del septuagésimo aniversario de la Academia del Brasil. Lo supe por un telegrama cómico y enigmático de Ginastera. Regresé al punto a Buenos Aires, y me incorporé a la divertida, estruendosa polémica que crepitó en torno del asunto, y que dejó tan mal parado, en la soledad de su atropellada y absurda "plancha", al gazmoño y muy equivocado gobierno militar de entonces.

Después . . . *Bomarzo,* el desterrado de su patria, se vio y oyó en Nueva York, en Zurich, en la República Federal Alemana, y recogió doquier los elogios de los críticos y de asistencias. Un lustro transcurriría desde el estreno norteamericano, antes de que en nuestro país se reparara el desatino. Cambió el gobierno, y el nuevo Secretario de Cultura, Carcavallo, telefoneó inesperadamente a casa, una medianoche, para anunciarme que *Bomarzo* subiría a la escena del Colón el próximo mes de abril. Y así fue. El sábado 29 de abril de 1972, desde el avant-scène de la Intendencia Municipal, con el Intendente Saturnino Montero Ruiz y su señora, Alberto Ginastera y yo, acompañados por nuestras esposas y por mi nieta Ana Victoria, fuimos testigos del estreno argentino de nuestra obra "nefanda". Como desquite, no estaba mal. Un público altamente caracterizado —diplomáticos, funcionarios, escritores, artistas, gente de la sociedad tradicional de Buenos Aires— inundaba la sala de bote en bote, y le añadía el lujo centelleante de las joyas, de los rasos, de los terciopelos, de las almidonadas camisas de etiqueta. Los arlequines, los juglares y las bailarinas de Soldi, se asomaban a contemplarnos.

Al término del espectáculo, se sucedieron las ruidosas ovaciones, dirigidas a Antonio Tauriello y su batuta, a los cantantes Salvador Novoa, Isabel Penagos, Joanna Simon, Claramae Turner . . . a Tito Capobianco, el régisseur, a Aráiz, el coreógrafo . . . Cuando la obra se acercaba a su culminación, Ginastera me sacó nerviosa y precipitadamente del palco de la Intendencia. Juntos corrimos por escaleras y galerías (él me guiaba en el teatral laberinto), hasta desembocar en el escenario, en momentos en que Capobianco reclamaba nuestra presencia. Me tocó salir el último. El público de pie, en la platea, en los palcos, en la cazuela, tertulia y paraíso, nos aplaudía sin parar. Nos tomamos de las manos y avanzamos, el maestro y yo, aplaudidos también por los intérpretes de nuestra creación. Y, mientras redoblaba el batir de palmas, y el telón bajaba y tornaba a subir sobre el decorado de la Boca del Infierno de Bomarzo —la que me sugirió mi novela, en la remota región etrusca—, yo saludaba, agradecía, y por primera vez abrazaba la plenitud de la sala desde el proscenio, como uno de sus figurantes. ¡Qué extraña, embriagadora sensación! Del mismo modo que, en múltiples ocasiones anteriores, había mirado desde la sala la escena, y ésta me había parecido una fogata inmóvil, surgida de las sombras, ahora miraba la sala, la inmensidad áurea y rosa, sus fulgores, sus destellos, como si me hallase ante un vasto incendio semicircular, cuyas combustiones trémulas trepaban piso a piso, hasta estallar en la soberbia de la gigantesca araña y sus cuatrocientas cincuenta luces.

De aquel día en más, nos vinculaba al Teatro Colón, no sólo el triunfo de la obra que ambos habíamos concebido en perfecta armonía, sino asimismo y sutilmente, el triunfo de la verdad del arte sobre la confusión de la ignorancia, sobre la torpeza de las trabas de la ciega censura.

* * *

Hemos llegado, una etapa tras la otra, al último de los grandes recuerdos que, hasta ahora, mezclan mis imágenes con la imagen majestuosa del Colón. Este se desarrolló en 1978, desde el 16 de enero hasta el 13 de agosto, y culminó un año después. Pero es cierto que el año previo, o sea 1977, lo pasé en íntimo contacto con el Teatro Colón, aun sin dejar "El Paraíso", mi casa de las sierras de Córdoba.

Empecé entonces a recopilar las notas que me facilitarían la composición de *El Gran Teatro,* pues se me había metido en la cabeza —supongo que eso, aproximadamente, es lo que solemos llamar "inspiración"— la fantasía de escribir una novela que transcurriera íntegra dentro del Teatro Colón. Ya antes, mucho antes, había pensado en armar una que se hubiera titulado "El Palco", y que hubiese tenido por atmósfera la del mismo Colón, pero que quedó, como tantos libros míos, en la poblada vaguedad donde flotan los proyectos sin cumplir. Esta vez valoré nítidamente las ventajas que derivaban de mi vislumbre: mi novela, si la realizaba, sería la primera existente, dentro de nuestra literatura, que acaecería en el interior del Teatro Colón, y además, por esa circunstancia, constituiría mi homenaje al Teatro al cual adeudo tantas felicidades. Puse, por ende, manos a la obra, y a medida que en mi ánimo se afirmaba la idea, más me gustó, sobre todo cuando llegué a la conclusión de que la acción del libro no debía abandonar nunca el ámbito del Teatro.

Repito que viví aquel 1977 en que acumulé las notas, como si el Colón fuese mi propia casa. En varias ocasiones, de mañana, lo recorrí de punta a punta y de piso en piso, asesorado por Hernán Prat, un guía imprescindible. Encendieron la sala para mí, sólo para mí, en varias oportunidades, a fin de que yo emplazara mis personajes, los cuales se iban definiendo a medida que corrían los meses. Luego de sucesivas exclusiones, elegí a *Parsifal* como la obra más conveniente, por su carácter, para su presentación la noche de gran abono que brindaría fondo a las intrigas novelescas. Había escogido a 1942 —el año de mi retrato por Basaldúa— para ubicar la obra, ya que sabía que en su curso se había dado el drama musical de Wagner. En "El Paraíso", oí dos veces los discos correspondientes a la versión de *Parsifal* del Teatro de Bayreuth (1951), junto con mis amigos la novelista Sara Gallardo y los poetas Villordo y Monesterolo. Puesto que no sé alemán, seguía la música con un libreto italiano, que trae los "temas" indicados al margen. Después conseguí uno alemán-inglés. Me preocupaba el ajuste del tiempo, de los tiempos de la acción en el escenario y de las complejas acciones en la sala.

¡Qué no me preocupaba, en tanto mis consultas iban y venían, requiriendo el socorro de los más duchos, de Victoria Ocampo, de Julia Bullrich de Saint, de Juan Andrés Sala, de Ricardo González Benegas, y,

por de contado, del paciente Hernán Prat, etc. etc.! He aquí algunos ejemplos:
"¿Cómo se logra el truco de la lanza arrojada por Klingsor, que se retiene precisamente sobre la cabeza de Parsifal?"
"En la década del 40 ¿qué hacían las cantantes durante el entreacto? ¿Se iban a los camarines, o quedaban entre telones, charlando o lo que fuese? ¿Qué hacían el director y los músicos? ¿Dónde quedaban los camarines entonces? ¿Había que bajar las escaleras?"
"Desde el avant-scène bajo de la izquierda ¿se ve el apuntador? ¿Se lo ve dar vuelta las hojas? ¿Qué se ve de entre telones?"
"¿Cómo se componía la orquesta de entonces? En *Le Voyage Artistique à Bayreuth* se habla de treinta y dos violines. ¿Sería así acá?"
"¿Cómo era recibida en plena guerra, en Buenos Aires, una obra de Wagner, el adorado de Hitler? La adoración de Hitler ¿se limitaría a la germánica *Tetralogía,* o abarcaría también un argumento como el de *Parsifal*? Supongo que los directores de orquesta (Kleiber y Busch) no eran hitleristas ¿o había que serlo, para llevar a Wagner a través del mundo?"
"En 1942, después del Teatro, se iba a la 'Confitería París' . . . acaso al 'Aguila' (menos elegante); ¿se iría también al 'Edelweiss'? ¿Existiría ya?"
Etc. etc. y etc. Los etcéteras fueron infinitos.
El 17 de enero de 1978, un día después de haberme lanzado a escribir la novela, me detuve aterrado. ¿Qué pruebas tenía yo de que *Parsifal* se había dado entonces en función nocturna, lo cual era indispensable para la creación del ambiente de mi libro? Los tres programas del "sacro misterio escénico" que poseía, anunciaban el comienzo para las 16 o las 17. "El Gran Teatro" se desmoronaba. Interrogué por carta a los especialistas y, luego de tanto trabajo, pasé unos días que no le deseo a nadie, hasta que Hernán Prat me aclaró que en 1942, el 28 de agosto, con la dirección de Busch y decorados de Basaldúa, *Parsifal* se inició a las 20.15, como duodécima función de Gran Abono. Respiré hondo y seguí adelante. Si tardé un año en recopilar la subterránea información en la que apoyaría la fidelidad de mi novela, me bastaron ocho meses para redactarla.

El 19 de agosto de 1979, fue presentada en el Salón Dorado del Teatro. Sólo puedo comparar mi emoción de aquella tarde con la que experimenté la noche de *Bomarzo.* La vez pasada, la del desquite saboreado con Ginastera, la sala magnífica y su hemiciclo de butacas y palcos, se nos ofreció, alhajada y luminosa, al compositor y al novelista que se inclinaban frente a los aplausos, en el proscenio; la vez de *El Gran Teatro,* fue el salón palaciego de los entreactos y de las recepciones, el de los vitrales mitológicos, los altos espejos y las columnas de esbeltos capiteles, el que se brindó a quien lo había utilizado para situar varios de los episodios principales de su libro, y que en esa fecha se embellecía por la presencia de las mujeres más atrayentes de Buenos Aires.
Leí un breve discurso de agradecimiento a los que me habían secundado con eficaces remembranzas, y me acuerdo de que en sus pausas, al alzar los ojos, imaginé que entre el público me rodeaban también los personajes numerosos que por la novela circulan, a quienes no podría excluir ya, por ser el reflejo de tantos que he conocido o entrevisto, de la "petite histoire" del Teatro.

* * *

Un retrato, la idea de una ronda en la cúpula, el libreto de una ópera, una novela: tal es, hasta hoy, mi contribución individual al anecdotario nutrido del Teatro mayor de la República. Si cada uno de los que a él hemos estado intensamente vinculados en las andanzas de nuestras vidas (y que algo propio tenemos para contar), se decidiera a consignar el testimonio de su experiencia, presiento que el sumado fruto de nuestros heterogéneos aportes produciría riquezas insospechadas. Quizás entonces entendiéramos qué son, quiénes son los fantasmas, de dónde proceden los sueños, las huellas impalpables de esperanza y desilusión, qué secretos moradores habitan el Teatro; por qué sentimos que un espectador invisible ocupa la vacía butaca, vecina de la nuestra; por qué, al avanzar distraídos por uno de los corredores desiertos del Teatro Colón, sabemos, de repente, que no estamos solos.

MANUEL MUJICA LAINEZ
"El Paraíso", marzo de 1983

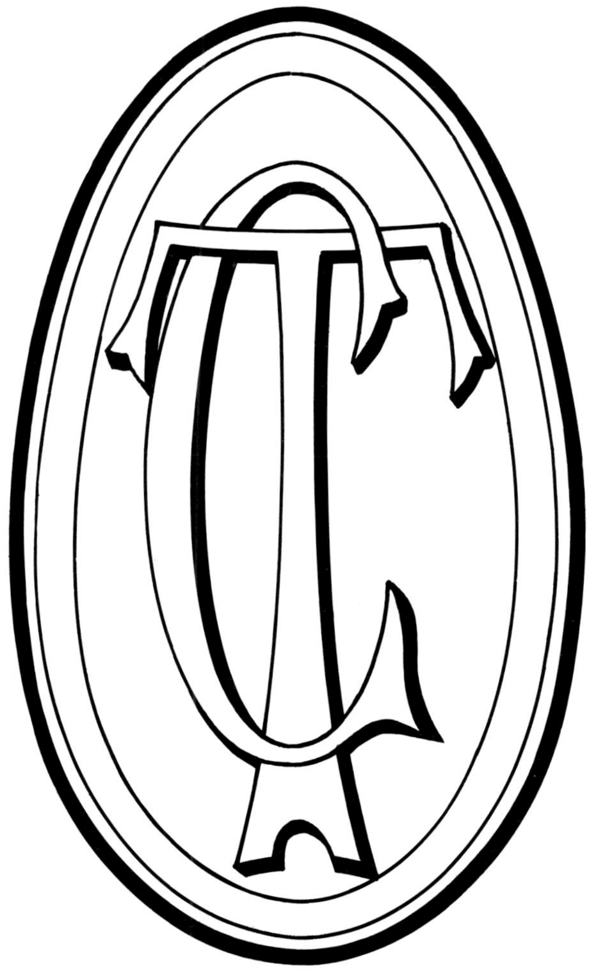

ARQUITECTURA, ORNAMENTACION y DECORACION

LA NOBLE FABRICA Y SU SUGESTION

A pesar de lo mucho que se ha dicho sobre el teatro Colón y su importancia, poco es lo citado respecto a su arquitectura como testimonio vigente de una época.
Tres fueron sus arquitectos y sin lugar a dudas cada uno de ellos influyó en el resultado final.
Francisco Tamburini fue el primero, italiano contratado para completar a fines del siglo pasado la Casa Rosada; su concepción se percibe claramente en el resultado final.
Víctor Meano, autor del palacio del Congreso, con algunas variantes continuó la propuesta del primero y a su muerte la obra quedó paralizada hasta que Julio Dormal, belga, autor del diseño del parque de Palermo, la tomó en sus manos y da fin a la obra.
El eclecticismo del siglo XIX se suma, en nuestro caso, a las diferentes nacionalidades y formación de los arquitectos que intervinieron y por qué no, a los artistas que sumaron sus creaciones para la decoración final.
Un indudable sello italiano se percibe en sus líneas relacionado, no sería extraño, con lo que sucedería en su escenario. Francia no podía estar ausente y su influjo se palpa en infinitos detalles; pero sin lugar a dudas es esa particular característica que fecha sin lugar a equívocos cada uno de los elementos que aparecen tanto en la sala como en la recepción, en las circulaciones y hasta en las terrazas, este último lugar casi desconocido para los habitués, *lo que creo debe llamarse estilo 1900.*
Qué mejor prueba de ello son las elegantes figuras femeninas que se reclinan de a pares sobre los palcos delanteros, indudables críticas musicales por saturación, cuyos rasgos a pesar de su apariencia clásica responden como pocos a los cánones del momento. Su autor fue el escultor Trinchero, responsable también de las esculturas que aparecen en el exterior y que contribuyen, sumándose a la totalidad, a la personalidad del edificio.
Existen en éste numerosos detalles que pasan desapercibidos, algunos como el ya mencionado de las terrazas con sus escalones de hierro texturado, la parte exterior de las cúpulas con sus protecciones, también de hierro, materializando pequeños pabellones de la revolución industrial, cuyas puertas de acceso a los vitrales nos permiten una inusual visión de los mismos, tan inesperada como la que se tiene de la sala desde el interior de la inconmensurable araña central, imagen imposible de separar para toda una generación, del "Fantasma de la Opera".
Quizás aún con miedo de insistir en demasía, vale la pena recalcar en muchos de

los detalles de equipamiento, que por ser los originales trasmiten un encanto particular a pesar de ser meramente utilitarios. Tal es el caso de los portamangueras contra incendio materializados en una especie de media rueda hueca de hierro calado, de la cual emerge la boquilla de bronce como serpiente que espera la música para elevarse. No menos necesarias son las pequeñas lámparas de bronce para luz permanente de sala con su globo de cristal y su sombrerete cónico levantado para controlar la luminosidad o quizás también como saludo a los artistas del "bel canto" que triunfan en el escenario.

Trasponer las puertas principales del teatro significa sumergirse en una escala diferente y rodearse de una atmósfera color ámbar con algo de dorado, previo a ser absorbidos por las escaleras de mármol, imposibles de fechar en otro tiempo que el 900. No obstante esto, mirando con detenimiento en sus barandas descubriremos indeleble la impronta de moluscos fosilizados siglos y siglos atrás, efecto no premeditado pero que suma un detalle más de inesperado interés.

De acuerdo a las propuestas de la época, el piso del hall en planta baja, contemporáneo del de la Catedral, es de mosaicos en colores blancos, ocres grises y celestes grisáceos y su diseño es coherente con la ornamentación y el mobiliario, de esos años que tan inteligentemente exaltara Luchino Visconti en sus películas.

De nada vale, no obstante, citar todo esto si no se tiene en cuenta al público que se mueve dentro de estos espacios integrándose al clima que significa ese doble escenario: el que permite la actuación de los artistas y el que reúne a melómanos y uno que otro snob, en el rito de espectador que se desplaza de los salones de recepción a la gran sala con sus palcos para viudas, increíbles para seres tan "evolucionados" como los contemporáneos . . .

Es precisamente la sala con sus palcos bajos alhajados aún con sus cortinados de terciopelo bordado, recogidos sobre la pared como polleras al bajar de un carruaje y entre ellos, los perfumeros de pared, testimonios con los ceniceros de bronce para cigarros en las paredes, de costumbres desgraciadamente difíciles de mantener.

Nuestras amigas las Venus de los palcos delanteros no están solas en las alturas; junto a ellas, en el arco del proscenio, varios querubines pintados en tono rosa sepiado coronan el inmenso telón de boca que en el preciso momento en que en progresiva disminución se apagan todas las luces de la sala, se abre promisorio dando comienzo al espectáculo.

JOSÉ MARÍA PEÑA

a

b

c

d

El género de arquitectura que hemos adoptado en el Teatro Colón, que no llamamos —estilo—, por ser demasiado *manierato,* quisiera tener los caracteres generales del renacimiento italiano, alternados con la buena distribución y solidez de detalle propia de la arquitectura alemana y la gracia, variedad y bizarría de ornamentación propia de la arquitectura francesa.
En líneas generales que designan al edificio, nuestro teatro tendrá algo de semejanza con algunos, entre los mejores y más recientes, de Europa; tales como la Opera de Viena, de París, de Munich, de Frankfurt, etc. Pero al parecerse tales teatros entre sí, prueba suficientemente que una ley, la disposición interna, rige la distribución general de las masas. Así es que nuestro edificio tendrá, como los citados, el privilegio de indicar a primera vista su propio destino.
Sin tener imposición de masas colosales, demasiado frías o severas, que solamente convienen a edificios destinados para culto político o religioso, ni demasiada ostentación de molduras, de dolores o de esculturas, ya tan abundantes en Buenos Aires, él se presentará con aspecto simple, variado, alegre y majestuoso a la vez, como conviene a un centro que llama a la reunión momentánea en donde la vida urbana se encuentra, se distrae y descansa de las fatigas del día.

Víctor Meano

En el año 1968 las autoridades del Teatro Colón durante la Intendencia del Coronel Schettini formularon un programa de necesidades, destinado para actualizar y ampliar toda su infraestructura, que aprobado por la Secretaría de Cultura, nos fue encomendado para su proyecto y dirección.

Programamos su realización en varios años y así se hicieron, durante los recesos estivales, los trabajos dentro del Teatro y los exteriores construidos hasta 14 m bajo la calle en forma continua, ampliando y haciendo nuevos locales.

Entre los muchos trabajos realizados, con total respeto por lo existente dentro de la sala y en lo externo en las fachadas, actualizamos casi todas sus instalaciones de acuerdo a lo solicitado, además del aire acondicionado, a pesar de las críticas agoreras previas de "entendidos", Academias y colegas.

El Teatro, de acuerdo a lo programado y ya proyectado, está a la espera de la decisión municipal para terminar las tareas faltantes, cuya realización fuera suspendida por el ex Intendente Montero Ruiz en oportunidad de terminar su mandato (mayor confitería central, ampliación del escenario, etc.)

Mario Roberto Alvarez

a

b

c

d

Adorable noche tu memoria;
el desvelado sueño que consagra salvaciones
a tanto desamparo.
No abandonará el tiempo la espléndida armonía,
ni la gloria más ardiente y esperada
acariciando tu nombre:
nuestro feliz recuerdo
por la música, la dicha de su fuego:
de la lluvia acribillada a la intemperie de tu ser.
Todo, por esta paz librada a solas;
por la oración perdida al esconderla en tus secretos,
y por tanto viaje amordazado
a una eternidad que Nadie se merece.

Oscar Monesterolo

Al cruzar la entrada se penetra en una enorme escenografía sólida, dorada, estucada y alfombrada, que se continúa sobre el escenario y que se une con lo que está construido ahí, en madera y tela pintada.

Esta unidad ubica a la persona fuera del tiempo real que es la ubicación necesaria para asistir a una representación teatral.

Esa unidad se consiguió, creo que sin querer, al proyectar el edificio fuera de su tiempo real, desubicación en la Historia de la Arquitectura que resultó ser un acierto.

Clorindo Testa

e

f

g

h

a

b

c

d

Monumento con rayos laser (1971 a 1973)

Este monumento, encargado por la Municipalidad de Buenos Aires, consiste fundamentalmente en grandes placas rectangulares de cristal ahumado y mármol, dispuestas verticalmente. Una fuente emisora de rayos laser que, o bien se pierden en el espacio, o bien se reflejan en las placas, crea diferentes figuras partiendo de efectos de reflexión, dispersión, interferencia, difusión, etcétera.
De común acuerdo con la Municipalidad, se decidió ubicar este momumento sobre uno de los costados del Teatro Colón, la actual plaza Toscanini. El proyecto incluía la remodelación de esta plaza, de las veredas circundantes al Colón y del tramo de la calle Viamonte entre Libertad y Cerrito, resolviendo un amplio estacionamiento sobre la acera de Viamonte opuesta al Colón. El carácter de este proyecto es el de una obra de arte moderno de nuestro tiempo, y en 1972 significaba que la Argentina realizaría algo totalmente nuevo en el mundo.

Amancio Williams

Me parece un lugar paradisíaco y por supuesto diabólico, en el mejor sentido de la palabra. Ha de ser favorable a la iniciación de un amor infinito o imposible. Un aeródromo donde los motores son música y los aviadores cometas.

Silvina Ocampo

e

f

g

h

Los teatros nunca están vacíos.
Pero nuestro gran Teatro Colón, con su magia única, invadido por singulares "duendes", tiene para mí un encanto especial. Son las voces inolvidables, las armonías maravillosas de los conciertos, de los ballets, de los ensayos . . . que deambulan a toda hora y se refugian en su espacio.

Tal vez sea un recuerdo permanente de mi infancia transcurrida entre arias de óperas, sonatas y preludios.

Tiene, además, su austero edificio (suntuoso por dentro), que se destaca entre los congelados rascacielos que lo rodean. Todo esto contribuye a que yo no pueda disimular la emoción que siento al entrar en él.

En el instante, recuerdo las horas de inmenso placer que me brindaron sus espectáculos.

Cuando Manuel Mujica Lainez me dijo que por el tema y el carácter de mi pintura podría yo decorar la cúpula, me pareció un sueño irrealizable. Jamás olvidaré el asombro que me produjo su insinuación. Cada vez que iba al Colón miraba con insistencia ese enorme hueco de un incierto color sepia y nunca se me hubiese ocurrido que un día lo llenaría de figuras.

Al poner manos en el proyecto, pensé fijar en el techo todo lo que acontece y aconteció en el escenario. De este modo surgió la idea de esa ronda en espiral invadida por cincuenta y una figuras, incluyendo los "duendes del teatro", que logré rescatar escondidos en cada rincón del mismo.

Creo que el momento más emocionante de mi vida fue cuando se quitó el enorme andamio que ocupaba gran espacio y quedó al descubierto la cúpula. Esta debía afrontar la vecindad de la sala de nuestro primer Coliseo. La opinión favorable de algunos curiosos me confortó. Volví a mi casa más tranquilo.

Había realizado mi sueño.

Raúl Soldi

a

b

c

d

INSTITUTO SUPERIOR DE ARTE DEL TEATRO COLON

SOBRE LOS FINES DEL INSTITUTO SUPERIOR DE ARTE DEL TEATRO COLON

Saber dar vida a un centro musical de la envergadura del Teatro Colón de la Ciudad de Buenos Aires fue una obra notable.
Saber ver, ya en la década del veinte y, en los comienzos todavía de la vida de este gran teatro, que era necesario que allí mismo se comenzara a formar las figuras nacionales del futuro, agentes de un crecimiento musical que podía dar grandes figuras, fue visión noble y acertada de espíritus generosos.
Finalidad del Instituto Superior de Arte del Teatro Colón: formar talentos. Orientar artistas. Ayudar a definir vocaciones: cantantes, bailarines, registas, maestros internos y apuntadores, caracterizadores.
El logro de esta finalidad significa el desarrollo de una ímproba tarea que abarca aspectos diversos: seleccionar candidatos por sus aptitudes específicas para cada actividad; dotarlos de las informaciones y técnicas adecuadas a su mejor expresión; apuntalarlos en momentos de conflictos técnicos, vocacionales, y aún, profesionales; dotarlos de la disciplina necesaria para conocerse, aceptarse y realizarse como profesionales del arte; prepararlos para trabajar en grupos operativos.
Estos que aquí enunciamos son sólo atisbos de la compleja y movediza labor formadora de artistas.
Movediza porque nada es más lábil que un artista, sobre todo su etapa formativa. Miedos e inseguridades se suceden y deben ser atendidos y orientados.
Compleja porque debe ser enfocada sin concesiones, ni demagógicas ni de las otras. Porque cuando se mira al producto del hacer estético no hay —no debe haber— otras razones más que las estéticas como parámetro máximo. Por ello, el intérprete será formado en la convicción, en la validez, en la calidad de lo que haga como artista y en la búsqueda constante de su perfección como tal.
No es fácil serlo. ARTISTA. Es menos fácil aún formarlo. Es necesario contar con profesionales del arte que sean capaces de sentirlo y de transmitirlo. *MAESTROS.*
Una actitud de reflexión y evaluación constante en el que da, en el que orienta, en el que conduce, en el que muestra cómos y porqués. Todo esto implica aproximaciones filosóficas y metodológicas que absorben tiempo y energía a los maestros y a los directivos del Instituto Superior de Arte del Teatro Colón.
Actitud constante de reflexión y evaluación. Quiere decir que los maestros aprenden en el enseñar. Porque los estudiantes que concurren a las aulas del ISA, —sabiamente ubicadas en el mismo edificio del Teatro para que la impregnación formativa sea óptima— merecen la cuota de humildad necesaria por parte de los

maestros que garantice que ellos también crecen. Como Maestros. Evitando las rutinas innecesarias, trabajando en función de individuos y de los logros personales, nota característica de un proceso formativo que se dirije, sobre todo, a seres de extremada sensibilidad.
De lo apuntado precedentemente se desprende que en el ISA se mira hacia una labor de equipo a la que no es, por cierto, ajeno el aspecto organizativo de la institución. A lo largo del transcurrir de la vida del Instituto, este logro se ha ido perfilando y, muchas veces, concretando.
¿Una ópera, un ballet, una puesta desorganizados? Difícilmente se logre la cumbre del arte —la obra maestra— en un ambiente así. Por este motivo, el objetivo del Instituto del Teatro Colón está puesto en formar elementos humanos, artistas, profesionales, capaces y dispuestos para dar todo de si a los efectos de que las funciones y espectáculos que les fueren confiados se acerquen continuamente, alcancen tanto cuanto sea posible esa medida, la dimensión de la obra maestra.
Por este motivo, el Instituto practica una enseñanza de ventanas abiertas, donde los alumnos aprenden a comparar enfoques, a descubrir y evaluar criterios, a vivir el ambiente de la producción de espectáculos en la capital federal, en el interior del país y en el extranjero.
Tal una misión que debe responder, en los niveles, a aquéllos cualitativos marcados por la casa madre, el Teatro, del cual es continuo recipiendario y tributario, dada la estrecha cooperación que marca indeleblemente a estudiantes y maestros.
No cabe duda, se colabora a la gloria del Teatro Colón con el cumplimiento de la función que le toca desarrollar a su Instituto Superior de Arte.

ANA LUCÍA FREGA

a

b

c

d

El gran aporte de la danza actual resulta en que busca los problemas tangibles, diarios.
El amor, la maldad o la bondad "son" nuestros. Es tal como uno los siente, no son situaciones irreales de personajes míticos casi simbólicos.

Norma Fontenla

Somos humanos y la añoranza de lo romántico, nos hace sentir que aún existe la imaginación; que no sólo el raciocinio analítico es lo que importa.
El ser humano necesita poner de manifiesto su sensibilidad y ¿por qué no? soñar.

José Neglia

e

Quisiera explicarle a la juventud que se está abriendo camino en esta carrera, tan dura, que lo más importante es tener disciplina e incorporarla a uno mismo, física y mentalmente.
Tener seguridad en lo que se quiere; es la única forma de lograr una finalidad.

Fernando Bujones

Teatro Colón: Magia teatral por excelencia añorada cuando uno está transitando por otros teatros del mundo y doblemente gozada al volver a su magnífica sala acogido por su esplendor expectante que crece gradualmente al sumirse en la oscuridad y al transportarnos al espectáculo artístico que surge desde su grandioso escenario. Nos envuelve la música a través de su acústica incomparable y nuestros ojos se deleitan con las perspectivas sorprendentes y perfectas del palco escénico.
Igualmente inolvidable la sensación mágica para un bailarín y coreógrafo de manifestarse desde este escenario y poder conmover a su público con tanta proximidad a pesar de la distancia real que nos separa. Desde el primer paso hasta el último el bailarín siente esta magia teatral que lo apoya, transforma, ilumina e inspira.

Renate Schottelius

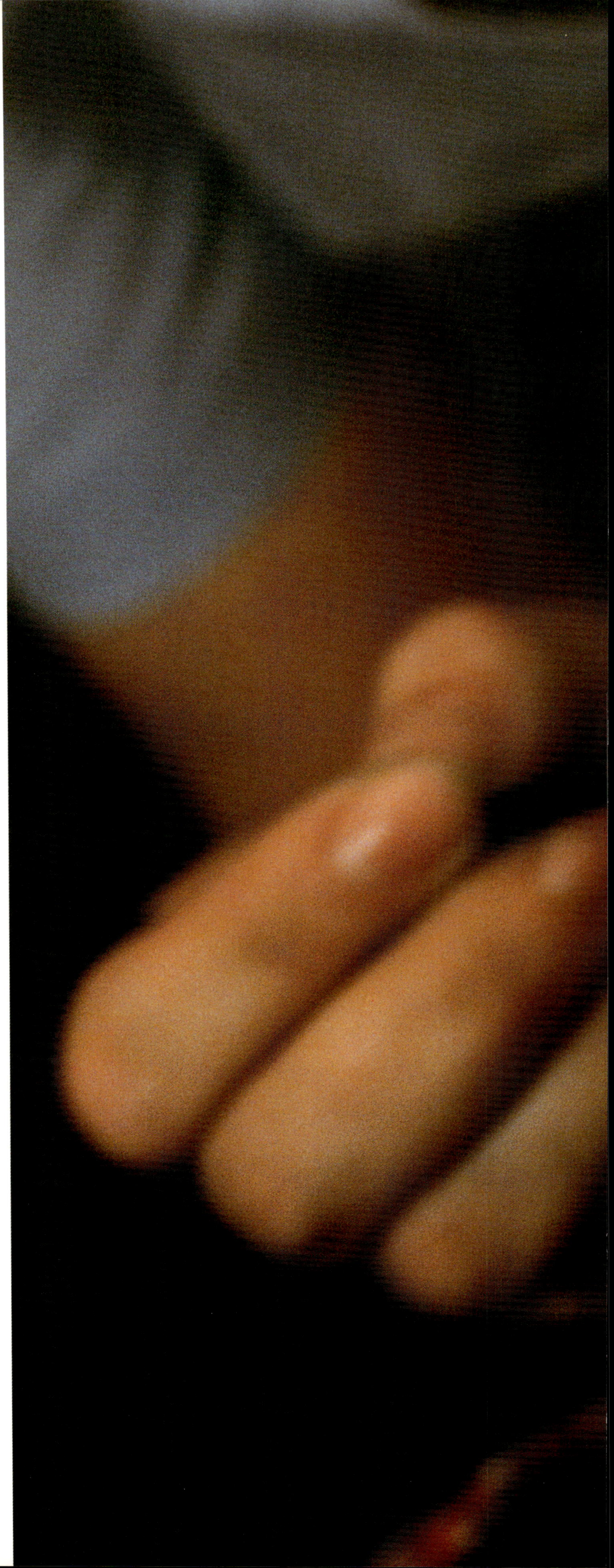

a

No es fácil describir el lugar en donde uno nace, vive y muere cada día. En donde el profundo sentido de la creación, de la responsabilidad, de la belleza, de la magia, se centran en pocas palabras: "Arriba el Telón", acontecimiento que sobrecoge y da fuerzas de huracán, pudiendo de esta manera vibrar totalmente dentro del Teatro más hermoso y más cálido del mundo.

Constantino Juri

b

ARTE LIRICO

EL COLON, LA OPERA Y LAS RAICES

¿Qué lugar ocupa el Teatro Colón entre los grandes teatros líricos del mundo? Esta es una pregunta que me han hecho con frecuencia y que acaso usted mismo, lector, se ha formulado alguna vez. Como creo tener las ideas claras al respecto, he contestado siempre sin vacilar: entre los primeros. Tal vez deba explicar que si no he intentado precisar la exacta ubicación del Colón en ese selecto círculo, ha sido porque me he negado a engarzar el tema en una disquisición bizantina. Como quiera que sea, ninguna afirmación, por categórica que sea, tiene validez por sí misma sino en función del razonamiento que la respalda. En este caso, las razones abundan; pero antes de referirme a ellas, me parece indispensable dejar en claro, para la mejor inteligencia del concepto, que estas consideraciones tienen que ver exclusivamente con el Colón-teatro-de-ópera, con prescindencia de otras trascendentes actividades artísticas que éste cumple regularmente, como los conciertos y el ballet, manifestaciones ambas con fechas memorables en los anales de nuestro teatro. Sin embargo, el Colón debe la celebridad y el prestigio internacionales de que goza no a esas manifestaciones, sino a su brillante trayectoria en el ámbito de la Opera. La Opera, ese término antonomástico que los italianos utilizaron para designar al teatro cantado, suprema invención del tardío Renacimiento, a la que el jesuita español Esteban de Arteaga, exiliado en Italia, e íntimo del Padre Martini, en su notable estudio sobre la revolución del teatro musical italiano, llama "el último esfuerzo del ingenio humano".

Pues bien, ¿sobre qué fundamentos reposa la afirmación de que el Teatro Colón es uno de los primeros teatros de ópera del mundo? ¿Es su majestuosa belleza arquitectónica, modelo de eclecticismo, equilibrio y buen gusto? Sin duda, el Colón es uno de los teatros de ópera más bellos, si no el más bello entre los de su clase. ¿La estupenda, casi milagrosa acústica de la sala? Expertos internacionales la han considerado entre las más perfectas que existen en teatros de ópera. ¿Su funcionalidad, desde el punto de vista de las exigencias del espectáculo lírico? El Colón posee —a pesar de ciertas carencias de su dispositivo escenotécnico— una infraestructura y un material humano que le permiten afrontar las producciones escénicas más complejas con un alto grado de eficiencia. ¿Tal vez el hecho de que es un testimonio vivo, palpitante de una tradición lírica que arranca desde los albores de la música en la vieja aldea colonial? ¿O acaso el hecho de albergar dentro de sus gloriosos muros a las más rutilantes luminarias del canto operístico? ¿Quizás la altura de los objetivos que persigue en el orden cultural, desarrollando un repertorio amplio, sin limitaciones de escuelas ni vertientes estéticas y que sus pares del mundo consideran ejemplar? ¿Sus propósitos formativos, alimentados por una escuela de ópera que lanza a la arena nuevas promociones de

artistas líricos, o bien la experiencia y excelencia de sus cuerpos artísticos y técnicos fogueados en renovados desafíos y renovadas conquistas bajo la guía de grandes maestros cuyas enseñanzas han fructificado como granos de simiente?
El prestigio internacional del Teatro Colón, no igualado por ninguna otra institución cultural del país y el lugar de privilegio que ocupa entre los grandes teatros de ópera, se debe a la suma de estas razones y a otras más cuya enumeración a esta altura podría considerarse excesiva. Quisiera, sin embargo, enfatizar sólo dos de ellas que constituyen, a mi juicio, el nervio motor de sus potencias materiales y humanas.
A falta de una definición mejor, diría que el Teatro Colón tiene un alma; un alma que le da la fuerza y el espíritu necesarios para alcanzar las metas más ambiciosas. He visto a su gente, sin distinción de categorías —artífices anónimos del espectáculo— festejar como propio el éxito del mismo y también he comprobado la conmovedora desazón de todos cuando los resultados no han sido favorables. Esa consubstanciación, ese entrañable sentimiento de amor para el teatro, es una de las claves íntimas de su grandeza y de su estilo. Infinidad de artistas líricos, muchos de ellos ilustres y procedentes de todas las latitudes, me han manifestado que el clima que se respira en el Teatro Colón es único y que, al par que crea las condiciones de trabajo ideales, constituye para ellos una fuerte motivación.
La segunda —pero no la menos importante— consiste en las vigorosas raíces que lo unen con las fuentes de una cultura que nos pertenece por legítima herencia y por vocación y de la cual es el Teatro Colón una expresión artística genuina y singular. Recuerdo unos versos de nuestro poeta Francisco Luis Bernárdez que vienen al caso y no resisto la tentación de reproducirlos aquí aunque no tengo presentes las palabras textuales. El concepto es éste: "Lo que el árbol tiene de florido, lo tiene por lo que tiene sepultado".
Cuando ocupé por primera vez una butaca en la Scala de Milán, en la Opera de Viena y en otros importantes teatros líricos europeos, no me sentí invadido por la intensa emoción que sentí cuando de regreso volví a transponer las puertas del Teatro Colón para internarme en su magnífica sala, que frecuento desde niño y en la que se me reveló el mundo fascinante de la ópera. Recorriendo los teatros líricos del mundo una y otra vez, aprendí que un espectáculo de ópera en el Colón es una experiencia punto menos que inigualable.

ENZO VALENTI FERRO

El Teatro Colón representa para mí la vida, la conformación íntegra de mi arte. Para un artista es su consagración y constituye una fuente de proyección de cultura, de belleza, para todos los hombres del mundo.

Gian-Piero Mastromei

La integración de las tareas técnico-artesanal y artística, del personal especializado en el gran espectáculo, demuestra al abrirse el telón del Teatro Colón, el alto grado de importancia de lo visual, en ese esfuerzo conjunto que significa la unión de actividades tan heterogéneas, pero al mismo tiempo tan cercanas, porque ambas transitan por un mismo sendero, la disciplina. Con ella se construye la gloria de nuestro teatro.

Alberto B. Alonso

Es el teatro más bello del continente americano. Muchos son los recuerdos que atesoro de él, pero en particular mi primera Liú de "Turandot" con Birgit Nilsson, y el recuerdo que siempre me acompaña de un público fervoroso y un "staff" del teatro tan profesional.

Monserrat Caballé

Es hermoso más allá de toda expresión; hermoso como la más bella sonata, como la sinfonía más querida, como la ópera más amada; armonioso como el más perfecto "pas de deux". Es todo eso y mucho más.

Aníbal Lapiz

¿El Teatro Colón?
Al principio fue el barco de Tristán que me llevaba hacia Isolda. Fue también, el castillo de Arkel donde estaba inconscientemente prisionera Melisande que amaba en secreto a Pelleas y fue el salón de Wartburg donde junto a Tannhaüser participé de tumultuosos torneos poéticos. Fue el puerto de Chipre donde todos esperábamos a Otello y fue el jardín encantado de Klingsor con sus niñas flores que seducen a Parsifal y el Templo de Keikobad donde la mujer sin sombra espera el mágico mensaje de la fuente.
Fue el páramo de las brujas que vaticinan a Macbeth su futuro; el mágico mundo de Hoffman y el rayo de luz que circunscribe a Lohengrin con su cisne.
Fue todo eso y también el atelier de Sachs, donde Walter compone su canción maestra y allí fui yo mismo Walter aprendiendo y Sachs enseñando; fui en fin, el taller donde Cellini ve pasar su vida mientras espera fundir la estatua del Perseo.
¿Puede decirse algo más?

Roberto Oswald

a

Hemos transitado por su escenario cuatro generaciones de mi familia, por lo que consideramos al Teatro Colón hogar querido y reverenciado; gran templo de arte y cultura, orgullo del país por su primer rango internacional y su labor formativa de artistas argentinos.

Víctor de Narke

b

c

d

e

Para mí, es mi vida.
Para el país, es el principal centro de cultura que podemos ofrecer al exterior, con el cual quedamos magníficamente representados.
Para el mundo, es uno de los cuatro primeros teatros musicales junto con la Scala de Milán, el Metropolitan y la Opera de París.

Ricardo Yost

Me enamoré del Teatro Colón a primera vista. El teatro estupendo, la acústica ideal y el público entendido y entusiasta, todo esto combinado, es realmente único; por eso, para mí, el Teatro Colón es el número UNO.
Llegué a Buenos Aires en setiembre de 1955, poco antes de la revolución que estalló un día después de nuestro estreno de "Tristán". Como yo estaba enamorada del Teatro Colón, me olvidé rápidamente de mi temor por las revoluciones y volví al año siguiente, y también después, muchas, muchas otras veces. Todas ellas han significado mucho para mí. ¡Dios bendiga al Teatro Colón!

Birgit Nilsson

Magnífica caja de resonancias de todas las artes. Orgullo en el mundo entero. Ambito de un mundo de expectativas, ansiedades, incertidumbre, angustias y justificaciones. Contexto que ha perdurado, sueños adolescentes. Mundo de magia y alas palpitantes . . .

Fernando Heredia

Cuando en 1956 se hizo cargo de la Dirección Técnica del Teatro Héctor Basaldúa, y llamó a concurso para integrar al cuerpo técnico a un escultor, yo no suponía que tendría la inmensa suerte de ser (sin proponérmelo) el fundador del taller de escultura escenográfica que hoy funciona junto a los otros equipos técnicos del Teatro, equipos que todo el mundo sabe son de los mejores en el mundo . . .
Quince años de entrega amorosa a esa tarea, no alcanzaron a retribuir todo lo que me dio ese lugar mágico y divino.
Influyó grandemente tanto en mi formación de hombre como de escultor. Desde la responsabilidad del trabajo de equipo a la ética de cumplir de la mejor y superada manera, hasta en los temas que me marcaron para toda mi vida, la danza y la música, dos emociones que afloran a cada momento en mi alma y esos desplazamientos de practicables de la escena, y el contacto vivo con tantos grandes del Arte del Teatro. Por eso este *templo* es objeto de mi agradecimiento más profundo.

Antonio Pujía

a

b

En la actualidad es difícil imaginar la gigantesca organización del Teatro Colón inaugurado en 1908. Hasta el propio Toscanini me confesó no haber visto jamás en el mundo una organización teatral tan impresionante; ¡y yo no he visto nunca un teatro donde se trabaje tanto!

Margarita Wallmann

En mi adolescencia y como público, una quimera. En la actualidad, el teatro más lindo del mundo, que no ha dejado de ser quimera en mi espíritu.

Daniel Ranieri

(. . .) La Argentina es un lugar que quiero mucho . . . como todo buen español. (. . .) Mi misión, ante todo, es la de cantar; y, a través de ella, entregar y traer paz a los espíritus de los argentinos.

Plácido Domingo

Un teatro es bueno o malo para el artista, no sólo por la acogida que uno recibe del público, sino por la calidez y la amabilidad del personal que trabaja allí todo el año.
Del punto de vista acústico es probablemente el mejor, siendo su aspecto muy agradable. El público es el más entusiasta y el más fiel, tanto en las óperas como en los conciertos. Mi primera aparición fue en 1966.

Heather Harper

a

El Teatro Colón siempre ha sido un teatro lírico en el más alto nivel europeo y por ello, es único en el continente sudamericano. Esto incluye el hermoso edificio, la tradición y las exigencias y las expectativas del público; además, por supuesto, de los artistas que saben qué es lo que significa tener el honor de trabajar en el Teatro Colón.
Mis recuerdos del Teatro Colón son interminables y me resulta particularmente placentero recordar los momentos culminantes. El trabajo con Sir Thomas Beecham en "La Flauta Mágica" es sencillamente inolvidable, así como también "Las Bodas de Fígaro", "El Caballero de la Rosa", un recital con Christa Ludwig y muchos otros acontecimientos más.

Walter Berry

b

a

b

La Fundación Teatro Colón ha sido creada para contribuir a que el Teatro pueda cumplir su misión con la mayor calidad y eficiencia.
Nació de la voluntad de un nutrido grupo de personas y empresas que coincidieron en aunar sus esfuerzos, teniendo en cuenta la importancia que el Teatro Colón tiene para el país como centro de divulgación de las más altas expresiones musicales y coreográficas, y considerando el lugar de privilegio que ocupa entre los más famosos teatros líricos del mundo.

Angel Pini

El Colón significó para mí un inmenso placer, al ser invitada a uno de los pocos realmente grandes teatros líricos del mundo. ¡Júbilo y asombro ante la acústica de ese grandioso auditorio!
Fue un verdadero deleite actuar en ese escenario. Lo que más recuerdo del Colón es el entusiasmo frenético de los amantes de la ópera en Buenos Aires. No se encuentran admiradores tan apasionados en ninguna otra parte del mundo, con la excepción, tal vez, de San Francisco. Nicolai Gedda y yo podemos dar fe de ello: una noche, después que cantamos "Manón", vinieron a saludarnos entre bastidores alrededor de 900 personas.

Beverly Sills

c

Para los argentinos, un orgullo nacional.
Para el mundo, una auténtica joya arquitectónica. Un escenario abierto a las grandes manifestaciones del arte musical y, a la vez, el más hermoso e importante de toda América Latina.
Para mí, es parte de mi vida misma. El aprendizaje de la disciplina, el esfuerzo, la realización de un ideal juvenil largamente acariciado y alcanzado. El inicio hacia la proyección internacional avalada por su jerarquía.

Martha Colalillo

Cabal representante del teatro lírico "de herradura", atractivo como arquitectura y decoración, cálido en su acústica, el Colón resulta —por imperio de las circunstancias que privaron a Buenos Aires del gran auditorio que merece— no sólo el gran centro operístico argentino, sino también el ámbito preferido y a veces insustituible del ballet y del concierto. Es una gran responsabilidad la de hacerlo operar en ese triple destino "a pleno" y con el nivel internacional que nunca debe perderse, incluso en momentos de profunda crisis.

Pablo Luis Bardin

(. . .) nuestro querido Colón, es uno de los más hermosos teatros líricos del mundo. Siendo su sala y su foyer de una belleza tal, que no encuentran paralelo en otros teatros del orbe, como asimismo son de destacar la calidad de su orquesta, su coro y su cuerpo de baile.
(. . .) desde la época de su inauguración y hasta un tiempo no muy lejano, logró ubicarse entre los más importantes teatros extranjeros. Epoca ésta, en que las grandes celebridades tenían orgullo en presentarse en nuestro primer Coliseo, lo cual constituía para sus carreras un verdadero galardón.
El público es sencillamente maravilloso, ama a sus artistas y los sigue con el más alto interés. Este es otro de los motivos por el que el Teatro Colón deberá surgir, como el Ave Fénix, de sus cenizas para que el mundo vuelva a saber que existe un teatro donde se hacen cosas como en muy pocas partes se pueden realizar.

Carlos M. Guichandut

El Teatro Colón, claro exponente del nivel cultural de nuestro país, es uno de los más importantes teatros líricos del mundo y debe su indiscutido renombre a la jerarquía de sus espectáculos. La brillante actuación de las grandes figuras extranjeras, que alternan con los más destacados elementos nacionales, no bastaría para asegurar el alto nivel de sus representaciones, si no se contara con la solvencia, la idoneidad y el espíritu de responsabilidad de sus cuerpos artísticos y técnicos. Para ellos nuestro aplauso.

Juan Emilio Martini

Como argentino: siento orgullo. Como artista, escenógrafo y hombre de teatro: siento respeto. Como ciudadano del mundo: siento profunda admiración hacia esta catedral donde se reúnen todas las artes, la Música, la Danza, la Poesía, la Tragedia, la Comedia, la Pintura y la Escultura envueltas en la magia de la luz. El gran respeto hacia la titánica labor creativa de elevación espiritual, realizada por seres humanos en constante dinámica. Por eso digo que el Teatro Colón me inspira orgullo, admiración y respeto.

Eduardo Lerchundi

a

b

a

b

Viví ocho años en Europa; por lo tanto, he visto muchos teatros líricos en el mundo.
Creo que el Teatro Colón, sin ninguna duda, es uno de los primeros del mundo, no sólo por su belleza arquitectónica y su acústica, sino por el material humano que existió y existe, que permite que las producciones que se ofrecen en su escenario sean de primera calidad.

Cecilio Madanes

Es el templo donde se dan cita las mejores expresiones de la Danza, la Música y el Canto.
Volver a él, ha sido reencontrar mi hogar artístico.

Luis Lima

Mi especialidad, idealizar la imagen de hoy, ese momento demasiado fugaz para el espectador, pero tan perfecto en el instante mágico de la creación.
Me parece ayer cuando contrabandeaba imágenes desde las primeras filas de "El Gran Teatro".
Hoy, Aldo también arremete valeroso contra el Dragón, respeta su imagen frontal y entra en lo que no se ve, nos revela el lado oscuro de la luna en todo su esplendor.

Jorge Fama

El Teatro Colón significa para mí el nacimiento y proyección de este maravilloso arte al cual consagro mi vida, es por ello que lo amo y respeto profundamente.
Respetarlo y amarlo es una manera de enriquecerlo para que siempre perdure en el recuerdo de todos aquellos que lo conocen.
A él le guardo gratitud y en él deposito lo mejor de mí en cada función.

Ana María González

Hablar de nuestro viejo y querido Teatro Colón bajo cuyos muros hemos aprendido a descifrar el terrible y maravilloso mundo de la música y el teatro.
Pisando su escenario hemos aprendido a vivir mil vidas distintas, infinidades de sentimientos contradictorios desde lo noble a lo perverso, la risa, el llanto, el dolor y la gracia han latido bajo nuestra piel.
Hemos aprendido también a luchar contra la rutina, la mediocridad, la injusticia que tantas veces subyace en el mundo y hemos tratado de hacer algo como artistas en la dignificación del ser humano con empuje y valor.
Todo esto es el ejemplo que nos ha dado el Teatro Colón, pilar de nuestra cultura.

Myrtha Garbarini

Cuando se pronuncia el nombre del Teatro Colón, no hay un cantor, creo, que no enarbole una sonrisa de entusiasmo.
En todo caso es mi reacción. Adoro ese gran teatro, con más de cuatro mil lugares, con acústica soberbia, copia de la Opera de París.

Régine Crespin

Decir lo que siento por el Teatro Colón es como descubrir parte de mi alma: orgullo por lo que representa a nivel mundial para nuestra cultura, agradecimiento por todo lo que en él he aprendido, satisfacción por haber podido colaborar en sus espectáculos, esperanzas de que se reconozcan siempre los talentos que acuden a sus puertas y deseos de que sean menores las frustraciones que a veces tienen los artistas. Porque tiene todas las virtudes y todos los defectos de los teatros que son únicos y que marcan épocas y trayectorias, por eso lo quiero. Estoy contenta de que sea parte de mi vida.

Mabel Veleris

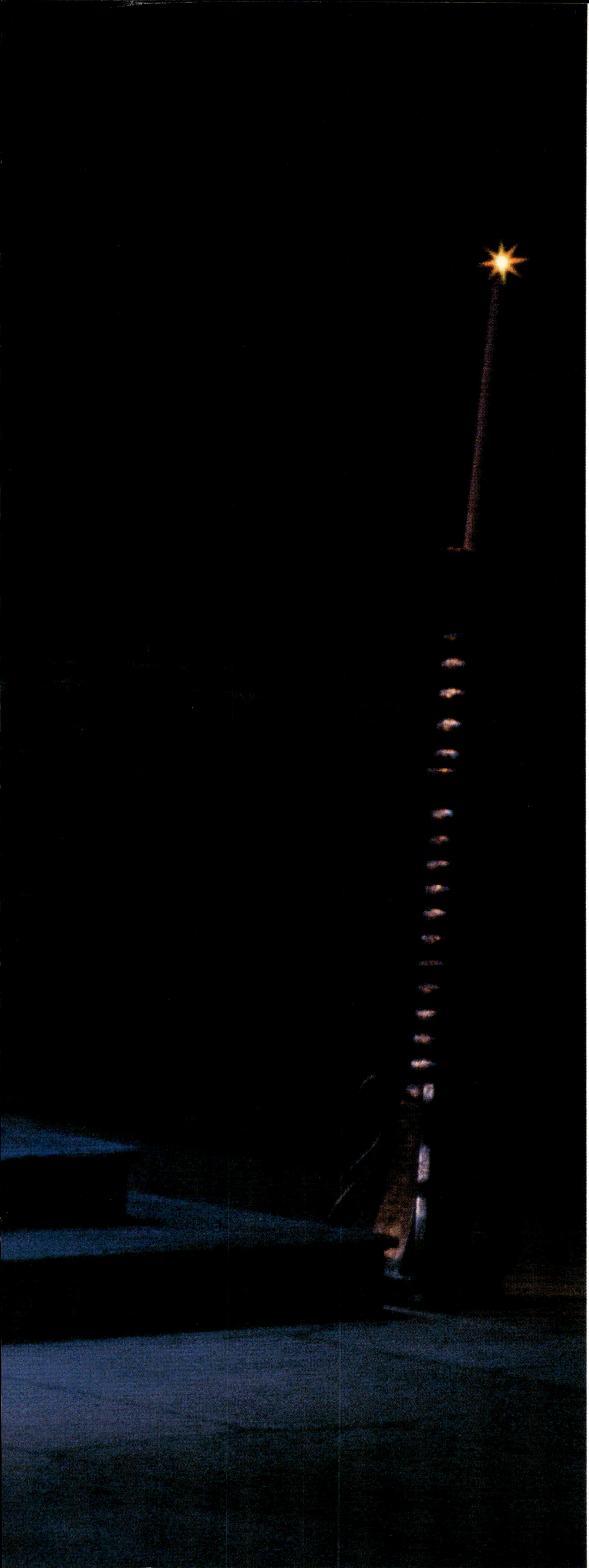

Desde hace generaciones, la vida del Teatro Colón se entrelaza con la de mis antepasados y la mía propia. Por igual, hemos compartido las aspiraciones, luchas y triunfos hasta alcanzar la fluidez de la familiaridad más cálida y sencilla. El augusto Teatro, temido y esperado como una meta o un bastión definitivo para los artistas de la música, me ha entregado muchos de sus secretos y muchas felicidades.
No obstante, nunca he olvidado su rango indeclinable y cada desafío del Colón es vivido por mí con la misma emoción y la misma alegría de la primera noche.
Hoy, más que nunca, debo asumir la imagen consagrada de nuestro Teatro, preservarla y, si es posible, enriquecerla, ante la nueva responsabilidad que me ha sido otorgada: guiar su quehacer artístico para una nueva etapa de la vida nacional.
La casa que me dio albergue hace más de treinta años, me confía su destino, cual coronación de todo un ciclo.

Renato Cesari

Para mí, como para casi todo el mundo, el Colón es uno de los primeros teatros de ópera internacionales y, además, una preciosidad de teatro (. . .).

Angel Pericet

Para mí, como bailarina el Colón es una catedral de la Danza; como para los cantantes será una catedral del Canto. Es una de las maravillas que tienen ustedes y que muchos países envidiarían (. . .).

Carmelita Pericet

Considero personalmente que es uno de los teatros más importantes del mundo y cuya belleza arquitectónica exterior y la de su sala son prácticamente incomparables.
Cantar en su escenario ya exige una base y si la hay y se la trabaja conscientemente la solidez artística y la experiencia que otorga el Colón evita al cantante cualquier vacilación en el resto de los teatros internacionales. Los puede haber semejantes, pero no superiores.

Ricardo Cassinelli

El Teatro Colón, es el sueño deseado de todo artista; personalmente me siento doblemente orgullosa, por ser "hija amante" de él y por ser argentina; pisar su escenario, significó y aún significa, el placer y el respeto, más profundo.

Cristina Carlín

a

b

c

BALLET

BRILLO Y SOMBRAS DEL BALLET

Ballet del Teatro Colón y sus protagonistas. De él se trata. En la imagen ya nostálgica del tiempo hay nombres inscriptos que sólo, por así decirlo, cambiaron de rostro, de personalidad, de cuotas de talento.
Las ilusiones fueron en aquel 1925 de su fundación, las mismas que hoy impulsan a la vocación de los nuevos bailarines.
Blanca Zirmaya, Leticia de la Vega y Dora del Grande tuvieron, sí, el honor de encabezar el Primer Ballet Oficial del Teatro Colón. Fotografías ya amarillentas las muestran, con el conjunto, deslumbradas en esperanzadas sonrisas con sus túnicas a la griega, las piernas desnudas, las leves zapatillas, tal como se usaba vestirse en aquella época para las prácticas.
En la década anterior habían pasado por el escenario del Colón aquellas figuras que hicieron el ballet universal: Nijinsky, Pavlova, Spessitseva, Karsavina. Los primeros bailarines "oficiales" argentinos ardían en su recuerdo. En los comienzos de la compañía, la mano de Adolf Bolm creó su inicial impacto coreográfico. Luego llegó su sucesora, Bronislava Nijinska, y más tarde, la pléyade de los coreógrafos más importantes del siglo XX.
Entre otros, montaron sus obras Michael Fokin, Boris Romanoff, David Lichine, y, en la sucesión de nombres extranjeros, uno que se hizo nuestro: el de Margarita Wallmann, que llegó de su Austria natal para forjar con peculiaridad a la novel "troupe". Igualmente, en su paso, dejaron huellas George Balanchine, Leonid Massine, Aurel Millos, Serge Lifar, Tatiana Gsovsky y Antony Tudor.
Hubo otros nombres en el firmamento nacional con el transcurrir de las décadas, catapultando a bailarinas y bailarines que empezaban a dar una forma, un estilo o marca de lo argentino: María Ruanova, Mecha Quintana, y hubo maestras, como la venerada Esmée Bulnes.
Como toda historia humana, ésta fue tejida por el brillo del triunfo y la amargura del fracaso, la felicidad de un instante contra el diario martirio de la disciplina. Cuerpos doloridos por el trabajo incansable o inmolados en el éxtasis de la actuación fecunda. El ballet es masa de poesía, de expresividad al desnudo, espíritu en escena que, bien se sabe, es síntesis de sudor y extracto de amor, furia y empecinamiento, además de la cuota genial. Querido Teatro Colón, quimera de sueños de puntas, de giros y saltos, de tradición y renovación.
Persistieron, así, las huestes de ese Ballet, y prosiguieron ensayando en la "rotonda", todos los que fueron ejemplos de la generación presente. Esmeralda Agoglia, Michel Boroski, Olga Ferri, Enrique Lommi, Wasil Tupin, Irina Borowska, los abruptamente ausentes en una muerte cruel, Norma Fontenla y José

Neglia, cada uno en un fuego distinto y una individualidad avasallante. En la misma sala circular de las profundidades del teatro, esa "rotonda" insalubre jamás bañada por la luz natural, irrepetible lugar de cita del cuerpo de baile del ayer como en la actualidad.
Cambian los tiempos: los bailarines olvidan la formalidad de las clásicas mallas negras y se cargan de ropas estrafalarias, simpáticas, multicolores. Enormes pulóveres, medias de lana, buzos de plástico para las piernas o el vientre, "maillots" de lycra, vinchas, pañuelos, kimonos, polleras hindúes, chales anudados, sacos agujereados, tobilleras, rodilleras, faldas de tules descoloridos, bolsos gigantescos que contienen un mundo de cosas útiles e inservibles, y luego los regímenes, con el "yoghurt" a la cabeza, la zanahoria rallada, huevos duros, carne asada. Pelo largo en ellos, permanente en las chicas, otras con pelo muy corto, y las menos, atado a lo "bailarina".
El profesional de la danza ya no es un ser de otro mundo, es igual al joven de la calle que viste "jeans" y "tennis". De función en función, viste tules, brocatos, encajes, rasos, terciopelos. Se traslada a otros siglos, a reinos de fantasía, a dramas lacerantes. Sufre, es feliz, ama, muere y renace según la actuación. Baila, esa es su vida, y a través de la danza, forjará su propia plenitud.
Desde Marius Petipa a nuestro Oscar Araiz, hay un solo camino que conduce al amor idéntico. En el repertorio, ya se codean los románticos, los clásicos, los neoclásicos, los modernos, los contemporáneos, los folklóricos, los locales. Estilos y líneas absorbidos por una Compañía que no tiene fronteras, que necesita ser internacional, pero que es, honrosamente, producto de cada paso de ballet dado por sus incontables integrantes desde los inicios, por todo aquel que puso su alma en el arte y que levantó, con su dedicación, con su cariño, parte del Teatro Colón y su Ballet entero.

SILVIA GSELL

a

b

Es una catedral del arte en la Argentina y un templo del arte universal.
Es como un gran cuerpo espiritual, que alimentamos con nuestros propios sueños, con nuestro diario sacrificio. Me gustaría preguntarle qué soy yo para él.

Antonio Truyol

El Colón encierra el círculo perfecto de mi vida —enseñanza, actuación, consagración de muchos de mis sueños e ideales—. Llamarlo mi hogar es una verdad sincera y un agradecimiento profundo.
Así lo quiero, con todas sus virtudes y todos sus defectos.

Liliana Belfiore

 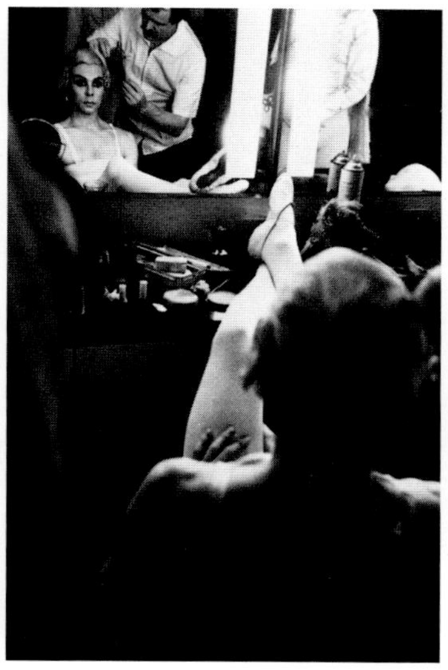 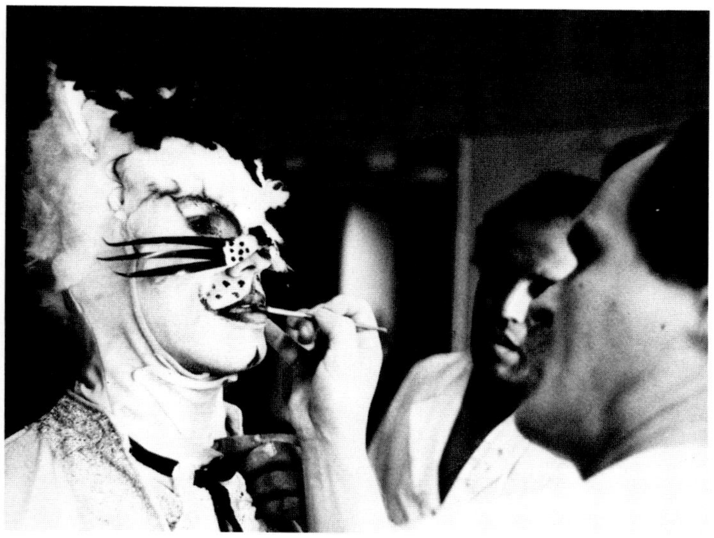

"Se dice" que la vida es un teatro ¡y qué hermosa es la vida!, si ese teatro es el Colón.

Wasil Tupin

Heredero de una gloriosa tradición artística iniciada en los albores del siglo pasado, el actual Teatro Colón —en mérito a su ilustre trayectoria—, se ha constituido en el centro musical por excelencia de la Capital argentina.
Su sala, magnífico cofre de armonía y su escenario, verdadero retablo de maravillas, brindan la calidez de su marco a las más notables expresiones de la ópera, el ballet y la música de todos los tiempos.
En constante devenir —ya tres cuartos de siglo—, como evocados por la magia de un ilusionista, reviven a diario, en su ámbito, miles de sueños que se van transformando en realidades y realidades que asumen la sugestión del ensueño.

Juan Andrés Sala

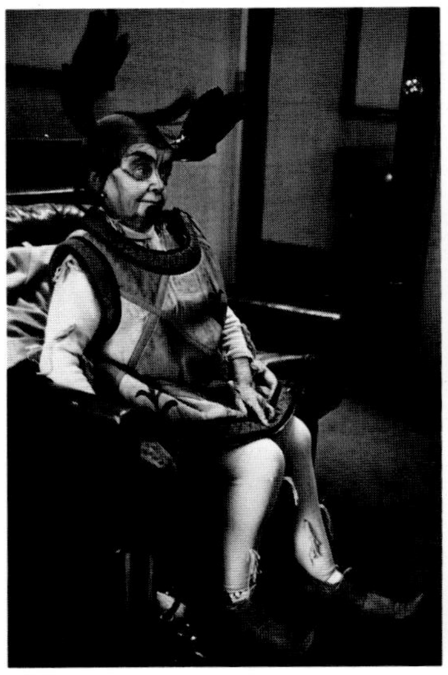 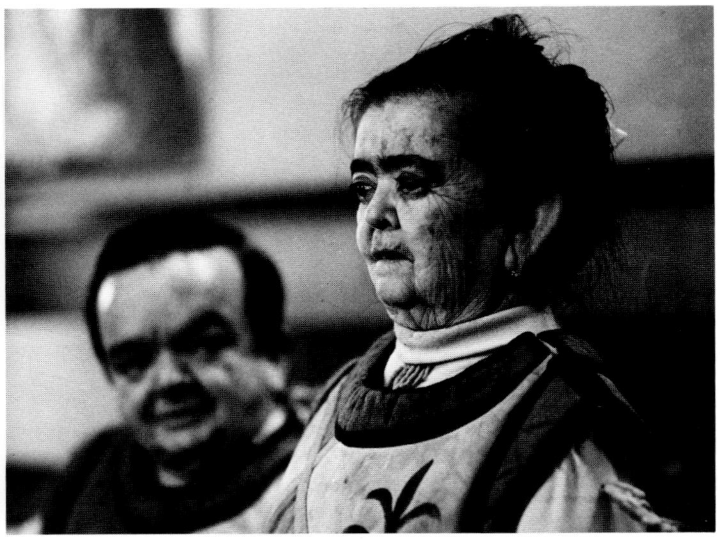

Siempre he bailado, siempre estuve en movimiento. En su momento comencé una profesión que disfruto en seguirla y en la cual puedo ser creador.
Entre el coreógrafo y el bailarín, mi simpatía se inclina hacia el bailarín, porque sin él, el arte no era nada. El coreógrafo es el alma, el ser, pero el que baila es el corazón.

Murray Louis

El arte es una disciplina, el artista es disciplinado. Considero que el artista debe ser libre, pero con ello viene también la responsabilidad, que es brazo ejecutor de la disciplina.
No porque tengamos libertad vamos a estar volando por todas partes y escupiendo a la gente en la cara. Por el contrario, tienes que controlar esa libertad y tener el cerebro bien puesto para saber reconocer cuales son tus responsabilidades en cuanto aceptas la libertad.

Alwin Nikolais

El arte es mi mundo. Vivo en él, desde allí me defiendo y, a través de él, trato de entender el mundo de todos. El artista, en cierta medida, está obligado a aislarse dentro de su arte porque si se deja arrastrar por el mundo exterior no podrá crear.
Es necesario, en consecuencia, mantener un adecuado equilibrio.

Jorge Donn

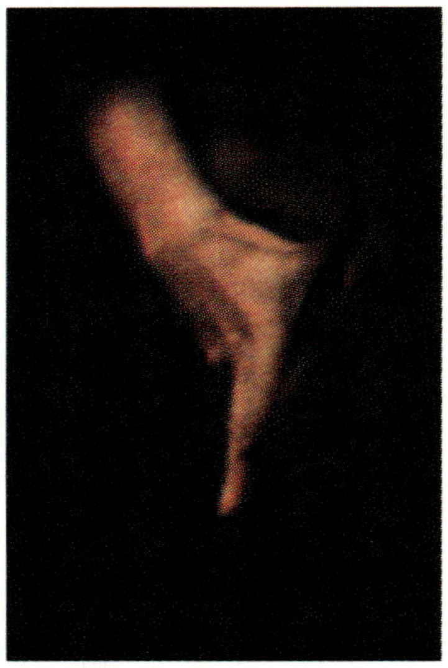

Llega un momento en el que uno debe pagar las cosas que uno gana en la vida. Si no se soporta el dolor y el precio, entonces, mejor no seguir viviendo.
Estamos aquí en esta tierra para aprender, para devolver, para hacer algo, que desarrollar, y por eso, no debemos detenernos ante el sufrimiento.

Marcia Haydeé

Me produjo una gran alegría ver obras mías montadas en el escenario del Colón, que es algo fantástico e incomparable. Es un lujo. Ello produce una particular emoción, porque el Teatro Colón es casi un mito, en toda su magnificencia.

Oscar Araiz

Las definiciones son siempre ostentosas, pero para describir al "bailarín", utilizaría un pensamiento que comparto, ya que lo dijo Charles Chaplin: Un bailarín es una extraña mezcla, mitad boxeador y mitad monje. De allí parte ese misterio o verdad de ese ser que dedica su vida a la danza, porque sustenta la fuerza, la vitalidad y agresión (en el buen sentido de la palabra), de un luchador; en cuanto a lo de monje, surge por la unción sagrada, por lo de una dedicación a algo supremo, como lo es el arte, y por toda la espiritualidad que debe emanar de esa comunión.

Maurice Béjart

a

b

c

Templo de creación por el cual nosotros, que vivimos en él, damos nuestro cuerpo y nuestro espíritu; no sólo al servicio del arte, sino en honor y en amor a este gran teatro: el Colón. Allí mi vida se iluminó, comencé a vivir y a gozar ese maravilloso y fantástico arte, llamado ballet.

Eduardo Caamaño

El Teatro Colón de Buenos Aires es el principal teatro lírico del mundo. Su dedicación en producir lo mejor en el arte merece mi mayor respeto y afecto. Por ello deseo que sus extraordinarias realizaciones sean mejor conocidas en todo el mundo occidental. Es el halo de la República Argentina.
Entre mis recuerdos del Teatro Colón destaco el consentimiento que obtuvimos junto con mi diseñador, Norman McDowell, para producir el ballet "Lago de los Cisnes" de Tchaikowsky, para ser representado por primera vez tal como lo había concebido el compositor. La cabal belleza de una obra maestra se justificó plenamente por el prolongado éxito de la producción, y dio al Teatro Colón la distinción de ser el primero en el mundo en honrar así a Tchaikowsky.

Jack Carter

a

b

c

El Teatro Colón ha sido para mí, como bailarina, y lo es aún, como espectadora, la materialización de un mundo eminentemente irreal.
Desde mi primer rol de "ballerina" (La Reina de los Cisnes), hasta mi despedida en "Coppelia", quedé sometida a esta fabulosa realidad de su escenario, de su sala incomparable.
Un fantasma lo habitaba y vigilaba mi carrera; pienso que era el Duende del Teatro, uno de los que Soldi fijó en la serenidad de su cúpula.

Olga Ferri

Teatro Colón, majestuoso y solemne y, sin embargo, tan íntimo y cálido. Templo de magia y de belleza, cuántas emociones infinitas me has brindado desde que, por primera vez, en 1942, pisé tu esplendoroso escenario.
Mi eterno agradecimiento a ti, Teatro Colón.

Tamara Grigorieva

Es un mundo fascinante en todo sentido.
Es el lugar donde todos los sueños se convierten en realidad. Tanto el espectador desde la sala como el artista (que desde el escenario cristaliza, por igual, la fantasía del público como la suya propia), son reales como la vida misma.

Cristina Delmagro

A cada época le pertenece una moda. Ahora, es la romántica, tanto en ballet como en música. Es un estilo que vuelve pero en su visión contemporánea. No ha envejecido, lo que antes vivió, tiene ahora un hálito nuevo.
Aquello que yo hago, no lo realizo formalmente y esto es muy apreciado por el público argentino, que entiende esa entrega. No se engaña a ese público y, además, él recibe lo auténtico.
Al salir al escenario del Colón, la primera impresión, cuando en el segundo acto de "El lago", se levantó el telón y yo había adoptado mi pose inicial, fue la de un tremendo nudo en la garganta: de la emoción, casi me pongo a llorar . . .

Maya Plissetskaya

a

El Teatro Colón representa la posibilidad de haber encontrado la senda que me llevó a un enriquecimiento espiritual a través de distintas vivencias dentro de nuestro hermoso mundo del arte.

Lidia Segni

No sólo el Teatro Colón, sino todos los teatros del mundo son lo más importante que puede tener un país, la ciudad o la gente; porque son parte de la cultura; porque permiten a la gente soñar y enriquecerse espiritualmente, que para mí, es lo más importante.
(. . .) La segunda parte de mi vida está dentro de estas paredes.

Raúl Candal

Puedo decir que mi vida se ha consagrado a un ideal: la revista "Lyra". Más de cuarenta años de creación están reflejados en ella.
Pero "Lyra" no existiría sin el Teatro Colón; él le dio sentido y justificación y está, por ello, estrechamente ligado a su jerarquía.
El reflejo de sus gloriosas temporadas queda historiado e ilumina sus páginas. Agradecer esta luz, sería parcializar mi reconocimiento. En años prósperos y aun en los más difíciles, jamás pudo decepcionarme como espectador; la autoridad de sus representaciones y la atmósfera que se vive en su sala resultan experiencias excepcionales.

Francesco de Ecli Negrini

b

De chiquilín lo miraba de afuera como esas cosas que nunca se alcanzan . . . pero hoy ya estoy adentro y son otros quienes lo miran.
Este Teatro no sólo me dio grandes oportunidades, sino que fue y es un vínculo forjador de muchas amistades, además de haberme permitido ver, escuchar, aplaudir y emocionarme por la calidad de maravillosos artistas.
Que existan muchos 75º aniversarios más, para que otros lo vivan tan intensamente como yo.

Alejandro Totto

a

El Teatro Colón significa para mí toda la verdadera tradición del siglo XIX, conservada intacta en el buen gusto y en la calidad.
Uno de los recuerdos más importantes de mi trabajo en el Teatro Colón es el intercambio de verdadero amor que da el público, lo cual fue una experiencia inolvidable en mi carrera.

Ghislaine Thesmar

Trabajando, creo que viajo al fondo de mí mismo.
Siento que muero y renazco al mismo tiempo. El mundo desaparece: sólo quedan en pie, la Danza y Nureyev.

Rudolf Nureyev

b

a

Sus inmensas escaleras me parecieron inconmensurables cuando a los 8 años las subía para ir a rendir examen.
De allí en más, no pude ni quise sustraerme del encanto que tiene "el Colón"; eso particular y único que se llama magia.
Hay algo que flota, que vive y convive con los artistas; en el teatro uno puede respirar a teatro.
Aquí aprendí a amar lo que hago, por eso, el teatro llega a ser un templo, un refugio, un hogar, un espejo mágico que refleja nuestro espíritu trastocado y remontado al Olimpo.
En el Colón aprendí a disfrutar de la danza, compartirla con otros y vivirla en su plenitud.

Silvia Bazilis

El Teatro Colón es el imán que atrapa a los grandes artistas logrando una conjunción total del arte.

Daniel Escobar

Pienso que lo más importante reside en el transcurso del camino que conduce a la fama.
La cima siempre debe estar más allá de los logros y es bellísimo mirar a esa cúspide de cerca, sin llegar a ella.

Patricia McBride

Creo que es el teatro más hermoso de todos los que conozco en el mundo.
El público ha sido excelente. Tuve la impresión, sin hacer parangones burdos, que su efusividad es similar a la que se ve en un partido de fútbol con esos gritos sanos y esa alegría espontánea. A mí me encantó.

Mikhail Baryshnikov

b

En el bailarín me interesa cierta forma corporal; que tenga musicalidad, dedicación a la idea de bailar; la danza no es para jugar; uno tiene que sentirse "enamorado" de ella.
No hay blanco, amarillo o negro, esas son etiquetas; lo mismo que decir que el jazz pertenece a los negros; aquí también, sólo hay danza; sólo hay buena danza o de la mala.

Alvin Ailey

a

b

No puedo decir que el ballet es todo para mí. A veces me resulta una tarea tediosa. ¿Acaso no le pasa a todos que tengan insatisfacciones en el trabajo? Cuando siento que entre mi danza y la de los demás las cosas no están coordinadas, entonces me pongo de muy mal humor; quisiera que ese día el ballet no existiese.
No sé, pero me canso de la repetición de los errores. Cuando estoy en escena y salgo a bailar, desaparece todo miedo, bailo pensando que todo está bien hecho.

Vladimir Vassiliev

El Teatro Colón representa para mí una casa donde me volví a encontrar cada vez con la "gran familia" de la danza. Tengo tres recuerdos con respecto al Colón: el primero, con la Opera de París en 1950, donde bailé "Les mirages"; el segundo, diez años después con el gran ballet del Marqués de Cuevas, grande y emocionante reencuentro con el maravilloso y caluroso público de Buenos Aires; y, en fin, el tercero y último recuerdo, como "guest artist", con la "gran familia" del ballet del Teatro Colón para "Romeo et Juliette" de Serge Lifar, con el magnífico artista que era José Neglia.
Todos estos recuerdos me son muy queridos en mi carrera.

Nina Vyroubova

Es para nosotros una profunda emoción el hecho de visitar la Argentina y actuar ante un público cálido y culto; y, principalmente, observar que espectadores de diferentes estratos sociales saben interpretar y entender la esencia de la danza.

Ekaterina Maximova y Vladimir Vassiliev

Pude sentir la trascendencia espiritual del Teatro Colón en mí, durante una función de gala, el 9 de julio de 1977, interpretando "Romeo y Julieta"

Alicia Quadri

Un teatro es, principalmente, una escena donde lo fantástico se hace realidad y esa realidad es concebida a través de la técnica y del genio del artista.
El Colón ha obtenido su gloria con la potencia espiritual de esos artistas y sus vibraciones laten en su inmenso escenario. Los que tenemos la felicidad de vivir allí nuestras creaciones, sentimos sobre nosotros aquellas presencias inolvidables; ellas enriquecen nuestra sensibilidad y hacen vibrar cada interpretación con renovado fervor.
Si el arte es un misterio, una gracia imponderable, pienso que esa cualidad inmaterial pero intensa, crea la atmósfera misma de nuestro Teatro.

Violeta Janeiro

El Colón no es sólo un teatro de primer orden consagrado al arte lírico en particular; es un soberbio monstruo que exige la plenitud de nuestra inteligencia creadora y conductora para cristalizar la maravilla de la escena.
Nadie puede desafiar al Teatro Colón sin la entrega de todos los que hacen su realidad escénica: artistas, técnicos, administrativos, en absoluta armonía.

Juan Pedro Montero

Buenos Aires, ciudad abierta a todas las corrientes estéticas e intelectuales del mundo tiene en el Teatro Colón su baluarte artístico de mayor significación y trascendencia.
Esa imagen de gran teatro, no se apoya solamente en el hecho de que el Colón sea uno de los centros artísticos más importantes del mundo, sino el eje sobre el cual se articula la vida musical de Buenos Aires, paralelamente la de todo el país y por natural reflejo la de los países hermanos de nuestro continente.

Francisco D'Antonio

La Administración del Teatro Colón tiene los problemas comunes a cualquier administración —los de la forma, la proporción, la magnitud, etc.—, pero a diferencia de los demás, implica un compromiso especial.
Sucede que la vitalidad propia del hecho artístico trasciende frecuentemente su ámbito específico, y es común que, con el enfoque naturalmente prosaico de la administración, deban enfrentarse situaciones que encierran grandes contradicciones, y que asumen a veces la apariencia de enigmas insolubles.
La dificultad consiste, pues, en dominar el imperativo del orden y el control, que es nuestra ley, poniéndolo al servicio de la libertad. O lo que es igual, pero enunciado como un lema: corresponder en nuestras actitudes y decisiones con la generosidad que tuvo para sí nuestra comunidad al darse esta casa, y con la magia y entrega que se ponen en juego en cada representación.

Ricardo Szwarcer

No sé por qué me ha costado tanto escribir estas líneas. Tal vez, el hecho de querer resumir a través de ellas muchos (sin lugar a dudas los mejores) años de mi vida, entregados y retribuidos en miles de sensaciones, vivencias, recuerdos y emociones que el Teatro Colón me brindó.
Si tuviera que sintetizar con una sola palabra todo esto, diría: ENTREGA; y si evaluara lo que el Teatro me dio diría: FELICIDAD.

Eugenio Scavo

Se ha dicho con frecuencia que el Teatro Colón tiene una de las más privilegiadas acústicas del mundo, también se ha comentado tanto la belleza de su imponente sala, el refinamiento del "foyer" como las enormes proporciones de su escenario. Son todos datos que hacen a la imagen de un gran teatro, pero que no explican su ángel.
He sentido siempre ese inasible misterio que nace de tantas glorias artísticas, de tantas presencias hoy silenciosas pero perdurables en la memoria de las gentes. Esa tradición de arte superior compartida por todos aquellos que tenemos que ver con la música, dicta la línea de calidad y recto sentido que el Colón debiera mantener en el futuro.
El Colón no es sólo un gran teatro lírico, es nuestro más preciado centro musical y uno de los motivos mayores de prestigio para esta ciudad de Buenos Aires. Es también el lugar donde trabajan con talento y ahínco los centenares de artistas y artesanos que forman sus cuerpos estables, verdadera espina dorsal del Teatro.
Es obligación de nuestra comunidad mantener y respetar este valor, uno de los más puros que podemos ostentar*. Entre todas las actividades culturales del país, pocas son más trascendentales que las realizadas por nuestro gran Teatro. Que los próximos años permitan al Mozarteum y al Colón superarse en una constante línea ascendente para el mayor beneficio de nuestra vida musical, símbolo de la cultura que caracteriza al medio argentino.

* Gracias a él se ha conseguido formar un público culto considerado entre los más exigentes del mundo.

Jeanette Arata de Erize

a

b

a

b

c

Nosotros tenemos un fondo de oro, de belleza, la herencia de nuestro Ballet, que debemos seguir. Ese es el esplendor del arte.

Natalia Bessmertnova

Aunque vivimos en una época de violencia y dolor, el romanticismo no será olvidado por el espíritu del hombre. Lo necesita para ser feliz, para conocer los sentimientos mejores de su corazón, para dar luz a su espíritu.

Alexander Bogatiriov

Yo no creo que el ballet pueda ser abstracto, porque se proyecta con el cuerpo humano; mientras se trabaje con el hombre, él será a la vez que el sujeto, el instrumento.
Mi trabajo ha sido siempre el de ser ese puente entre el hombre bailando y el hombre mirando, a causa de su mundo común de emociones como seres humanos.

John Neumeier

El trabajo del bailarín es difícil: todos los días debe entrenarse el cuerpo y es una carrera para ser mejor y mejor.
Si no fuera así, no sería interesante; lo fácil, no requiere esfuerzo.

Alexander Godunov y Eva Evdokimova

a

Es uno de los más bellos teatros del mundo, donde la atmósfera es inolvidable.
¿Cuáles son los momentos más importantes de mi trabajo en este teatro?
No olvidaré jamás la acogida del público y el ambiente general que reinaba durante los dos ballets que dirigí: "La sylphide" y "La fille du Danube".
Es para mí una familia artística que llevo en mi corazón, entre los más bellos recuerdos de mi carrera.

Pierre Lacotte

b

CONCIERTOS Y RECITALES

LA ACTIVIDAD DE CONCIERTOS Y RECITALES

Hasta la fecha carece Buenos Aires de una sala de conciertos, tal como la tienen otras ciudades del mundo. El clamor por un complejo musical, acorde con la abigarrada actividad de conciertos que año tras año se viene desarrollando por múltiples organismos oficiales y privados, data de muchos años atrás, por lo menos de la década de 1920. Por fuerza, esta actividad musical, que abarca la música sinfónica, el oratorio, la música de cámara, el recital solístico, en todas sus derivaciones imaginables, se afincó en la sala más bella y de mejor acústica, de ambientación más noble y representativa. Fue así, y no pudo ser de otro modo, que el Teatro Colón se transformó, ante el peso de estas circunstancias hasta ahora insuperables, en obligatorio centro de tales repertorios, y fue en vano desarraigarlos de esta sala, predestinada por su atmósfera y su tradición, para albergar la presencia de estas realizaciones de singular trascendencia.

El Teatro Colón fue construido como uno de los más lujosos recintos de ópera del mundo en momentos de gran prosperidad de la Argentina. Su historia es la de la maduración del arte musical en nuestro país. Esporádica primero, luego organizada con mayor coherencia, la realización de conciertos integra, a los 75 años de la inauguración de la sala máxima de Iberoamérica, su esencia y presencia y evoca, constantemente, el eco perdurable de acontecimientos que trascienden su momentáneo brillo en la memoria inmarcesible de sublimes vivencias.

Aparentemente, por su tamaño y volumen, el Teatro Colón solamente puede servir para los conciertos orquestales y sinfónico-corales como coherente complemento de su función específica de cultivar a la ópera y al espectáculo coreográfico. Por fuerza, desde los atisbos primeros de ocasionales conciertos sinfónicos, cuando esta dedicación a un repertorio de música pura *era todavía esporádica, se fueron afincando en su dorada herradura ciclos de conciertos que significaban culminaciones para cada una de las sucesivas temporadas. Tal ubicación se inició, tras prolegómenos promisorios, en 1920 con los conciertos que dirigió Richard Strauss al frente de una orquesta especialmente integrada para este genial compositor y admirable intérprete sinfónico.*

Desde que existió una orquesta de ópera en el Teatro Colón, como cuerpo estable y reglamentariamente constituido, se imponía la realización periódica de ciclos sinfónicos que fueron adecuando el gusto del público a tales manifestaciones y sirvieron para afinar *y coordinar la utilidad profesional de un organismo que, durante muchos años, constituyó el único de tan alto nivel de la capital argentina. Las visitas sucesivas de la Orquesta Filarmónica de Viena, en 1922 y 1923, profundizaron la demanda por estas experiencias por parte de un público cada vez más ávido de integrarse con las obras cumbres del más insigne repertorio sinfónico. Cabe mencionar que recién desde 1947 Buenos Aires contó con una orquesta sinfónica, que es la actual* Filarmónica, *municipal desde sus comienzos, luego incorporada al estamento estable del Teatro Colón.*

Grande es la tentación de escribir hic et nunc *una historia de estas actividades de conciertos en el Teatro Colón, detallar la avidez del público y documentar la repercusión de cada uno de estos eventos. Trátese de los ciclos de todas las sonatas de Beethoven, que varios grandes pianistas, como Backhaus y Arrau, entre otros, protagonizaron en esta sala, considerada mágica también por ellos, de la promulgación de los oratorios y pasiones de Händel y Bach, la inefable presencia de los Niños Cantores de Viena (desde 1936), de conjuntos de cámara (desde cuartetos hasta orquestas reducidas), de insignes* liederistas, *todo indica que esta sala fue durante 75 años el eje en torno del cual giró la presencia de la música instrumental y vocal de formas puras y contenidos sublimes.*

En la sala grande, la del teatro de ópera, los conciertos de los definitivamente consagrados, en el bellísimo foyer *protocolar del "Salón Dorado" los ciclos de extensión cultural, con la presencia de conferencistas, como colateral actividad de difusión cultural, de entrada gratuita, pero no menos importante e, inclusive, en la sala Nueve de Julio, de ensayos de ópera, en el tercer subsuelo, las iniciaciones a la música de todo género para estudiantes secundarios, agregaron a las vivencias inefables en el terreno de la música su nota especial. También puede toparse, quien camina en horarios matinales o de la temprana tarde, o antes de iniciarse un concierto, en* foyers, *pasillos de camarines, escaleras y rellanos, con músicos que afinan y templan sus instrumentos, que aún repiten pasajes de sus "particelle", de modo que los ecos de tantas sonoridades de armonía perfecta pueblan incesantemente a los infinitos laberintos de este teatro predestinado como pocos en el mundo para albergar tan diversificadas experiencias sublimadas.*

JUAN PEDRO FRANZE

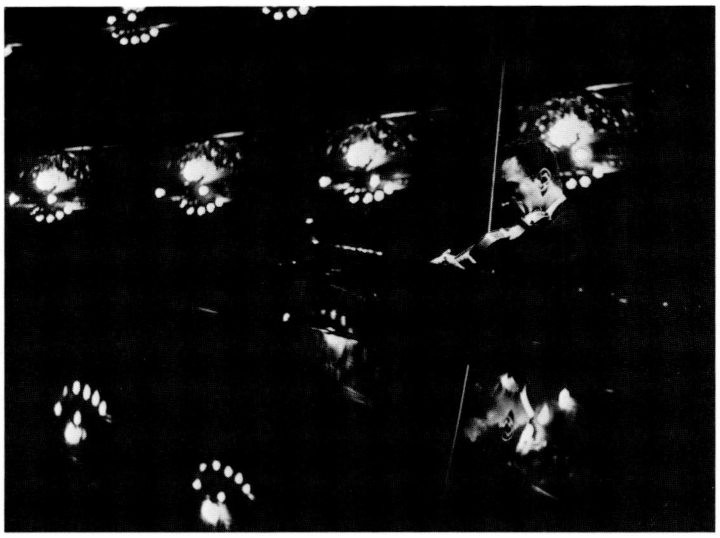

Un músico necesita trascender de sus fronteras para enriquecerse, porque la universalidad del arte no tiene límites: está por encima de ellos.

Alberto Lysy

El Teatro Colón es para mí el más hermoso teatro lírico del mundo. Tiene el aire festivo adecuado de un escenario de teatro de ópera, las butacas por demás confortables y, lo que es más importante, una acústica incomparable. El sonido del Teatro Colón es absolutamente único. Los más vívidos recuerdos que tengo son los que se relacionan con el timbre: la calidad de las representaciones y el sonido de este teatro formaban juntos un clímax perfecto.

Ferdinand Leitner

El Teatro Colón significa para mí una infancia feliz vivida entre sus paredes y rodeado de célebres directores de orquesta, cantantes, concertistas y legendarias escenas; una adolescencia con la secreta aspiración de integrarme a él un día. Y ahora, el orgullo por la realidad cotidiana que representa el formar parte de un engranaje vital para la cultura del país con proyección hacia el mundo.

Claudio Guidi Drei

Pensar en el Teatro Colón es para mí como vislumbrar un punto altísimo en el firmamento del Arte Musical.
Considero al Colón como el gran teatro, como la meta y un anhelado premio para todos los que consagramos nuestra existencia a la música.
Es como una fuente inagotable de ambiciones que fluye para llenar y embellecer una vida de dedicación y sacrificio.

Bruno D'Astoli

La música es una de las más fantásticas e imaginativas creaciones del espíritu del hombre. Cuando esa música encuentra un marco de suntuosa armonía arquitectónica y deslumbrante belleza plástica y un plantel humano, técnico y artístico empeñado en realzarla, entonces se logra esta maravilla que es el Teatro Colón.
Participar activamente de ese empeño significa para mí, conferirle un sentido profundo a mi profesión.

Pola Suárez Urtubey

Los Festivales Musicales de Buenos Aires, como otras instituciones musicales argentinas, encuentran en el Teatro Colón el recinto ideal para realizar sus más nobles proyectos artísticos.
En él se integran el peso de la tradición y el entusiasmo creador. El recogimiento y fervor que el Teatro Colón ha llegado a imprimir en el público y en tantos artistas, bien merece que se lo pueda llamar un verdadero "Templo Musical".

Mario Videla

Habitualmente son las personas que por sus calidades determinan el nivel de las instituciones. Para el Teatro Colón, la solidez de su prestigio es tal, que allí todo pareciera haberse estratificado y entonces, las cosas sucediesen al revés.
Cada persona o cada artista que actúa en él queda marcada. En las circunstancia más favorables o en las más adversas, y al más alto nivel nacional e internacional, siempre es fiel a sí mismo, irreductible.
Así lo vivo yo que tengo el privilegio de poder expresarme musicalmente a diario en sus salas y a quien el amor parcializa totalmente. Parcialidad, la más grata e inevitable.

Valdo Sciammarella

a

b

c

En 75 años de experiencia y desde sus comienzos, el Teatro Colón logró un inalterable prestigio internacional. Aún le quedan cosas por hacer, entre otras, detener la atrofia de los creadores líricos argentinos.

Pompeyo Camps

. . .En el vanguardista Buenos Aires (. . .) en el magnífico Teatro Colón . . . el éxito de las obras nuevas fue inmenso; el público se familiarizó de inmediato, con sorprendente presteza (¡con similar rapidez nunca reaccionó el público de Viena!) ante las mismas (. . .) sobre todo el entusiasmo que cundió frente a "Elektra", fue claro testimonio del don de perspicacia del público argentino.

Richard Strauss, 1923

Teatro Colón, temblor de sensaciones;
Es el hechizo del Arte que lo alumbra,
A través de sus muros se vislumbra
Toda la huella virginal del canto.
Ritmo enervante, mágico, fecundo,
O el silencio ancestral, frío y profundo.

Corista. Si al cantar sientes el pulso acelerado,
O un susurro inexplicable en la piel
estremecida,
Lograrás entrar en el reino divino de la MUSICA.
Obtendrás la ventura celeste del que canta:
Nacerás a la paz de la ULTIMA ARMONIA.

Alberto Balzanelli

Foco irradiante de arte y cultura, fuente de música cuya dignidad y elevación los argentinos deben respetar, mantener y salvaguardar para que el casi milagro de su existencia en nuestro país no sepa de ocasos ni de eclipses, para que lo mejor de su historia sea guía de superaciones y para que en él luzca y medre toda la belleza que la creación y la interpretación artísticas hagan revivir en su noble recinto.

Roberto Caamaño

El Teatro Colón es una institución que honra al país, no sólo por la magnificencia de sus instalaciones y las enormes posibilidades que brindan las mismas, sino sobre todo por la jerarquía de sus cuerpos estables.
Todo ello, aunado al talento creador argentino, debe ser fuerza vital de la república y uno de nuestros decisivos faros hacia el mundo.

Juan Carlos Zorzi

Ese templo del arte que es nuestro Colón, verdadero enclave cultural argentino, erigido gracias a la firme decisión de nuestros compatriotas, que en el pasado promovieron su construcción, debemos cuidarlo e impulsarlo a fin de que más que nunca hoy en el futuro, pueda cumplir su elevada misión, y que artistas creadores, intérpretes y público, puedan seguir nutriendo ese contacto con las artes musicales en sus más variadas manifestaciones,que resulta indispensable al nutrimiento espiritual de un pueblo y su cultura.

Pedro Ignacio Calderón

SILENCIO

a

b

El Teatro Colón representa a una de las formas más desarrolladas del espíritu humano, la Música. Su fin esencial, la comunión del hombre con su prójimo y su propio ser.

Antonio Tauriello

Nuestro Teatro Colón festeja sus 75 años de actuaciones en cuyo transcurso desfilaron por su escenario los más apreciados artistas del mundo; y festeja este acontecimiento, celebrando nuestros creadores, cultores de la lírica, del concierto y del espectáculo de ballet que gozan del prestigio y del aplauso estimulante, sus justificados éxitos.

Ferruccio Calusio

El Colón ha constituido y constituye uno de los factores decisivos en el desarrollo de la cultura artística argentina.
Aunque no de una manera totalmente consecuente —a causa de los distintos criterios de las autoridades que se sucedieron en la conducción del teatro— también la música argentina ha sido representada dignamente, habiendo resultado para nuestros artistas un importante elemento de estímulo y apoyo.

Roberto García Morillo

La música debe tener siempre una fuerza positiva ya que puede servir para distintos fines, como sucede con el cine, en el cual ésta puede conducirnos subconscientemente, adonde no queremos llegar.
Nosotros luchamos por transmitir el espíritu del compositor. Hay quienes piensan que cometer algunos errores puede perjudicar toda una sinfonía. Personalmente, prefiero que esos errores se cometan a cambio de que la obra sea tocada con alma.

Zubin Mehta

Colón es una de las maravillas del mundo mágico del arte musical, lenguaje que también es el mío.

Bruno Gelber

¿El Teatro Colón?
Un elefante blanco de la fauna silvestre de la pampa. A veces barrita de hambre, otras, de satisfacción. El campesino lugareño o el visitante que lo visita se fascinan por su imponente anatomía, aunque algunos no entiendan muy bien su extravagante presencia en la gran pradera cultural latinoamericana. Pero todos se sienten orgullosos de él, visto como una víscera vital, sana y fuerte, en el desaliñado juego del crecimiento histórico.

Rodolfo Arizaga

a

b

c

PRODUCCION Y ESCENARIO

EL SILENCIO DEL ARTESANO

Se han cantado ya con justicia las glorias de la escena; los artistas del canto y de la danza, los virtuosos de la música, los ilustres ensambles instrumentales; queda ahora, un emotivo recuerdo, un justo homenaje, no menor.
En las entrañas de la tierra, en el infinito dédalo de sótanos, corredores y recintos vive una estirpe abnegada y fiel que sueña, imagina, crea por sobre todas las cosas.
En los sótanos del Colón se inscribe una ignorada historia del Teatro. Allí también se diseñan sus triunfos. Pintores, dibujantes y escultores, modistas y sastres, zapateros, peluqueros, herreros, carpinteros . . . Un abigarrado ejército de profesiones —artes y artesanías—, son convocadas por el insaciable y contradictorio monstruo del Teatro.
Allí observamos una tarea patética y mágica. Aquellos artesanos y artistas no imaginan para sí; ellos sufren el proceso creador para otros, para los divos *del* bel canto *o las* ballerinas *inmateriales, sobrehumanas. Nunca lucirán las diademas y cetros enjoyados; otros vestirán las alas de La Sylphide, el manto agobiante de Boris o los símbolos del faraón egipcio.*
Quizás pocos conocen y menos imaginan esos tres misteriosos subsuelos del Teatro Colón o sus remotas buhardillas. Inmensos depósitos que preservan trajes y telones de innumerables producciones —algunas irreversiblemente olvidadas—, y donde se enfrentan en un caos deslumbrante, los cabezudos hispánicos de El Retablo, *las* madonnas *de papel* maché, *el clave mudo de* Werther *y los iconos cargados de pedrerías.*
En cada escondrijo, en su resignada quietud aguardan la gravedad de las horas decisivas de la escena.
Ellos se ordenarán ante la selección y prestidigitación de utileros y pintores; en tanto, las maquettes, *miniaturas prodigiosas, son interpretadas por sutiles plásticos para cubrir la inmensa escena del Teatro. Imaginamos, así, la emoción que sentirá quien reelabora el estilo paisajista de Ciceri para* La Fille du Danube, *aquel que recrea los deslumbrantes relieves de Babilonia para* Nabucco *o intenta develar el bosque mágico de* La Bella Durmiente.
Manos humildes, torpes de apariencia, pero de una rara fineza técnica, han prodigado el milagro generación tras generación. Las manos que colocaron emocionadas una perla en el tocado de la Muzio o un broche en la chaqueta de Gigli, son en esencia, las mismas que transforman los rasgos de las nuevas estrellas con la magia del maquillaje o envuelven sus cuerpos con figurines fantásticos.

Sin un acto de humildad y reverencia sería imposible este triunfo de los ocultos creadores del espectáculo. Cada uno parece intuir en el artista la presencia sagrada, el don, la gracia; y a esa cualidad imponderable entregan sus más preciados sueños, lo más delicado de su imaginación.
Junto a ellos, nos quedan aún, los sencillos hombres de la escena: maquinistas, utileros, luminotécnicos . . . La celeridad de esos músculos disciplinados resolverá, en pocos instantes, el palacio romano de Cellini *o los modestos barrios de* La Bohème. *Ellos transitan con igual seguridad por las calles moscovitas que atraviesan los castillos encantados; rápidamente colocan la tumba de Giselle o el lecho nupcial de Julieta.*
También deben superar las angustias de los minutos y segundos implacables que establece el compositor y una mutación de escena es una proeza impecable que hace a la perfección integral de cada pieza.
El laberinto de puentes y cuerdas, columnas de luces y reflectores sabe de esta inquieta agrupación de hombres del Teatro. Cubiertos con ropa de trabajo, creada sin poesía, están, no obstante, más cerca que ningún espectador, del mundo íntimo del arte. No envidian al cisne real ni al Príncipe Sigfrido que cruzan a su lado; son felices de haber compartido con aquellos artistas instantes de ensueño y de materializar, magnificar, ese sueño desde la escena del Teatro Colón, para todos nosotros.

ANGEL FUMAGALLI

PROHIBIDO
FUMAR
OSTERIA
DELLA
PERNICE

PROHIBIDO
FUMAR

MODART
SU SASTRERIA

CONSIDERACION FINAL

Quisiera relatar brevemente la felicidad que he experimentado a lo largo de diez meses tomando fotografías y elaborando este libro.
En ese lapso pasé por muchos estados de ánimo: las primeras visitas de trabajo y familiarización con el teatro me revelaron un mundo tan distinto y fascinante que viví dominado por la emoción, esa emoción que a uno le impide controlarse, que lo desespera al pensar que ciertas lógicas limitaciones técnicas, aún con los mejores equipos fotográficos como los utilizados, impiden que algunas imágenes deslumbrantes puedan ser apresadas.
En los primeros momentos cometí muchos errores: tenía en claro el "clima" visual que buscaba, pero había que ajustar diversos aspectos técnicos y sobre todo dominar aquella emoción. Por fin empecé a ver los resultados de acuerdo con mis expectativas: mi taller, invadido por tiras de película adaptó su fisonomía y, lupa en mano, descarté centenares de fotos incorrectas.
Así, más confiado, más seguro, preparaba mis tres flamantes LEICA y, con trece kilos de equipo, algunas veces flanqueado por mi ayudante, enfilaba hacia el teatro. Ahora confieso que llegaba a los ensayos o las funciones en un estado de agotamiento total.
Quinientas o más fotos por día, la falta de luz, la temperatura, la tensión y mi ignorancia de un tema tan especializado hacían la tarea agotadora. Pero al llegar al escenario y descubrir los rostros amables del personal que me saludaba y de algunos artistas que ya se habían acostumbrado con mi presencia, encontraba la fuerza que necesitaba para sentirme mejor.
El Colón es el lugar con más magia que he conocido, en todo momento y en cualquier rincón ocurren cosas insólitas . . ., me preparo, cargo mis cámaras, empiezo a fotografiar mientras el escenario se ordena y comienza el espectáculo. A partir de ese momento, nada pesa, el cansancio se olvida, una extraña vibración me embarga y me siento el ser más feliz y privilegiado del mundo.
Tomando fotos me desplazo con absoluta libertad por cualquier sitio tratando de no molestar, pues se comprende que existe tensión en el personal del teatro y es imprescindible respetar las indicaciones y guiarse con un sexto sentido en todo momento. Siendo yo un artista plástico, totalmente dedicado a lo visual, retengo en mi mente miles de imágenes de cosas y lugares que he conocido y que he imaginado, pero la cantidad y la belleza de las que me brindó el Colón superan lo concebible y se ubican en un plano mágico-pictórico.
En las salas de ensayo de ballet del Instituto de Arte Superior colmadas de estilizadas figuras, la luz filtrada que se proyecta desde las ventanas se refleja en los múltiples espejos, el compás musical es permanente, las expresiones delicadas de las caras, las posiciones inverosímiles de los cuerpos y la plasticidad del conjunto son el súmmum para un fotógrafo, sin olvidar las escenas en que los alumnos del curso de caracterización transforman sus rostros en máscaras cubiertas de dibujos y colores exóticos de personajes de ficción.
Desde el principio decidí registrar en mis fotografías la luz real de cada lugar con el objeto de evitar que el resultado fuera extraño a la gente que vive dentro del teatro y para que el lector pudiera compartir la visión de los lugares a los cuales no tiene acceso. Podrá observarse así, en la serie de fotos tomadas en la sala de ensayos de ballet (llamada la "rotonda") un tono predominante azul-verdoso y un abundante grado de penumbra; tampoco en los camarines quise desvirtuar la intensidad de las luces frontales ni el natural desorden de objetos personales que existía. El trabajo en el escenario resultó muy dificultoso dada la variedad de elementos de iluminación utilizados, que por supuesto difieren en cada obra y que durante las funciones plantean permanentes cambios de intensidad y color, complicando, con el bajo nivel de luz y el constante movimiento de artistas, la obtención de buenos logros.
Pero cada recorrido por los más recónditos lugares del teatro a pesar del problema ocasionado por la penumbra aportó descubrimientos inolvidables; los depósitos donde conviven máscaras, caballos, dragones, calaveras y trenes, los talleres inmensos donde se pierde la noción del tiempo, y al percibir una nota lejana y sentir la necesidad de buscar su origen, encontrar por fin a un músico afinando su instrumento en un vestíbulo cercano a la sala.

Deseo expresar mi profundo agradecimiento a las autoridades del teatro que me dejaron trabajar con absoluta libertad, a mi amigo Mujica Lainez que me acompaña con su talento en nuestro quinto libro, a los especialistas que prepararon importantes enfoques sobre la estructura y las disciplinas del teatro y al equipo de colaboradores directos que con fe recorrieron el camino que me permite hoy ofrecer esta nueva obra.
Recordando pormenores de esta inolvidable experiencia siento la misma emoción que el primer día, sumada ahora a la tristeza de haberla finalizado.
En el interior de esta ciudad-teatro seguirán esperando las imágenes, los sonidos, los movimientos y sus misterios, para que otros artistas como yo se interesen por ellos y los muestren también, a su manera.

A. S.
Marzo de 1983

OBRAS DOCUMENTADAS
REFERENCIAS FOTOGRAFICAS
TRADUCCION AL INGLES
TRADUCCION AL FRANCES
TRADUCCION AL ITALIANO
TRADUCCION AL ALEMAN

OBRAS DOCUMENTADAS

Repertorio Lírico

ARIADNA EN NAXOS

Opera en un acto con prólogo
Libreto de Hugo von Hofmannsthal
Música de Richard Strauss

Régisseur: MARGARITA WALLMANN
Escenografía y vestuario: LENI BAUER-ECSY

BENVENUTO CELLINI

Opera en tres actos y cuatro cuadros
Libreto de León de Wailly y August Barbier
Música de Héctor Berlioz

Régie, escenografía e iluminación: ROBERTO OSWALD
Vestuario: ANIBAL LAPIZ

LA BOHEME

Comedia lírica en cuatro actos
Libreto de Ruggero Leoncavallo basado en la novela "Escenas de la Vida Bohemia" de Henry Murger
Música de Ruggero Leoncavallo

Régisseur: FERNANDO HEREDIA
Escenografía y vestuario: ENRIQUE BORDOLINI

LA CONDESA MARITZA

Opera en tres actos (Versión en un prólogo y dos actos)
Libreto de Julius Brammer y Alfred Grünwald
Música de Emmerich Kalman

Régisseur: FERNANDO HEREDIA
Coreografía: ANTONIO TRUYOL
Escenografía y vestuario: EDUARDO LERCHUNDI

DOÑA FRANCISQUITA

Comedia lírica en tres actos, el último dividido en dos cuadros
Libreto de Federico Romero y Guillermo Fernández Shaw
Música de Amadeo Vives

Régisseur: RENATO CESARI
Coreografía: ANGEL PERICET
Escenografía: JOSE BERTOLO
Vestuario: Producción Teatro Colón

ROMEO ET JULIETTE

Opera en cinco actos y seis cuadros
Libreto de Jules Barbier y Michel Carré
inspirado en la tragedia homónima de William Shakespeare
Música de Charles Gounod

Régie según: CECILIO MADANES
Régisseur repositora: MARIA DEL CARMEN WILLIMANN
Escenografía y vestuarios: JOSE LUCIANO VARONA
Movimientos coreográficos: ANTONIO TRUYOL

AIDA

Opera en cuatro actos y siete cuadros
Libreto de Antonio Ghislanzoni
Música de Giuseppe Verdi

Régisseur: CARLO MAESTRINI
Escenógrafo, figurinista e iluminador: ROBERTO OSWALD
Coreografía: NELLY CASELLA

Repertorio Coreográfico

BELIDAS FIANDEIRAS

Danza coreográfica de las hilanderas
Música de Inzenga y Rodrigo A. de Santiago

Coreografía: JUAN MANUEL REY DE VIANA
Vestuario del siglo XIX

LA BELLA DURMIENTE DEL BOSQUE

Ballet en un prólogo y tres actos
Libreto de Ivan Alexandrovitch Vsevolozsky y Marius Petipa, basado en el cuento de Charles Perrault
Música de Piotr Ilich Tchaikovsky

Coreografía: LILIANA BELFIORE, inspirada en la original de MARIUS PETIPA
Escenografía: NICOLAS BENOIS
Vestuario: Producción Teatro Colón

EL CASCANUECES

Ballet en dos actos y nueve cuadros
Libreto de Marius Petipa y Zarko Prebil, basado en el cuento "Cascanueces y el Rey de los Ratones" de E. T. A. Hoffmann
Música de Piotr Ilich Tchaikovsky

Coreografía: ZARKO PREBIL
Escenografía y vestuario: NICHOLAS GEORGIADIS (según versión 1971)

GISELLE

Ballet en dos actos
Argumento de Vernoy de Saint-Georges, Theophile Gautier y Jean Coralli
Música de Adolphe Adam y Frederick Burgmüller

Coreografía: JEAN CORALLI y JULES PERROT
Escenografía y vestuario: ROSALIA PORTO

GRAN PANDEIRADA

Aquelarre y gran pandeirada
Música de Rodrigo de Santiago
Ritmo típico de panderos y panderetas

Coreografía: JUAN MANUEL REY DE VIANA
Vestuario de la comarca de las encrovas (La Coruña), siglo XVIII

EL LAGO DE LOS CISNES

Ballet en un prólogo y cuatro actos (Versión original integral)
Libreto de Vladimir Petrovich Begichev y Vasily Geltser
Música de Piotr Ilich Tchaikovsky

Coreografía: JACK CARTER (Revisión 1980), basada en la original de MARIUS PETIPA y LEV IVANOV
Escenografía: DANTE ORTOLANI
Vestuario: NORMAN McDOWELL

REFERENCIAS FOTOGRAFICAS

MY MEMORIES OF THE COLON THEATER

I was about six (that is to say it was in 1916), when I was taken to the Colón Theater for the first time. Fortunately, on that occasion, they were performing "Aida". Thanks to it, to the fascination of its colour and its music, the Theater won me over for good. I entered it an astonished child led by Verdi's warm hand, among trumpets and I could not have made a better entrance. It was like a charm. Today still, after so many years, each time I watch Radames' triumphant return, the same emotion, very old and very young, thrills and excites me.

Naturally I took a long time to give the Colón Theater its real worth. Little by little, my first impression of a fairy place, where all magic is possible, became enriched —without ever losing that essential wonder— with the proud contribution of all it means for our city and for our country.

Buenos Aires —and through it the Republic— possesses several sumptuous mirrors where it reflects and exalts the best of its spirit. We look up to them in fair pride and the images they reflect drive us —or should drive us— to be worthy of their high standard and of what their creators dreamt. One of those shining mirrors is the Colón Theater. From the balanced stateliness of its architecture and decoration, and the noble life-style implied by its splendour, to its long history of elevated art, everything there speaks of our spirit, of the faith in Argentine greatness possessed by those who built it seventy-five years ago. Its mere existence sets the tone. When you walk over it you can deeply feel you must deserve it and thus correspond to the above-mentioned dream of achieved greatness that inspired our ancestors.

The national vigour of 1908, the passion of an intellectually and materially prosperous country is symbolically summarized in the Colón Theater. The mundane luxury of its lower boxes and stalls, the simplicity of its galleries have housed, in all their vastness, all the different social classes. Nobody, who truly wished so, has failed to enjoy the marvel of the performances and to be a part of it, since at the peak moments of the Colón Theater, the spectacle lies on the stage and in the auditorium, making up a single harmony. May we be, in our turn, worthy of such magnificent beauty, because that will indicate that the country, our country, still deserves this and other symbols which, in mute language, in the superb rhythm of their structures, repeat lasting lessons of faith in the transcendence of Argentine future.

I personally can say that, during all my life, I have come again and again to the beloved Theater, and, on looking around at the glorious hall, be it from the parapet of a box, or leaning on the rail of the upper gallery, I never failed to experience again the alluscinating feeling that time, all the times, floated about in the scope of the house lit by a thousand lights; and my glance seemed to discover, in a vacillating change of fashion, the traits of those admired and beloved faces, long-disappeared, hidden here and there, within the gold and pink vibration of balustrades and curtains. That memorable presence contributes to give its character to a certain place and, in a way, completes it until it is incorporated to its mysterious soul and becomes one with it, and anyone with a keen perception will find its slight trace hinted at in a quivering of shades or fleeting appearances. The Colón Theater has always possessed this particular quality, such as the movement of the sumptuous curtain that, when it opens, gathers its folds as if it where taking a bow.

But now we are in the Theater, and the murmur of conversations mixed now, subtly as if sighingly, with that of past voices and invisible fans, ceases everywhere: the Conductor has stepped on the podium and his arms fly up awakening the hidden instruments. The house darkens until it is suddenly lit by music.

* * *

I am writing this at the request of my friend Aldo Sessa, but it is not for me to outline the lyric history of the Colón Theater, nor to venture into technical depths in order to accompany the photographs of this exceptional artist. I would not know how to do it. In this book, that job belongs to specialists entitled to do so for their ample knowledge and experience. The fact that I have been a regular attendant at the Colón is certainly not enough to turn me into a music expert. The real truth is that my relation with the Theater stems from the pleasure I derive from good music and good opera, as well as from the happiness I experience in its atmosphere.

There, as years went by, I was fortunate to applaud excellent singers, conductors, players and dancers. I had season tickets for the balconies and I was lucky to enjoy a seat at a box. This occured when I was General Director of Cultural Relations at the Ministry of Foreign Affairs. It was an almost honorific post, but it included, at the time, the enviable favour of a box at the Colón Theater. From it, occasionally flanked by an ornamental foreign cultural attaché —preferably in a turban— I could comfortably complete my operistic knowledge, and when I left that position, if I lost that box, I obtained another one, the one belonging to the National Academy of Fine Arts, I had a right to use it and I frequently did so accompanied by José Fioravanti, that friendly sculptor who filled Buenos Aires with its monuments. I will try now to mention the great figures I saw on the stage of the Colón Theater, starting from our youthful years when, proud of our brand-new tails, well-groomed hair and our future, we peeped at the girls from behind the open programmes in the jewelled twilight of the Theater. I know I will be fairly criticized by the experts. But I will dare, with good-will and bad memory, to make up a jumbled-up and incomplete list, whose fame, even if it is sketchy, would be enough for those who read these lines to appreciate, if young, what they have lost, and, if they are older, to fill themselves with nostalgia: Claudia Muzio, Beniamino Gigli, Melchior, Tebaldi, Schwarzkopf, Lily Pons, Maria Caniglia, Maria Callas, Chaliapin, Fedora, Barbieri, Birgit Nilsson, Victoria de los Angeles, Chistoff . . . Serge Lifar, Tumanova, Makarova, Nureyev . . . I had the honour of watching Manuel de Falla and Stravinsky conduct their works (the latter when Victoria Ocampo's voice filled the house reciting the lines of André Gide for "Perséphone"), and I had a very close look at Toscanini from the "avant-scène" box and I could see him conduct the orchestra with his terrible eyes more than with his baton, and Hindemith, and Weingartner . . . And the famous pianists and violinists . . . All that without mentioning —because here it would be really dangerous to make mistakes— the numerous and famous Argentines.

I cannot complain! Such glory! I close my eyes and, in the silence of my Córdoba home, I recreate the images in my mind. There is so much music all around that I put down the pen and wait. The big poplars of "La Carolina" bring back in their vibrations echoes of Mozart, Beethoven, Wagner, Bellini, Puccini, my beloved Verdi . . . Arthur Rubinstein is at the piano, Brailovsky is at the piano, Segovia is taking a bow with his guitar in his right hand, Yehudi Menuhin raises the bow of his violin like a sceptre. And the Theater grows all around, mixing its gold and pink with the green and blue of the landscape while, simultaneously, the song of the trees and the song of the divas ascend towards the clouds as if it were a beautiful scenographic roof.

I have also had the privilege of knowing the other face of the Theater, the hidden, the unknown, the one that underlies in the secret mystery of the storeys displayed underground, which have grown in the entrails of what is now called Toscanini Square. I visited this secret world at different moments, without it, all that expands, presumes and shines on top would not exist. In the hidden recesses lie the roots, sometimes modest but always essential, that nourish with their vital sap the upper world.

Little can the spectator, comfortably seated at his place, imagine, when he watches the curtain rise or he listens to the initial chords of a concert, that under him, at that very moment and at everytime of night or day, a small city is bubbling with energy. His surprise would become astonishment if he chanced to come across its prodigies and miracles wandering through a labyrinth of stairs and elevators, corridors and galleries, where he would easily have lost his way were it not for a trained guide, until he landed on rows of studios, workshops, deposits, rehearsal rooms that can eventually reproduce faithfully the proportions of the great stage.

The inhabitants he would meet on his tour would sometimes be the same people he could find on the stage, but there, in the deep zones they would seem to attain another dimension. He would see —and hear— a singer trying scales and trills; he would watch coordinated acrobatics, the disciplined capers of dancers, he would also see hairdressers combing wigs, dressmakers cutting costumes, copying embroideries, painters decorating props, idealizing backdrops, he would meet the sculptors, the carpenters, the upholsterers, the operators, the electricians, the stagehands . . . and, depending on the scheduling, he would come across Othello half-way through his make up, or Siegfried in his shirt-sleeves, or kind Pelléas, or terrible Turandot, or sweet Butterfly; he would pass swarms of airy dance students, or Walkyries eating sandwiches, or medieval crowds discussing the cost of living in Argentina. History, Poetry, Fantasy, Extravagance amble at ease there and allow contradictory times to rub shoulders with each other, so does the seemingly real with what is not so.

All that changes the Colón Theater into a magic citadel and a refuge for dreams in the center of Buenos Aires, a city shaken by political and economic passions, upset by the anxiety over time flowing and life passing; in the impenetrable bosom of the Theater the paradox of endless time triumphs, old age is disguised by costumes and death does not reign since generations pass, and Rigolettos follow one another, so do Boris, Aidas, and after its fluttering death Saint-Saëns' Swan rises to take a nice bow before those who applaud it.

Happy place, enchanting and bewitching island, invisible dynamic underground circus and visible palace of music's supreme order, where elegance still meets art in days when art and elegance have the appearance of being crazily estranged (we wonder how long this will last, since all changes): all that is the Colón Theater.

* * *

The ties I have mentioned have attached me since my childhood to the Colón Theater, with the passing of time, I have strengthened them and educated them and I share them with thousands of fans, socialites, and admirers. But, apart from them, there are four original episodes that make up peculiarly strange links between my life and that of the Theater. Thus, without having planned it, I found myself, by force of circumstances, at four different moments, so intimately connected with the Colón Theater and its life that, were I to write my memoires today —which has not crossed my mind— I would not be able to leave them out.

They took place in 1942, in 1963-66, in 1967-72 and in 1979 respectively.

* * *

The first of those moments, when I was thirty-two, kept me inside the Colón Theater during a whole summer. My dear friend the painter Héctor Basaldúa was at that time Head Scenographer. He held that position from 1933 to 1950 and designed during that time unforgettable settings, the majority of which were compiled by the Municipality, in a book during the administration of Mariano de Vedia y Mitre as Mayor.

In 1942 he had the idea of painting my portrait at the Colón taking advantage of the relative rest that the summer calm brought to his overwhelming task. To be able to choose a suitable attire, we visited the colossal storage of costumes and accesories that spreaded over one of the basement floors. I remember the earnest good humour and professional skill displayed by the artist —who I knew from my early youth in Paris— when he tried caps, hats and helmets on me, wrapped me up in gowns, cloaks and robes, discarded doublets and put aside plumes. He finally selected Cavaradossi's cloak and, holding it under the arm, we returned to his studio in the first floor.

It was a very bright room looking on to Lavalle square. From it we could see Lavalle, venerated by my ancestors, poised on a column, and farther away, an airy, fairy dome whose lost needle survives thanks to Basaldúa himself, who used it in one of the illustrations for my "Song to Buenos Aires". During the first days, Héctor sketched trying to find a suitable pose till he fastened the canvas on the easel and sett off on the adventure of painting. He had finally decided on a half-length portrait. There I am pictured wearing blue trousers, and an open-necked white shirt, the cloak of Tosca's lover hangs from my left shoulder and both hands rest on a book open on my lap.

Had I known beforehand that the portrait was going to demand fifty-four sittings, that is fifty-four morning trips from my house in Belgrano to the theater door on Cerrito Street. I sincerely doubt I would have envisaged the probability of carrying it out, even if the idea of possessing my own portrait by Basaldúa made me immensely happy. The picture would not have existed and it would have deprived me of my best likeness of that time. Fortunately, after daily hesitation, after innumerable progress and retrogression, it came to an end, and that oil is now hanging in my youngest son's dining-room.

The scrupulous strictness of the painter can be sized up simply bearing in mind that, when we had already had thirty sessions, he, suddenly and without warning, irritably took up a knife and scratched and erased the face from the canvas, and he also devoted more than twenty sittings to obtain the whiteness of the shirt, superimposing strokes and inquiring into the rebelliousness of plastic matter and its shades, till he got what he thought was right.

Those early visits to the studio tightened my old friendship with Basaldúa and also with the Colón Theater. From time to time, half-way through the morning, the sitting would be interrupted, either because his assistants came to consult the scenographer or because he gave my rigorous stillness a short break. I took that chance, whenever possible, to wander about in the vicinity of the studio. I discovered a half-open door and slipped into a dark box. I felt a sudden dizzines: before me the empty house was sinking in darkness. Only the proscenium glew like a strange fire in the blackness, and, on it, the rehearsals of "Pelléas and Mélisande" took place.

What a mysterious conjunction: Debussy's pictoric music, Maeterlink's musical words and Basaldúa's poetic portrait! Even today, after so many years, sensations produced by such different stimuli intermingle and make up one long, deep, arcane, harmonious, beautiful emotion whose elements, inseparable in my recollection, assert thus the oneness of art above all discriminating classifications of aesthetic expressions.

The clear voice of Pelléas sang: "Toute ta chevelure, Mélisande, toute ta chevelure est tombée de la tour . . . Je la tiens dans les mains, je la touche des lèvres . . .". The music swayed as if it were flowing under a river. I had returned to the studio; I had recovered Cavaradossis's blue cloak; I had resumed the familiar pose, the still hands on the book; and the portrait, secretly summoned by the brush, the only seemingly living thing in the room, was filled with the soul of the Theater that enveloped us.

* * *

The source of the second episode lies in a hepatitis, as benign as it was long, that in 1963 kept me in bed for almost four months. During that time I read a lot, I translated in verse Molière's "Les Femmes Savantes"; I wrote numberless letters; I started to stick photographs and paper clippings in a thick scrap-album, the first of a series of nine to this day; I also learned about the work carried out by Chagall to endow the dome of Paris Opéra with a new decoration. And in the long leisure hours of pondering imposed by my illness, I slowly thought over the idea of getting something similar for our Colón Theater. I told myself that the incorporation of such element would be much more justified in the case of our Theater than in that of the Opéra, since the latter already possessed a painted dome, while the Colón had lost its own, several years before, as a consequence of the dampness and leakage produced by the made-up refrigeration used unscrupulously and clumsily during some Carnival balls. In its place a wide, bare, grey space round the chandelier afflicted the theater with undeserved baldness.

Twenty years ago I was well acquainted with the most outstanding artists. I looked through their work for those characteristics which matched my ambitions. The artist, in my opinion, had to be able to express himself and carry out a work that should not clash with or become detached from the balanced whole, but he had to keep his own artistic personality, because I suspected (and I later could verify it) that Chagall's contribution to the Opéra must have had exactly the opposite desired effect. And, logically, it was easy to come to the conclusion that Raúl Soldi was the man. Even the magic atmosphere where Soldi had spent his childhood, between circus and stages, where the "bel canto" bloomed, helped to single him out as the artist best fit to incorporate a dome to the Colón, to crown it and constitute, at the same time, the contribution of our time to the admirable building.

I got in touch with him and I could immediately notice he was thrilled at the idea. A short time after he visited me and confided to me that his excitment and eagerness to start the work were such that he was ready to undertake it without expecting any money compensation. We immediately telephoned our mutual friend Alberto Prebisch, the Mayor of Buenos Aires, and we let him know about our project. His support was as wholehearted as Soldi's, who, thus encouraged by the head of the Municipality, started sketching. But it was not for Prebisch's administration to give it the definite impulse. The project slept on until Francisco Rabanal became Buenos Aires Lord Mayor, at that time Mrs. Zulema Paz Zuberbühler de Hueyo was the wife of the Municipality Secretary of Supplies, she happened to see a scale model of the future dome in Soldi's studio. She was the person who finally obtained the official approval to the realization of the work.

In December 1965 I visited the studio, and there I saw the ingenious revolving wheel where the painter had distributed the ring of characters he hoped to display, as in a multicoloured ballet, on the ceiling of the Colón. That perfected delicately what I had imagined: singers, dancers, actors of the "Commedia dell' Arte", bound together in soft rhythm to cover the three hundred and eighteen square meters of the dome. Some time later I had the privilege of getting up to the dome itself walking along a narrow bridge spanning from the sides of the upper gallery of the Theater. The proscenium, small and far below, was barely visible under the interlocking of the scaffolding that supported us. Soldi was touching up the light transparencies of his graceful painting. I had them so near, they were all around me that, as in a fairy tale, I felt that, after walking across a fearful abyss, I had entered, for a fleeting moment, into the land where enchanted beings dwell.

At last, at the opening of the season, on May 25, 1966, I attended the ceremony when Soldi's creation was unveiled. I was deeply moved and I remember that when we entered the hall all the lights were on with the exception of the big chandelier, and when the public had taken their seats, the lights were suddenly switched off and, at the same moment, the chandelier was switched on and the upper lights shone. Then up, up there, as if they had suddenly stopped unwinding their fairy spiral, the fabulous characters seemed to bow to receive the unanimous applause. From box to box, over the span of a darkened house, Soldi and I discovered each other, and, when the house lights were on again, we raised our arms in brotherly greeting. Of course it was criticized by some, it always happens with innovations. Seventeen years have passed. Today, Soldi's ring belongs to the Colón as much as the "putti" that, over the proscenium, play with musical notes. And within that ring, one of the smallest characters holds a unicorn mask to remember that man who, in his sick bed, one day dreamt of the charming creatures that, day and night, with an empty or crowded house, would dance in its dome for the happiness of the beloved theater.

* * *

The year after Soldi's important inauguration began the third and prolonged episode of the series I am evoking. In 1967, in May and in Washington was the opening of the opera "Bomarzo" by Alberto Ginastera based on my novel of the same name. The success was really extraordinary, the favourable reviews filled columns of newspapers and magazines. The Argentine ambassador —Dr. Alvaro Alsogaray— held a splendid dinner-party at the embassy attended by numerous and important guests, among others the Vice President of the United States, Mr. Humphrey. The allegorical monsters of Bomarzo's sacred forest had been painted on large cloths that decorated the dance halls, and the lobsters on their silver dishes had been given the form of treble clefs by the skillful chef. The generous ambassador went to enormous expenses. Consequently he must have been as surprised as Ginastera —and it must have been more difficult for him, if noy impossible, to think up a coherent explanation— when he learned that the municipal censorhip had banned the opening of Bomarzo at the Colón Theater, scheduled for July of that same year. I heard about it in Río de Janeiro where I was representing the Argentine Academy of Letters for the celebration of the seventieth anniversary of the Academy of Brazil. I learned the news through a comic and enigmatic telegram from Ginastera. I immediately returned to Buenos Aires and joined the amusing and roaring controversy it gave rise to, which made the prudish and much mistaken military government of the time cut such a poor figure for its hurried and absurd blunder.

Afterwards . . . "Bomarzo" banned from his own country was seen and heard in New York, in Zurich, in West Germany and everywhere it was praised by critics and audiences. Five years passed since the American premiere, before the mistake was undone in our country. There was a change of government and the new Secretary of Culture, Carcavallo, unexpectedly rang me up, at midnight, to announce that Bomarzo would open at the Colón the following April. And so it did. On Saturday, April 29, 1972, from the "avant-scène" box belonging to the Municipality, Buenos Aires Mayor Saturnino Montero Ruiz and his wife, Alberto Ginastera and I with our wives and my grandaughter Ana Victoria, witnessed the Argentine premiere of our "disgraceful" work. A highly qualified audience —diplomats, government officials, writers, artists, socialites— packed the house and added the luxurious glitter of jewels, of satin, of velvet, of starched etiquette shirts. Soldi's harlequins, minstrels and dancers leaned down to look at us.

At the end of the performance the audience broke out in a loud ovation directed to Antonio Tauriello and his baton, to the singers Salvador Novoa, Isabel Penagos, Joanna Simon, Claramae Turner . . . to Tito Capobianco, the scene director, to Araiz, the choreographer . . . When the opera was about to finish, Ginastera took me, nervously and hurriedly, out of the Municipality box. We ran down stairs and galleries (he led me in the theatrical labyrinth), till we finally landed backstage just when Capobianco required our presence. I was the last to come out. In the stalls, boxes, balconies and galleries the audience were on their feet shouting bravos. Maestro Ginastera and I held hands and advanced towards the public applauded by the interpreters of our creation. And while the ovation rumbled and the curtain went down and up again over Bomarzo's scenography of Hell's Mouth —suggested to me, in the novel, by the remote Etruscan landscape— I bowed and thanked and, for the first time, encompassed the fullness of the house from the proscenium, like one of the performers. What a strange exhilarating sensation! In the same way that, on numberless previous opportunities, I had looked from the stalls to the stage, and it had seemed a motionless fire springing form the dark, now I looked at the hall, that pink and golden immensity, at its sparkles, its glitters as if I were before a vast semi-circular fire, whose tremulous sparks climbed, tier after tier, till they burst in the pride of the gigantic chandelier with its four hundred and fifty lights.

From that day onwards we were part of the Colón Theater, not only for the success of the play we had both conceived in perfect harmony, but also and subtly, for the triumph of the truth in art over the confusion of ignorance, over the awkwardness of the obstacles of blind censorship.

* * *

One stage after the other has taken us to the last of the outstanding memories that, to this day, mix my own images with the image of the Colón. This one took place in 1978 from January 16 to August 13, and culminated a year later. But the truth is that I spent the previous year (1977) in intimate contact with the Colón Theater, even without leaving "El Paraíso", my home in the Córdoba hills.

I started, at that time, to compile the notes that would enable me to write "The Great Theater", since I had the fantasy —I suppose you could call it "inspiration"— of writing a novel set entirely within the Colón Theater. Before, I had thought of writing another one called "El Palco" (The Box), that would also have had the Colón atmosphere, but that remained, as so many other books of mine, in the peopled vagueness where the unfulfilled projects lie. On this occasion, I carefully pondered over the advantages of the idea: my novel, if I wrote it, would be the first existing novel in our literature that would take place inside the Colón, and, apart from that cirçumstance, it would be my tribute to the Theater, I was so indebted with, for all the happiness it gave me. Therefore I set to it and, as the idea kindled in my soul, I got to like it better, especially when I came to the conclusion that the action of the book should never leave the Theater.

I repeat that I lived that year, 1977, when I accumulated notes, as if the Colón were my own home. On several opportunities, in the morning, I went over it, from one end to the other, from floor to floor, assisted by Hernán Prat, an indispensable guide. The house lights were lit for me alone on several opportunities, for me to place my characters, who were taking shape, as months went by. After successive eliminations, I chose "Parsifal" as the most suitable piece of work, because of its nature, to be performed during the evening of the gala performance that would provide the setting for the plot of the novel. I had chosen the year 1942 —the year of my portrait by Basaldúa— to place the action since I knew that during that year Wagner's musical drama had been shown on two different opportunities. At "El Paraíso" I listened twice, to the records corresponding to the version of "Parsifal" at the Bayreuth Theater (1951), accompanied by my friends, the novelist Sara Gallardo and the poets Villordo and Monesterolo. Since I cannot understand German, I followed the music with an Italian script where the passages are indicated on the margin. Later on I got hold of a German-English one. I was worried about the timing, of the "tempo" of the actions on the stage, with the complex actions in the house.

Everything worried me, and my queries came and went as I required the help of the more experienced, of Victoria Ocampo, of Julia Bullrich de Saint, of Juan Andrés Sala, of Ricardo González Benegas and, of course, of the patient Hernán Prat, etc., etc.! Here are some examples:

"How do they make the trick of stopping, precisely over Parsifal's head, the spear thrown at him by Klingsor?"

"In the 40s, what did the singers do during the interval? Did they go to their dressing-rooms, or did they stay in the wings chatting, or doing what? What did the conductor and the musicians do? Where were the dressing-rooms at that time? Were they downstairs?"

"From the lower 'avant-scène' box to the left, can you see the prompter? Can you see him turn the pages? What can you see of the wings?"

"How was an orchestra made up at the time? In 'Le Voyage Artistique à Bayreuth' they speak of thirty-two violins, was it like that here too?"

"During the war, what was Buenos Aires public's reception to an opera by Wagner, Hitler's favourite? Hitler's admiration, was it only for the German 'Tetralogy' or did it also extend to a plot like Parsifal's? I suppose the conductors (Kleiber and Busch) were not pro Hitler, or were they supposed to be to take Wagner throughout the world?"

"In 1942, after the performance, people used to go to the 'Confitería París' or perhaps to the less elegant 'Aguila': did they also go to 'Edelweiss'? Did it exist already?" Etc. etc., and etc. The "etcéteras" were unending.

On January 17, 1978, one day after I had set to write the novel, I stopped terrified. What proofs did I have that "Parsifal" had been presented during an evening performance, which was essential to the setting of my book? The three programmes I possessed of the "sacred stage mystery" scheduled the beginning for 4 or 5 PM. "The Great Theater" crumbled down. I wrote to the specialists asking about it and, after so much work, I spent some miserable days until Hernán Prat wrote saying that in 1942, on August 28, conducted by Busch and designed by Basaldúa, "Parsifal" began at 8.15 PM as the twelfth Gala performance. I was relieved and I pushed forward. It took me one year to compile all the background where I would build the faithfulness of my novel; it took me only eight months to write it.

On August 19, 1979, it was presented to the public in the Gilded Hall of the Theater. My emotion that afternoon can only be compared to the one I experienced the night of "Bomarzo". On that other occasion it was the compensation I enjoyed with Ginastera, the magnificent hall, its hemicycle of stalls and boxes offered itself, jewelled and bright, to the composer and the novelist, who bowed to the bravos from the proscenium; on the occasion of "The Great Theater", it was the palace hall of the entr'actes and receptions, with the mythological stained-glass, the high mirrors and the columns with their graceful capitals, the setting which I had used to place several of the principal episodes of the book, and, on that occasion, it was decorated with the presence of the most attractive women in Buenos Aires.

I read a short speech of thanks for all those who had helped me with their recollections, and I remember that when I paused and raised my eyes, I imagined that, among the public, I was surrounded by the numerous characters that circulate in the novel, who I could no longer do away with because they are a reflexion of those I have known or imagined in the Theater's "petite histoire".

* * *

A portrait, the idea of a ring in the dome, the script for an opera, a novel, that is, to this day, my personal contribution to the abundant collection of anecdotes of the greatest Theater in the Argentine Republic. If all those who have been closely connected with it at some moment of our lives (and who have something of our own to relate) decided to write down the testimony of our experience, I feel that the joint fruit of our heterogeneous contribution would produce unthought-of riches. Perhaps we might then inderstand what the ghosts are, who they are, where dreams or the intangible signs of hope and disappointment come from, what secret dwellers inhabit the Theater, why we feel that an invisible spectator sits on the empty seat next to ours,why, when we wander about the deserted corridors of the Colón Theater, we suddenly know we are not alone.

MANUEL MUJICA LAINEZ
"El Paraíso", March 1983

THE NOBLE FACTORY AND ITS SUGGESTION

In spite of all that has been said about the Colón Theater and its importance, very little has been written about its architecture as a prevailing witness of an epoch.

The Colón had three architects and, undoubtedly, each of them had an influence on the final result.

The first was Francisco Tamburini, the Italian architect who was hired at the end of the last century to finish the "Casa Rosada" (T.N. government house in Buenos Aires). His conception can clearly be perceived in the final result.

Víctor Meano, the architect of the Congress Palace, carried on the work of his predecessor with some changes; upon his death the work was paralyzed until the Belgian Julio Dormal, who designed Palermo Park, took over and finished it.

The 20th century eclecticism is added, in this case, to the different nationalities and formation of the artists who contributed with their creations to the final decoration.

An unmistakeable Italian stamp can be perceived in the general lines clearly related to what would take place on the stage; France could not be absent, and its influence can be felt in numberless details, but what undoubtedly prevails is the particular characteristics of what must be called "1900 style", this places unmistakeably each one of the elements that appear in the auditorium as well as in the lobby, in the corridors, and even in the terraces, almost unknown to the regular visitors.

The best proof of this statement are the elegant feminine figures —those real music critics by sheer saturation—, in pairs they lean over the front boxes: their features, in spite of the classic appearance, reflect the canons of the beginning of the century. They are the work of the sculptor Irinchero, who is also the author of the sculptures that appear on the exterior and, integrating the whole, contribute to the personality of the building.

There we can find innumerable details that go unnoticed such as the above-mentioned terraces with their wrought iron steps, the exterior part of the domes with their shields in the form of small pavillions of the Industrial Revolution; their doors to the stained glasses offer an unusual sight of them, as unexpected as the sight of the house from the inside of the enormous central chandelier, an image definitely linked, for a whole generation, with "The Ghost of the Opera House".

Though it may be too repetitive, it is worth noticing that many of the original details of the fittings convey a peculiar charm in spite of being merely utilitarian. Such is the case of the fire-hose holders, a hollow half wheel of fretted iron out of which a bronce nozzle emerges like a snake that awaits the music to rise. As necessary as these are the small bronce lamps for the permanent light in the hall, with their crystal spheres and conical caps raised to control the light or, perhaps, to bow before the "bel canto" stars who succeed on the stage.

To cross the main doors of the theater is to plunge into a different scale and become surrounded by a rather golden amber atmosphere before being absorbed by the marble staircase definitely belonging to the 900s. In spite of this, if we look at the banisters attentively, we will find the indelible mark of molluscs fossilized centuries ago, an unpremeditated detail that adds one more touch of unexpected interest.

According to the trends of the times the paving of the ground floor lobby, a contemporary of the Cathedral's, is a mosaic in white, ochre, grey, and greish blue, and the design is in accordance with the decoration and furniture of those years so intelligently exalted by Lucino Visconti in his films.

All this would not be worth commenting unless we took into account the public that moves within those spaces and becomes part of the atmosphere that envelops that double stage; one is where the actors perform and the other where music lovers and an occasional snob meet and, as spectators, wander about the reception halls of the great house, where the boxes for widows are unbelievable for such "developed" contemporary beings . . .

Precisely in the theater we can still find the bejewelled lower boxes enclosed by the embroidered velvet curtains, that gather against the walls as skirts descending from a carriage; between them, on the walls, the perfume holders as well as the bronce cigar ashtrays remain to bear witness of customs unfortunately difficult to keep up.

Our friends, the front box Venus, are not alone in the hights, beside them in the proscenium arch, several sepia pink "putti" crown the immense front curtain and, just when the house lights begin to dwindle in succession, it opens up promisingly beginning the function.

JOSE MARIA PEÑA

ON THE AIMS OF THE HIGH INSTITUTE OF ART OF THE COLON THEATER

To be able to give life to a musical center the size of the Colón Theater of the city of Buenos Aires was indeed a remarkable achievement.

It was the noble and accurate vision of generous spirits to be able to foresee, in the 20s and at very start of the life of this great theater, that the great national names of the future, those agents of the musical growth that could give forth great figures, had to start their training there.

The aims of the High Institute of Art of the Colón Theater: shape talents, guide artists, help define vocations as singers, dancers, scene directors, characterizers, teachers and script-men.

The fulfillment of this goal implies the undertaking of a strenuous task that comprises different aspects: select candidates according to their specific aptitudes for each activity, give them the adecquate information and techniques for their best expression, help them at the tine of technical or vocatio-

nal conflicts and, when they become professionals, endow them with the necessary discipline to get to know, accept, and realize themselves as professionals, and prepare them for team work.
This enumeration is just a glimpse at the complex and ever-changing artist-forming labour.
It is ever-changing since nothing can be more labile than an artist especially during his formative years. Fears, uncertainties arise and must be taken care of and oriented.
It is complex since it must be approached without concessions, demagogic or of any other sort; this is so because when we look at the final product of the aesthetic toil, there is not —there should not be— other motives but the aesthetic ones as maximum parameter. Thus, the performer will be molded in the conviction of the worth and quality of all he does as an artist and in a constant search for his own perfection as such.
It is not easy to be an artist. It is less easy still to mold one. It is essential to count on art professionals capable of feeling and transmitting art. The teachers must possess a constant attitude of reflexion and evaluation, guiding, leading, showing how and why.
All this implies a philosophic and methodologic approach that takes up the time and energy of the teachers and directors of the High Institute of Art of the Colón Theater.
A constant attitude of reflexion and evaluation means that the teachers learn while teaching. The classrooms of the High Institute or Art are wisely placed in the same building of the Theater for the formative impregnation to be at its best, and the students who attend classes deserve the necessary share of humility on the teachers' part to ensure that they are also growing as teachers. They must avoid the useless routines, bearing in mind, as they work, the individual and personal achievements which constitute the characteristic feature of a formative process aimed at people of extreme sensibility.
From the above mentioned, we gather that the High Institute of Art looks forward to a team work which is not alien to the organizative aspect of the institution. All through the life of the Institute, that aim has been taking shape and often coming true.
A disorganized opera, ballet or "mise-en-scène" can hardly lead to the peak of art —the master-piece. That is why the stress of the Institute of the Colón Theater is on the formation of capable human elements, artists, professionals, ready to do their best so that the shows and performances entrusted to them should continuously attain, as far as possible, the size of the master piece.
It is for this reason that the Institute practises open-window teachings, there the pupils learn to compare approaches, and to discover and evaluate criteria, to live the atmosphere of the production of shows in the capital, in the provinces and abroad.
The Theater, the mother-house, sets the standard of quality at all levels and the mission of the Institute, its tributary, is to meet such patterns and be able to live up to them in the continuous and close cooperation that marks students and teachers indelibly.
The work of the High Institute of Art undoubtedly contributes to the glory of the Colón Theater.

Ana Lucía Frega

LYRIC ART

What is the rank of the Colón Theater among the great lyric theatres of the world? Such a question has often been set to me, or maybe the reader has also wondered about such matter. Since I think I have some clear ideas on the subject I have always answered off-hand: among the very first. Perhaps I must explain that, if I have not attempted to precise the exact position of the Colón in that select circle, it is because I have refused to change the subject into a Bizantine discussion. Be it as it may, no statement, no matter how cathegoric, can be considered true for its own worth but rather for the reasons that support it. In this case the reasons are abundant but, to make matters clearer, before referring to them, I think it necessary to state that these considerations deal exclusively with the Colón as an Opera theater, without taking into consideration other transcendent artistics activities that normally take place there, such as concerts and ballet, both of which have reached memorable heights in the annals of our theater. Nevertheless the Colón has attained its fame and international prestige not because of those manifestations but for its brillant history in the opera field. The Opera, that antonomastic word used by the Italians to give a name to the sung theatre, the supreme invention of the late Renaissance, was defined as "the utmost effort of human ingenuity" by Esteban de Arteaga, a Spanish Jesuit and close friend of Father Martini, who, in the Italian exile, wrote a remarkable study on the revolution of the Italian musical theater.
Now then, what are the reasons to affirm that the Colón is among the first opera houses of the world? Is it for its imposing architectonic beauty, a model of eclecticism, equilibrium and good taste? The Colón is undoubtedly one of the most beautiful opera houses, if not the most beautiful of its kind. For the extraordinary and almost miraculous acoustics of its hall? International experts have considered it among the most perfect of existing opera houses. For its functionality from the point of view of the requirements of a lyric performance? The Colón possesses, in spite of some shortages in its technical devices, substructure and human material that enable it to approach the most complex stage productions with a high degree of efficiency. Perhaps because of the fact that it is the living and tangible proof of a lyric tradition that stems from the dawn of music in the old colonial village? Or maybe is it due to the fact of having housed, within its glorious walls, the most brillant stars of the Opera? Or to the high standard of its aims, considered exemplary by its peers in the cultural field all over the world, when it displays a large repertory without any limitations of schools or aesthetic trends? Or finally because of its formative goals, well-nourished by an Opera school that sends forth to the arena new ranks of lyric artists, or because of the experience and excellence of its artistics and technical staff, well-trained in renewed challenges and achievements under the guide of great teachers whose teachings have born fruit as seed sown on good soil?
The international prestige of the Colón Theater has not been attained by any other cultural institution in the country, and the outstanding place it occupies among the great opera theatres is definitely due to all the above reasons and also to some others which would be too long to ennumerate.
Anyhow, I would like to mention just two of them, those I consider to be the nervimotor of its material and human potency.
For lack of a better definition, I should say that the Colón has a soul; a soul that gives it the necessary strength and spirit to attain the most ambitious goals. I have seen its people, its rank and file, the anonymous architects of the show, when they celebrate as their own, the success of a performance, and I have also witnessed their touching despair when the outcome has not been so favourable. That consubstantiation, that intimate feeling of love for the theatre is one of the intimate clues to its greatness and style. Numerous famous lyric artists, from different parts of the world, have declared that the atmosphere they can breathe at the Colón is unique and besides creating the ideal working conditions becomes a strong motivation for them.
The second —not less important though— consists of the vigorous roots that unite it to the source of a culture that belongs to us as our legitimate heritage and vocation that finds in the Colón Theater a genuine and unique artistic expression. I recall a poem by our poet Francisco Luis Bernárdez that illustrates this point and I cannot help quoting it, though I do not remember the exact words. The idea is this "The blossoms of the tree are because of what lies buried in the earth".
When I sat for the first time at Milan's La Scala or at Vienna's Opera or at other important European lyric theatres, I did not experience the emotion i felt, on my return, when I crossed again the Colón doors to enter the magnificient hall I have frequented since my chilhood, where all the fascinating opera world was revealed to me. Visiting the lyric theatres of the world again and again, I have learnt that an opera performance at the Colón is an almost unparalleled experience.

Enzo Valenti Ferro

GLITTER AND SHADOWS OF THE BALLET

The Colón Theater Ballet and its protagonists. This is what it is all about. Some written names have changed their face, their personality, their share of talent, but in the nostalgic picture of time, when the Colón Ballet was founded, in 1925, the dreams were similar to those that drive the new dancer's vocation.
Thus Blanca Zirmaya, Leticia de la Vega, and Dora del Grande had the honour to lead de First Official Ballet of the Colón Theater. Yellow photo-

graphs show them with the group, dazzled in hopeful smiles, wearing their Greek tunics, with bare legs and light slippers, as it was the fashion to dress for rehearsals.
In the previous decade, famous figures of the international ballet had appeared on the Colón stage: Nijinsky, Pavlova, Spessitseva, Karsavina. The first Argentine dancers warmed in their memory. At the start of the company, the hand of Adolf Bolm created its initial choreographic impact. Then came its successor, Bronislava Nijinska, and later on the group of the most important choreographers of the 20th century.
Michael Fokin, Boris Romanoff, David Lichine, among others staged their productions here, and, together with a succession of foreign names, one which became ours: Margarita Wallman, who came from her native Austria to forge the new "troupe". We must also remember the mark left by George Balanchine, Leonid Massine, Aurel Milloss, Serge Lifar, Tatiana Gsovsky and Antony Tudor.
There were other names in the Argentine firmament that, with the passing of time, projected to stardom female and male dancers who started to give a form, a style, an Argentine mark to our ballet: Maria Ruanova, Mecha Quintana, and there were teachers, as the beloved Esmée Bulnes.
As all human story, this was woven by the glitter of triumph and the sourness of failure, a moment's happiness for the daily martyrdom of discipline. Aching bodies, after untiring work immolated in the extasis of a fruitful performance. The ballet is made up of poetry, bare expressiveness, stage spirit, which, as everybody knows, is a synthesis of sweat and love, essence, fury and stubbornness plus the share of genius.
Dear Colón Theater, chimera of tiptoe, whirl and jump dreams, of tradition and change.
The hosts of that Ballet persisted and went on rehearsing in the "rotonda" (T.N.: name familiarly given to the ballet rehearsal room at the Colón): all those who were examples for the present generation: Esmeralda Agoglia, Michel Borovski, Olga Ferri, Enrique Lommi, Wasil Tupin, Irina Borowska, and Norma Fontenla and José Neglia, both abruptly taken away by cruel death, each one of them possessing a different fire and an overwhelming personality. They are all there, in the same circular room in the depths of the Theater, that unhealthy "rotonda", never lit by natural light, particular meeting-place of the corps-de-ballet, yesterday and now.
Times change, dancers forget the formality of the black tights and wear strange clothes, nice, colourful. Big pullovers, woollen stockings, plastic wrappings round legs and bellies, lycra leotards, head-bands, kerchiefs, kimonos, Hindu skirts, tied whawls, torn jackets, ankle socks, faded net skirts, enormous tote bags containing a workd of useful and useless things, and then the diets, with the "yoghurt" at the top, grated carrots, hard-boiled eggs, roast beef. The boys have long hair, the girls a permanent wave, some wear very short hair and very few tie it "ballerina style".
The dance professional is no longer a being from outer space, he is just like any other young person who wears jeans and tennis shoes. From performance to performance, he puts on tulles, brocades, lace, satin and velvet. He moves to other centuries, to the realm of fantasy, to lascerating dramas. He suffers, he is happy, he loves, dies, is born again according to his part. He dances, that is his life, and through dance, he will attain his own plenitude. Since Marius Petipa, to our own Oscar Araiz, there is only one way that leads to an identical love. In the repertory the romantic rubs shoulders with the classic, the neoclassic, the modern, the comtemporary, the folklore, the local. Styles and lines absorbed by a Company, that knows no boundaries, that should be international but is, honourably, the product of each ballet step taken by its numberless members since the very start, by everyone who put his soul in art and raised with his dedication and love part of the Colón Theater, and all of its Ballet.

SILVIA GSELL

THE PRESENCE OF PURE MUSIC

To this day Buenos Aires lacks a concert hall similar to those we can find in other parts of the world. The need of a musical center, to keep pace with the variegated musical activity carried out, year after year, by numerous private and official bodies, has been felt for a long time now, at least since the 20s. That is why all this musical activity, encompassing symphonic music, oratories, chamber music, solo recitals and all conceivable derivations, settled in the most beautiful hall, the one with the best acoustics, the noblest and most representative. It was so, and it could not have been any other way about: the Colón became, due to still unsurpassable circumstances, the center of such repertories, and it was in vain to try to eradicate them from this hall destined, for its atmosphere and tradition, to house the presence of these pecularly transcendent performances.
The Colón Theater was built as one of the most luxurious opera houses in the world, at a time of great prosperity in Argentina. Its history is that of the maturing of musical art in our country. The realization of concerts was at first sporadic and later more coherently organized; 75 years after the opening of the greatest hall in Latin America, concerts form part of its essence and presence, and they constantly evoke the memorable echo of events that transcend their momentary glitter, and are kept in the unforgettable memory of sublime experiences.
Apparently, due to its size and volume, the Colón Theater can only be used for orchestra or symphonic-choral concerts, as a logical complement to its specific function of cultivating opera and choreographic performances. Ever since the first signs of the occasional symphonic concerts, when the dedication to pure music was still sporadic, cycles of concerts started to be held in this "golden horseshoe", they were scheduled as a peak for each of the successive seasons. This trend started, after promising prolegomena, in 1920 with the concerts directed by Richard Strauss conducting an orchestra especially put together for this brillant composer and remarkable symphonic interpreter.
Ever since the creation of the opera orchestra of the Colón Theater as a regular and properly constituted body, it became necessary to hold periodical symphonic seasons that adequated the public's taste for such events, and served to "tune" and coordinate the professional utilization of an organism that was, for many years, unique in the capital of Argentina for its high standard. The successive visits of the Vienna Philarmonic Orchestra, in 1922 and 1923, strengthened the demand for such performances on the part of a public increasingly eager to get into contact with the highest peaks of the illustrious symphonic repertory. Only in 1947 did Buenos Aires have its first symphonic orchestra, today's "Philarmonic"; from the start it was a municipal entity, later to be definitely incorporated to the Colón Theater establishment.
It is a great temptation to write "hic et nunc" (here and now) a history of these activities and concerts of the Colón Theater and describe the eagerness of the public and document the echo of each one of those events. From the cycle of all Beethoven's sonatas by several great pianists such as Backhaus and Arrau among others, who considered the Colón a magic hall, to the staging of Handel's and Bach's oratories and passions, to the indescribable presence of the Vienna Boy Singers (since 1936), or of chamber ensembles (quartets to small orchestras), or of famous "liederists", it all indicates that this house was, for seventy-five years, the axis around which revolved the presence of instrumental or vocal music in its purest forms and most elevated contents.
The great hall, the opera hall, houses the concerts of the definitively consecrated, the beautiful stately "foyer" of the Golden Hall is destined to cultural cycles with the presence of lecturers as a collateral activity of divulgation of culture, the admission is free but it is of no lesser importance, and finally in the 9th July Hall, for opera rehearsals, in the third basement floor, the courses of musical initiation for secondary students have added a special note to the undescribable events in the music field. Anyone walking in the morning or early afternoon before a concert, along foyers or corridors between the dressing-rooms, stairs or landings, can come across musicians tuning their instruments, repeating passages of their "particelle" so that the echoes of so many sounds of perfect harmony fill, incessantly, the numberless labyrinths of this theater destined, as very few others in the world, to lodge such varied exalted experiences.

JUAN PEDRO FRANZE

THE SILENCE OF THE ARTISAN

The glories of the stage, the artists of song and dance, the music virtuosos, the illustrious musical ensembles, all of them have deservedly been praised; there is now, last but not least, still a moving memory and a fair tribute to pay. In the entrails of the earth, in the infinite labyrinth of basements, corridors

and rooms, there lives a self-sacrificing, faithful race who dreams, imagines and above all creates.
An unknown history of the Theater is written in the basements of the Colón. Its triumphs are also sketched there. Painters, designers and sculptors, dressmakers and tailors, shoemakers, hairdressers, blacksmiths carpenters . . . a variegated army of professions, arts ans crafts are rallied by the insatiable and contradictory monster of the Theater.
There we can watch a pathetic and magic toil. Those artisans and artists do not imagine for their own sake but rather go through the creative process for others, for the "bel canto" stars and for the immaterial, superhuman ballerinas. Those men will never wear the bejewelled tiaras and sceptres, somebody else will put on La Sylphide's wings, or Boris' heavy mantle, or the Egyptian Pharaoh's symbols. Perhaps very few people know and less still can picture those three mysterious basement floors of the Colón Theater or its remote lofts. They make up the enormous storage for the costumes and backdrops from countless productions, some of them definitively forgotten. There, in a glittering chaos, the big-headed dummies of "El Retablo" face the "papier-maché" "madonnas", or Werther's dumb harpsichord stands by the stone-studded icons. At every nook, they await in quiet resignation, the serious decisive hours on the stage.
They will take their place after the selection and juggling of stagehands and painters; while the "maquettes", those marvellous miniatures, are interpreted and expanded by subtle plastic artists to cover the immense stage of the Theater. We can thus imagine the emotion felt by those who reelaborate Ciceri's landscaping style for "La Fille du Danube", or those who recreate the dazzling Babilonian reliefs for Nabucco, or even try to unveil the magic forest for the "Sleeping Beauty".
Humble, clumsy-looking hands possessing rare technical sharpness have lavished such miracles generation after generation. Those are the excited hands that placed a pearl on Muzio's headpiece or a brooch on Gigli's jacket, they are in essence the same hands that change the features of the new stars with make up magic or cover their bodies with fantastic costumes. That triumph of the hidden creators of the show would be impossible without an act of humbleness and reverence. Each of them seems to feel the sacred presence, the gift, the grace of the artists, and to this imponderable quality they give their most cherished dreams, the most delicate part of their imagination.
Just beside them, we still have to consider the simplest men on the stage. Operators, stagehands, light-technicians . . . The nimbleness of those trained muscles will put together in an instant Cellini's Roman palace or the humble quarters of La Boheme. They walk along Moscow streets with the same ease as through haunted palaces, they can put up Giselle's tomb as fast as Juliet's nuptial bed.
They must also overcome the anguish of the implacable minutes and seconds established by the composer, and a change of scenes becomes an unparalleled achievement that adds up to the integral perfection of each piece.
The labyrinth of bridges and ropes, light columns and spotlights knows about this restless group of men of the Theater. Dressed in work-clothes, created without any poetry, they nevertheless stand closer than any spectator to the intimate world of art. They envy neither the royal swan, nor Prince Siegfried, when they walk past them, they are happy to have shared with the artists the moments of dream, and to have materialized and enlarged that dream for all of us from the stage of the Colón Theater.

ANGEL FUMAGALLI

FINAL WORDS

I would like to relate briefly the happines I have experienced, for ten months, taking photographs and elaborating this book.
I went through several moods during that time. At first the visits meant work and familiarization with the theater, and they revealed such a fascinating and different world that I lived dominated by emotion, that emotion that cannot be controlled, that fills you with dispair to think that certain logic technical limitations, even possessing as I did the best photographic equipment, might prevent you from catching some of the most dazzling images. At the beginning I made a lot of mistakes: I had a clear idea of the visual "climate" I was looking for but several technical aspects had to be adjusted, and, above hall, I had to dominate that emotion. Finally I started to see the results that matched my expectation: my workshop, filled with strips of film, took on a different look and, magnifying lens in hand, I discarded thousands of faulty photographs.
I was more confident and surer now when I prepared my three new Leicas and, carrying almost a thirteen-kilogram tackle, sometimes flanked by my assistant, I made for the Theater. Now, I must confess it, I got to the rehearsals or to the performances almost completely exhausted.
Five hundred or more shots a day, the lack of light, the temperature, the strain, my ignorance of such specialized subject made my work utterly wearying. But when I got on to the stage and discovered the kind faces of the people who greeted me, and of some artists who had already become used to my presence, I found the strength I needed to feel better.
The Colón is the most magic place I have ever known; at any time, and at any place unusual things happen . . . I get ready, I load my cameras, and I begin to take pictures while the stage is being arranged, and the show begins. From then on, nothing else matters, I forget my tiredness and a strange vibration comes over me, I feel the happiest and most privileged man on earth.
Taking pictures, I move about in absolute freedom, I can go anywhere trying not to disturb anything, since there is an understandable strain in the theater people, and it is essential to obey the rules, and be guided by a sixth sense at all times. Being, as I am, a plastic artist, totally dedicated to the visual part, I have stored in my mind thousands of images of things and places I have seen and imagined; but the quantity and beauty the Colón offered surpass all I could conceive, and place them at a magic pictorical levet.
In the ballet rehearsal room of the High Institute of Art, filled with stylized figures, the light streaming in through the windows is reflected by the numberless mirrors; the musical beat is permanent; the most delicate expression of the faces, the most unbelievable positions of the bodies, the plasticity of the whole are the utmost for a photographer, without forgetting the moments when the pupils of the characterization course transform their faces into masks covered by drawings and exotic colours of fiction characters.
From the beginning I decided to catch in my photographs the real light of each place, with the aim of avoiding a result that would seem strange to the people who live in the theater, and so that the reader should be able to have a look at the places he cannot normally visit. Thus we can notice, in the series of photographs taken in the ballet rehearsal room (called "la rotonda") a prevailing greenish-blue tint and a high level of subdued light. Neither did I want to disguise the glare of the frontlights in the dressing-rooms, or the natural disorder of personal objects that lay scattered about. The work on the stage proved to be very difficult, due to the variety of elements of light used there, they naturally differ with each work and during the performances cause permanent changes of intensity and colour, complicating, with the low level of light and the constant movement of the artists, the attainment of the desired goals. But each tour along the most hidden recesses of the theater, in spite of the problems caused by poor light level, gave forth unforgettable discoveries; the storage where masks, horses, dragons, skulls and trains live side by side, the immense workshop where the notion of time is lost and, on hearing a distant note and feeling the urge to discover where it comes from, we can finally find a musician tuning his instrument in a lobby near the hall.
I want to express my deepest gratitude to the authorities of the theater who allowed me to work in absolute freedom, to my friend Mujica Lainez, who accompanies me with his talent in our fifth book, to the specialists, who prepared important papers on the structure and disciplines of the theater, to the team of direct collaborators, who walked with faith the road that allows me to present this new book.
Remembering details of this unforgettable experience, I feel the same emotion of the first day, added now to the sadness of having finished it.
Inside this town-theater, images, sounds, movements and its mysteries will still be waiting for other artists, like myself, to take an interest in them and show them in their own way.

ALDO SESSA

I am interested in a certain corporeal form in the dancer, he should possess musicality and dedication to the idea of dancing: dance is not a game, you have to be "in love" with it.
There is neither white, nor yellow, nor black, these are just labels; it is the same as saying that jazz belongs exclusively to black people; here also, there is only dance; there is only good dance or bad one. ALVIN AILEY

The integration of the technical, manual and artistic work of the specialized staff in the great productions is perfectly seen when the curtain of the Colón Theater rises; the strong stress on the visual part, on that team work that implies the union of such heterogeneous activities that are also so close to each other, since all of them go along the same line: discipline. The glory of our Theater is built on it. ALBERTO B. ALONSO

In 1968, during the administration of Colonel Schettini as Buenos Aires Mayor, the authorities of the Colón Theater drew up a program of requirements destined to modernize and enlarge all its substructure; this plan was approved of by the Secretary of Culture and we were entrusted with its planning and direction.
The realization was scheduled to take several years, and so the work inside the Theater was done during the summer recesses, and the outside works, building up to fourteen meters below street level, were done in an uninterrupted way expanding and building new areas.
All the works were done with a total respect for what previously existed within the auditorium and in the outside facades, almost all the equipment was modernized as required, and air-conditioning was set in, in spite of all the previous ominous criticism of the "connaisseurs", Academies and colleagues.
The Theater, according to what was originally programmed, which has already been designed, awaits the municipal decision to finish the remaining works, the realization was suspended by the former Mayor Montero Ruiz on leaving office (bigger central bar, enlargement of the stage, etc.). MARIO ROBERTO ALVAREZ

I was very happy to see some of my works set on the Colón stage, it is something fantastic and incomparable. It is a real luxury. It produces a particular emotion because the Colón Theater is almost a myth in all its magnificence. OSCAR ARAIZ

The Colón Theater?
A white elephant of the aboriginal fauna of the pampa. Sometimes it trumpets out of hunger, sometimes out of satisfaction.
The man from the country or the visitor is fascinated by its imposing anatomy, although some may noy understand very well its extravagant presence in the big Latin American cultural prairie. But they are all proud of it, they consider it healthy, strong, vital entrails in the topsy-turvy game of historical growth. RODOLFO ARIZAGA

Colón Theater, trembling of sensations;
lit by Art's spell,
through its wall we can glimpse at
all of song's virginal track
nervous rhythm, magic, fruitful
or ancestral silence, cold, profound.

Chorister, if you feel a faster beating of your pulse
or an unaccountable whispering in your tremulous skin,
you will be entering the divine realm of Music.
You will attain the heavenly bliss of those who sing:
you will be born to the peace of the last harmony.
ALBERTO BALZANELLI

It is an accurate example of the "horseshoe" opera house, appealing in its architecture and decoration and warm in its acoustics. Due to the circumstances that deprived Buenos Aires of the great auditorium it deserves, it has become not only the great Argentine opera center but also the favourite and irreplaceable home of ballet and concert.
It is a great responsibility to make it operate in this three-fold field in full, with the international standard it must never lose, not even at moments of severe crisis. PABLO LUIS BARDIN

I think the Colón is the most beautiful of all the theaters I know in the world. The audience was excellent. I had the feeling, without making any comparisons, that its enthousiasm was similar to what you can find in a football match, with those healthy shouts and spontaneous joy. I loved it.
MIKHAIL BARYSHNIKOV

The immense stairs looked enormous when I climbed them at eight years of age to take my exam.
From then on, I could not and did not want to elude the charm of the Colón, that unique and particular quality we could call its magic.
Something floats, it is alive and lives with the artists, we can breathe theater in the theater.
Here I learned to love what I do, that is why the theater becomes a temple, a sanctuary, a home, a magic mirror that reflects our spirit transformed and flying towards the Olympus.
At the Colón I learned to enjoy dance, share it with others and live it in all its fullness. SILVIA BAZILIS

Definitions are always pompous, but to describe a dancer I would use a thought of Charles Chaplin's which I share: "A dancer is a strange mixture, half boxer and half monk. There stems the mystery and truth of that being who dedicates his life to dance, he possesses the strength, vitality and aggression (in the good sense of the word) of a fighter; as for the monk it is because of the sacred touch, for his dedication to something supreme as art is, and for all the spirituality emmanating from that communion". MAURICE BEJART

The Colón encompasses the perfect circle of my life — learning, performing and the final fulfillment of many of my dreams and ideals. I am deeply obliged to it and I sincerely call it my home. I love it as it is, with all its qualities and all its defects. LILIANA BELFIORE

The Teatro Colón has always been an opera house of highest European standards and thus unique in all the South American Continent.
This includes the beautiful building, the tradition and the claims and expectations on the side of the audience. And of course the artists who know what it means to have the honour of working at Teatro Colón.
My remembrances of the Teatro Colón are endless, and it is really pleasing to recall all the highlisghts in my mind. The work with Sir Thomas Beecham in The Magic Flute es simply unforgettable. But also The Marriage of Figaro, the Rosenkavalier, a recital with Christa Ludwig and most precious other events. WALTER BERRY

We possess a pot of gold, of beauty, it is the heritage of our Ballet, which we must continue. That is the splendour of art. NATALIA BESSMERTNOVA

Although we live at a time of violence and pain, romanticism will not be forgotten by man's spirit. He needs it to be happy, to get to know the best feelings of his heart, to give light to his spirit. ALEXANDER BOGATIRIOV

I would like to tell the young people who are triying to make a way in this difficult career, that the most important thing is to possess discipline and incorporate it physically and mentally to themselves.
The only way to attain the goal is to be sure of what they want.
FERNANDO BUJONES

It is a temple of creation; we, who live there, give our body and our soul for it; not only for art's sake but also for the honour and love of this great theater: the Colón.
My life was illuminated there, I started to live and enjoy that marvellous and fantastic art called ballet. EDUARDO CAAMAÑO

Source of art and culture, music spring whose dignity and highness Argentines must cherish, keep and save, so that the miracle of its existence should encounter neither twighlights nor eclipses, so that the best of its history should set the pattern of its excellence and so that all the beauty of that creation and artistic interpretation should shine and thrive there, to make its noble hall come to life again. ROBERTO CAAMAÑO

It is the most beautiful theater in the American Continent.
I keep a lot of memories of it, but especially of my first Liú of "Turandot" with Birgit Nilsson. I will always remember the enthusiastic audience and the very professional theater staff.

MONSERRAT CABALLE

That temple of art, our Colón Theater, is a real Argentine cultural enclave built thanks to the firm decision of our fellow countrymen, who, in the past, pioneered its construction. We must look after it and stimulate it, more than ever before, so that, now and in the future, it may fulfill its elevated mission, for artists, creators, performers and public to keep that contact with musical arts in their most varied manifestations, this is essential to the spiritual nourishment of a country and its culture. PEDRO IGNACIO CALDERON

Our Colón Theater celebrates its 75th year of productions during which the greatest artists of the world walked through its stage; it commemorates this event celebrating our creators: lyric, music, ballet artists enjoy stimulating fame and applause for their well-deserved success. FERRUCCIO CALUSIO

In seventy-five years of experience since its inauguration, the Colón Theater has attained unchanged international fame. It still has some things to do, among others stop the atrophy of Argentine lyric creators. POMPEYO CAMPS

Not only the Colón, but all the theaters in the world, are the most important a country, a town, a people can have because they are a part of culture, because they allow people to dream and become richer spiritually, which is for me the most important.
(. . .) The second part of my life lies within these walls. RAUL CANDAL

The Colón Theater is the longed for dream of every artist, I personally feel doubly proud to be its "beloved daughter" and to be Argentine. To step on its stage meant and still means the greatest pleasure and respect.
CRISTINA CARLIN

The Teatro Colón, Buenos Aires is the foremost theatre of the world. Its dedication to the production of the best in art commands my highest respect and affection, and I wish that its extraordinarily high achievements were better known throughout the Western world. It is the aurole of the Argentine Republic.
Most important among my memories of the Teatro Colón was its agreement to allow me and my designer, Norman McDowell, a production of Tschaikowsky's great ballet 'Swan Lake' to be performed for the first time as it was originally intented by the composer. The full beauty of a masterpiece was fully justified by the long-standing success of the production, and gave the Teatro Colón the distinction of being the first theatre in the world so to honour Tschaikowsky. JACK CARTER

I personally consider it to be one of the most important theaters in the world, whose architectonic beauty on the outside and its halls are practically unparalleled.
It is necessary to possess a strong background to sing on its stage, and if it is accompanied by conscious work, the solidity and experience the Colón gives spares the singer any hesitation when performing anywhere else in the world. There may be peers but no superiors. RICARDO CASSINELLI

The life of the Colón Theater has been linked for generations to the life of my ancestors and my own one. We have both shared ambitions, struggles and triumphs to reach the easy flow of the warmest and simplest familiarity.
The grand Theater, feared and hoped for as a goal or a definite bastion for music artists everywhere, has handed over to me many of its secrets and a lot of happiness.
Nevertheless, I have never forgotten its unrelinquished rank, and, at every challenge of the Colón, I feel the same emotion and joy of the opening night.
Today, more than ever before, I must assume the consecrated image of our Theater to preserve it and enrich it, if it were possible, given the new responsibility granted on me, i.e. to conduct its artistic activity in a new stage of our national life.
The house that gave me shelter more than thirty years ago entrusts me with its future destiny, it is the fitful crowning of a cycle. RENATO CESARI

For the Argentines it is a source of national pride.
For the world it is a real architectural jewel. A stage open to the great movements of musical art, being at the same time, the most beautiful and important in all Latin America.
For me it is a part of life itself: the learning of discipline, the struggle, the fulfillment of a long-cherished youthful ideal — and the beginning of international projection endorsed by its prestige. MARTHA COLALILLO

I think there isn't a singer who, on hearing the name of the Colón Theater does not show a smile of enthusiasm.
Anyhow, that is how I react. I love this great theater of over four thousand seats, the acoustics is extraordinary, copied from l'Opéra de Paris.
REGINE CRESPIN

Buenos Aires, a city open to all aesthetic and intellectual currents of the world, has in the Colón theater an artistic bulwark of the greatest significance and transcendence.
That image of the great theater is not only based on the fact that the Colón is one of the most important artistic centers in the world but also the axis round which Buenos Aires musical lifes revolves and, parallel to it, that of the rest of the country and, as a reflexion, that of our brother countries in our continent. FRANCISCO D'ANTONIO

To think about the Colón is for me to glimpse at a high-up spot in the Musical Art sky.
I consider the Colón a great theater, a goal and a longed-for prize for all those who devote our life to music.
It is like and endless source of ambition that flows to fill and beautify a life of dedication and sacrifice. BRUNO D'ASTOLI

It is a fascinating world in all senses.
It is the place where dreams come true. The audience in the hall as the artist (who crystalizes from the stage the public's fantasy as well as his own) are as real as life itself. CRISTINA DELMAGRO

(. . .) Argentina is a country I love dearly . . . as a true Spaniard. (. . .) My mission, above all, is to sing, and through it to give and bring peace to the souls of the Argentines. PLACIDO DOMINGO

Art is my world. I live there, I get along with it and through it I try to understand everybody's world. The artist is in a way forced to isolate himself in his art because if he is drawn by the outside world he will not be able to create.
It is necessary, therefore, to keep the adequate balance. JORGE DONN

It has frequently been said that the Colón Theater has one of the most priviledged acoustics in the world, the beauty of its imposing hall, the refinement of the lobby as well as the enormous proportion if its stage have all been mentioned. They are the features that make up the image of a great theater, but they do not explain its magic charm.
I have always felt that unattainable mystery that springs from so many artistic glories, from so many presences, now silent but still alive in the people's memory. That tradition of superior art shared by all those who have to do with music sets the standard of quality and straightforwardness the Colón should keep up in the future.
The Colón is not only a great lyric theater, it is also our most cherished musical center and one of the greatest sources of prestige for the city of Buenos Aires. Moreover it is the place where hundreds of artists and artisans who make up its regular staff, the real pillar of the theater, work with all their talent and might.
It is the duty of our community to preserve and respect this great symbol, one of the purest we have. The Colón has succeeded in forming an educated public considered to be among the most discriminating in the world. Very few of all the cultural activities of the country are more transcendental than those carried out by our great Theater.
May the coming years enable the Mozarteum and the Colón to continue in their constant ascending line for a greater benefit of our musical life, the symbol of the culture that characterizes Argentine society.
JEANETTE ARATA DE ERIZE

The Colón Theater is the magnet that traps great artists achieving a total art conjunction. DANIEL ESCOBAR

My field is to idealize today's image, that fleeting moment for the spectator yet so perfect at the magic moment of creation.
I think it was yesterday when I snatched images form the first rows of "The Great Theater". Now Aldo also rushes at the Dragon courageously, he respects its outside image and looks for what is not seen, he reveals the hidden face of the moon in all its splendour.

JORGE FAMA

The Colón Theater was for me as a dancer and still now as a spectator the materialization of a particularly unreal world.
From the time of my first lead as ballerina ("The Queen of the Swans") to my farewell performance in "Coppelia", I was trapped by the fabulous reality of its stage, its unparalleled hall.
A ghost haunted it and watched over my career, I think it was the Ghost of the Theater, one of those Soldi trapped in the stillness of its dome.
OLGA FERRI

The great contribution of present dance results in the search for tangible everyday problems.
Love, evilness, kindness "are" ours. It is just like one feels them, they are not unreal situations of mythical almost symbolic characters. NORMA FONTENLA

To speak about our old and beloved Colón Theater under whose walls we have learned to decode the terrible and wonderful world of music and theater!
Standing on its stage we have learned to live a thousand different lives, filled with numberless contradictory feelings, from the noble to the evil, laughter, crying, pain, charm have beaten under our skin.
We have learned to fight against the routine, mediocrity and injustice underlying in the world, and we have tried to do something as artists to dignify the human being with strength and courage.
This was the example set by the Colón Theater, a mainstay of our culture.
MYRTHA GARBARINI

The Colón is one of the marvels of the magic world of musical art, a language I share. BRUNO GELBER

The work of the dancer is hard, he must train his body everyday, and it is a race to get better and better.
Were it not so, it would not be interesting; what is easy does not require any effort. ALEXANDER GODUNOV

EVA EVDOKIMOVA
For me the Colón Theater means the birth and projection of this marvellous art to which I have consecrated my life, that is why I sincerely love and respect it.
To love and respect it is a way to make it richer, to enable it to survive in the memory of those who know it.
I am obliged to it and, in it, I pledge the best of my art at each performance.
ANA MARIA GONZALEZ

Colón Theater, majestic, solemn and, nevertheless, so intimate and warm. Temple of magic and beauty, how many infinite emotions since 1942 when I stepped for the first time onto your magnificent stage!
My eternal gratitude to you, Colón Theater.

TAMARA GRIGORIEVA

(. . .) our beloved Colón is one of the most beautiful opera houses in the world. Its great hall and foyer cannot be paralleled in any other theater in the world. We must also mention the quality of its orchestra, choir and corps de ballet.
(. . .) from the time of its inauguration until a short time ago, it succeeded in ranking among the most prestigious opera houses in the world. That was a time when the great stars felt proud and honoured to perform in our great Coliseum.
The audience is just marvellous, they love their artists and follow them with great interest. That is another reason why the Colón must rise, like Phoenix from the ashes, for the world to learn, once again, that it is a theater where things are done as in very few other places. CARLOS GUICHANDUT

The Colón Theater means for me a happy childhood lived within its walls, surrounded by famous orchestra conductors, singers, solo performers, and legendary scenes; an adolescence with the secret longing to become a part of it one day. And now, the pride in everyday reality that stems from the fact of being a part of a vital gearing in the cultural life of the country, with a projection to the future. CLAUDIO GUIDI DREI

A theatre stands or falls by the reception one receives not only from the public but the warmth and kindness of the personnel who work all year there, and I would particularly mention Sr & Sra Morales and Sr Quintana.
Accoustically es probably the best, and is a very gracious looking Theatre.
The public is the warmest and most faithful, both in opera and in concert, where I first appeared in 1966. HEATHER HARPER

There comes a moment when you must pay for the things you get in life. If you cannot stand the pain and the cost, then it is better not to go on living. We are here on this earth to learn, to give back, to do something to develop, and that is why we must not stop in front of suffering.
MARCIA HAYDEE

It is a magnificent resonance box for all arts.
The entire world's pride. The setting of a world of hopes, anxieties, uncertainties, anguishes and justification. Everlasting context, adolescent dreams. Magic world, fluttering wings. FERNANDO HEREDIA

The theater is mainly a scene where the fantastic becomes reality and that reality is conceived through the artist's technique and genius.
The Colón has obtained its glory with the spiritual strength of those artists whose vibrations beat in its immense stage. We, who possess the happiness of living our creations there, feel over us that unforgettable presence, it enriches our sensibility and makes each performer vibrate with renewed ardour.
If art is a mystery, an imponderable gift, I think that that immaterial but intense quality creates the very atmosphere of our theater. VIOLETA JANEIRO

It is not easy to describe a place where you are born, you live and die every day, where the deep sense of creation, of responsibilty, of beauty, of magic is enclosed in a few words: "Curtain up", an event that frightens and gives you the strength of a hurricane, enabling you to vibrate thoroughly inside the warmest and most beautiful theater in the world. CONSTANTINO JURI

It is one of the most beautiful theaters in the world, its atmosphere is unforgetable. Which are to highlights of my work there?
I will never forget the public's response and the general climate that prevailed during the performance of the two ballets I staged there: "La Sylphide" and "La Fille du Danube".
The Colón is for me an artistic family, I hold it near to my heart among the most beautiful artistic memories of my career. PIERRE LACOTTE

It is beautiful in the full sense of the word, as beautiful as the most graceful sonata, as the most beloved symphony or opera; harmonious as the most perfect "pas de deux".
It is all that and much more still. ANIBAL LAPIZ

The Teatro Colón is for me the most beatiful opera house in the world. It has the festive looks of the locality which belongs to an opera house, the highest comfort of the seats and —what is the most important— incomparable acoustics. The sound of the Theatro Colón es absolutely unique.
The strongest memories are the ones the RING; the quality of the performances and the sound of this theatre formed together an absolute climax.
FERDINAND LEITNER

As an Argentine I feel proud of it. As an artist, scenographer and theater man I respect it. As a citizen of the world I feel profound admiration towards this cathedral where all arts meet: Music, Dance, Poetry, Tragedy, Comedy, Painting and Sculpture surrounded by the magic of light. I feel great admiration towards the enormous creative work of spiritual exaltation carried out by human beings in constant dynamics. That is why I say the Colón inspires me with pride, admiration and respect. EDUARDO LERCHUNDI

It is the temple where the best expressions of Dance, Music and Opera come together.
To return to it was to find my artistic home once again. LUIS LIMA

I have always danced, I have always been in movement. At the beginning I started a profession where I can create, now I enjoy to carry it on.
If I must choose between the choreogapher and the dancer, I prefer the dancer, because without him art is nothing. The choreographer is the soul, the being, but the dancer is the heart. MURRAY LOUIS

It is essential for an artist to leave his own country in order to improve. Universality in art knows no boundaries, it is above all of them.
ALBERTO LYSY

I lived in Europe for eight years, consequently I could visit many opera houses in the world.
I think the Colón Theater is, undoubtedly, one of the first in the world, not only for its architectonic beauty or for its acoustics, but for the human material it possesses; they are the ones who make it possible for the performances on its stage to attain first rate quality. CECILIO MADANES

The Colón Theater is a clear example of the cultural standard of our country, it is one of the most important lyric theaters in the world and owes

its recognized prestige to the quality of its productions.
The brillant performance of great figures from abroad, alternating with the most outstanding national figures would not be enough to ensure the high level of the spectacles were it not for the capacity, ability and spirit of responsibility of its artistic and technical staff. For all of them our congratulations. JUAN EMILIO MARTINI

For me the Colón Theater represents the life, the integral conformation of my art. For an artist it is his consecration and it constitutes a source that projects culture and beauty for all men in the world.

GIAN PIERO MASTROMEI

It is for us a great emotion to be able to visit Argentina and perform before such warm and educated audience; it is especially interesting to observe how spectators from different social classes can all interpret and understand the essence of dance. EKATERINA MAXIMOVA AND VLADIMIR VASSILIEV

I think that the essential lies in going through the way that leds to fame. The top must always be farther away from the achievements, and it is beautiful to look at that summit from so near, without ever being able to attain it. PATRICIA MCBRIDE

The architectonic genre we have adopted in the Colón Theater cannot be called a style since it is too much of a mannerism, *it was intended to have the same characteristics of the Italian Renaissance, alternated with the good planning and decorative solidity of German architecture, and the decorative charm, variety and gallantry to be found in French architecture.*
The general lines of its design show that our theater bears some resemblance with some, among the best and most recent European theaters, such as the Opera Houses of Vienna, Paris, Munich, Frankfurt, etc.
The fact that all these buildings bear some common similarities is a sufficient proof that a law, the internal layout, governs the general distribution of masses. So our building will have, as the above mentioned, the privilege of indicating, at first sight, its own purpose.
It does not have superimposition of too cold or severe colossal masses that are only fitful in buildings destined to political or religious worship; neither does it have the ostentation of mouldings, colours or sculptures so abundant in Buenos Aires. The aspect is simple, varied, gay and majestic at a time, suitable for a center meant for a momentary meeting, where urban life gets together, enjoys itself and relaxes after the day's work. VICTOR MEANO

Music must always have a positive force since it can serve different purposes, that happens with the cinema where music can lead us, subconsciously, where we do not want to get.
We strive to transmit the spirit of the composer. There are some people who feel it can harm a symphony to make some mistakes. Personally I prefer to make those mistakes as long as the work is played with heart and soul.

ZUBIN MEHTA

Adorable night of your memory;
vigilant dream that consecrates salvations
from so much helplessness
Everything for this peace we rescued alone;
for the prayer lost when you hid it in your secrets,
for all the silenced trips
to an eternity no one deserves.

OSCAR MONESTEROLO

The Colón is not only a first rank theater devoted to opera in particular, but it is also a superb monster that demands the fullness of our leading and creative intelligence to crystalize the marvel of the stage.
No one can challenge the Colón Theater without the full dedication of all those who make up its scenic reality: artists, technicians, managing officials in absolute harmony. JUAN PEDRO MONTERO

The Colón has been one of the decisive factors in the development of Argentine artistic culture.
Argentine music has also been nobly represented in the theater, this was an element of support and encouragement for our artists although it was not done in a very regular way due to the different criteria of the successive authorities of the theater.

ROBERTO GARCIA MORILLO

Four generations of my family have walked through its stage, that is why we look up to the Colón Theater as the beloved and worshipped home. Great temple of art and culture, the country's pride for its first rank internationally and for its work in the formation of Argentine artists.

VICTOR DE NARKE

We are human beings, and the longing for the romantic makes us feel there is still imagination, and that analytic reasoning is not the only thing that matters.
A human being needs to show his sensibility and, why not?, to dream.

JOSE NEGLIA

I can say that my life has been consecrated to an ideal: "Lyra" magazine. More than forty years of creation are reflected in its pages. But "Lyra" would not exist without the Colón Theater, it gave it a sense and justification, and it is therefore closely linked to its quality. The reflection of glorious seasons is recorded there and brightens its pages. It would not be completely fair if I acknowledged only that light. In prosperous years, and even in the most difficult ones, the Colón would never let me down as a spectator; the quality of the performances and the atmosphere that can be felt in its halls prove to be exceptional events. FRANCISCO DE ECLI NEGRINI

I don't think ballet can be abstract since it is projected with the human body; when we work with man, he will be the instrument instead of the subject.
My work has always been to be this bridge between the man dancing and the man watching, due to their common world of emotions as human beings.

JOHN NEUMEIER

Art is a discipline and the artist is diciplined. I consider that the artist must be free but accompanied by responsability, which is the motor of discipline. Just because we are free, we should not be flying everywhere and spitting people in the face. Quite the opposite, you have to control that freedom and keep your mind in its proper place to understand which your obligations are when you accept freedom. ALWIN NIKOLAIS

I fell in love with Teatro Colón at the first sight. The wonderful theatre, the ideal accoustics and the knowledgeable and entusiastic public, all this combined, is really unic, and therefore for me Teatro Colón is number ONE.
I arrived in Buenos Aires in September 1955, short before the Revolution, which brooke out the day after our "Tristan" première.
Since I already was in love with Teatro Colón, I forgot very soon my fear for revolutions and I was back next year, and after that many, many more times, which all have been very special to me. God bless Teatro Colón!

BIRGIT NILSSON

Working I think I travel to the bottom of myself.
I feel I die and I am born again at the same time. World disappears: only Dance and Nureyev remain standing. RUDOLF NUREYEV

I consider it a heavenly place and, of course, it is also devilish in the best sense of the word. It encourages the beginning of an infinite or impossible love. It is an airport where the engines are music and the pilots kites.

SILVINA OCAMPO

The Colón Theater?
At the beginning it was Tristam's boat taking me towards Isolde. It was also Arkel Castle, where the unconscious Mélisande, in love with Pelléas, was held prisoner, and it was Wartburg Hall, where, together with Tannhauser, I took part un roaring poetry competitions.
It was Cyprus port, where we all waited for Othello, and it was Klingsor magic garden with the flower-girls who seduce Parsifal, and Kiekobad Temple, where the woman without a shadow awaits the magic message of the fountain.
It was the Witches' heath prophesying the future to Macbeth; Hoffman's magic world and the light beam on Lohengrin and his swan.
It was all that, and also Sachs' workshop where Walter composes his best song, and there I was Walter learning and Sachs teaching; finally it was Cellini's workshop, where he watches his own life go by while he waits to cast Perseus' statue.
Can anything else be said? ROBERTO OSWALD

For me, and almost for everybody, the Colón is one of the first international Opera houses, and besides, it is a beauty of a theater (. . .)

ANGEL PERICET

For me, as a dancer, the Colón is a Dance cathedral, for the singers it must be a song cathedral. It is one of your marvels envied by many countries (. . .)
CARMELITA PERICET

The Colón Theater Foundation has been created to help the Theater fulfill its mission with the utmost quality and efficency.
It sprung from the desire of a great number of people and business concerns that agreed to join their efforts, bearing in mind the importance the Colón Theater has for the country as a center for divulging the highest musical and choreographical expressions, and considering the privileged rank the Colón occupies among the most famous lyric theaters in the world.
ANGEL PINI

Each epoch has its own fashion. Now it is romantic in ballet as well as in music. It is a style that returns but in its contemporary version. It has not grown older; what it has already lived has now a new breath.
I do not perform what I do in a formal way, that is greatly appreciated by the Argentine public, who understands that dedication. That audience cannot be cheated and receives what is genuine.
On stepping on the Colón stage.
My first impression, when in the second act of "The Lake" the curtain rose and I had taken my initial pose, was a tremendous lump in my throat: I was so moved I almost burst into tears.
MAYA PLISSETSKAYA

When in 1952 Héctor Basaldúa took over the technical department of the Theater, he held an open competition for a sculptor to integrate the technical staff. I did not imagine I would be so lucky as to found the scenography workshop that still operates in the Theater together with other technical departments considered to be among the best in the world.
Fifteen years of loving dedication have not been enough to pay back all that was given to me by that magic and divine place.
It had a great influence on my evolution as a man and as a sculptor. From the responsibility of team work to the ethics of serving in the best way, going over to the themes that impressed me for life. Dance and music, two emotions that surge at every moment in my soul; and those movements of artists on the stage and the live contact with so many great ones of Theater Art. That is why that shrine *is the object of my deepest gratitude.*
ANTONIO PUJIA

I could personally feel the spiritual significance of the Colón Theater during a gala performance, on July 9th, 1977, when I was interpreting "Romeo and Juliet".
ALICIA QUADRI

During my adolescence and when I was part of the audience, it was a chimera. Nowadays, it is the most beautiful theater in the world and, for my spirit, it has not stopped being a chimera.
DANTE RANIERI

The present Colón Theater is the heir to a glorious artistic tradition which started at the dawn of the last century, by dint of its illustrious trajectory, it has become the real musical center in the Argentine capital.
Its hall, a magnificent coffer of harmonies, and its veritable raree-show stage offer their warm frame to the most outstanding manifestations of opera, ballet and music of all times.
It has been in a constant process of development —for almost three quarters of a century now— and, as if conjured up by a magician, thousands of dreams come to life there and become real, with a reality that takes on dreamlike charm.
JUAN ANDRES SALA

Colón Theater: Essential theater magic we long for when we are travelling through other theaters in the world; and we twice enjoy when we return to its magnificent hall and we are welcomed by its expectant splendour, which gradually grows as the lights dwindle and we are carried away by the artistic show that surges from its great stage. We are surrounded by music through its unparalleled acoustics, and our eyes are delighted at the surprising and perfect perspective of its stage.
It is an unforgettable and magic feeling, for a dancer and choreographer, to be able to express himself from this stage, and establish a rapport with the public who is felt to be so near, in spite of the real distance that separates them. From the first to the last step, the dancer feels that stage magic that backs, transforms, lights and inspires him.
RENATE SCHOTTELIUS

Normally it is people who for their qualities set the standard of institutions. In the case of the Colón Theater, the soundness of its prestige is such that, there, everything seems to have been stratified and things happen the other way about.
Each person or artist who performs there bears its imprint. In the most favorable or adverse circumstances, and at the highest national or international level, it is always unyieldingly faithful to its own self.
This is how I feel about it since I have the privilege of expressing myself musically in its halls daily and I am wholly blased towards it. A most pleasant and inevitable bias.
VALDO SCIAMMARELLA

The Colón Theater embodies the possibility of having found the path that took me to a spiritual enrichment through different experiences in our beautiful art world.
LIDIA SEGNI

The Colón means to me, considerable pleasure at being invited to one of the few really great opera house of the world. Joy and wonder over the accoustics in that enormous auditorium. It truly was a delight to perform on stage there.
What I probably recall most about the Colón is the rabid enthusiasm of the Buenos Aires opera fans. You do not encounter such ardent fans anywhere else in the world, except perhaps in San Francisco. Nicolai Gedda and I can attest to that. We had about 900 come backstage one night after we sang "Manon".
BEVERLY SILLS

Theaters are never empty.
Our great Colón Theater, with its unique magic, haunted by peculiar ghosts, has a special charm for me. It is made up of the unforgettable voices, the marvellous harmonies of concerts, ballets, rehearsals . . . they wander about, at all times, inhabiting all the house.
Perhaps it is the permanent memory of my childhood spent between opera arias, sonatas and preludes.
It also possesses its austere building (luxurious in the inside), that stands out among the surrounding frozen skyscrapers. It all contributes to enhance my emotion whenever I enter it. I immediately remember all the hours of immense pleasure I derived from all the performances.
When Manuel Mujica Lainez suggested that, due to the subject and style of my painting, I could decorate the dome, I thought it was an unattainable dream. I will never forget my surprise at his suggestion. When I went to the Colón and stared at the enormous hole painted an indefinite sepia colour, I had never imagined I could fill it with figures one day.
When I started working on the project, I thought of reproducing on the ceiling everything that happens and has ever happened on the stage. That was the origin of the idea of that spiral ring invaded by fifty-one figures including the ghosts of the theater that I could rescue from every corner of the auditorium.
I think the most exciting moment of my life was when the big scaffolding that took up all the span was removed and the dome was unveiled. It could face now the vicinity of all the Opera house. The favourable opinion of some curious onlookers reassured me.
I returned home feeling more confident.
My dream had come true.
RAUL SOLDI

. . .In the Buenos Aires avant-garde (. . .) in the magnificent Colón Theater . . . the success of the new works was enormous; the public became immediately familiar, with surprising quickness (Vienna's public never reacted so rapidly!) before these works (. . .) above all, the enthusiasm that spread before Elektra was a clear proof of the Argentine audience's gift of perception.
RICHARD STRAUSS, 1923

Music is one of the most fantastic and imaginative creation of man's spirit. When that music finds a setting of the grandest architectonic harmony and dazzling plastic beauty, possessing a technical and artistic staff devoted to enhance it, then we obtain a marvel such as the Colón Theater. For me, to be able to participate actively in this enterprise means to give a deep sense to my profession.
POLA SUAREZ URTUBEY

The managing department of the Colón Theater has problems common to all administrations —problems of form, proportion, magnitude, etc.—, but unlike any other, it also implies a special commitment.

The vitality inherent in the artistic event frequently overlaps its specific field and, with the normaly prosaic outlook of the Administration, it must quite often face highly contradictory situations which sometimes take on the appearance of insoluble enigmas.
Therefore, the difficulty lies in dominating the imperative of order and control, which should be our rule, but subordinate it to freedom. Or rather it amounts to what should be our motto: to be able to correspond in actions and decisions with the generosity our community showed when it endowed itself with this house and with the magic and dedication displayed at each performance. RICARDO SZWARCER

The Colón represents one of the most greatly developed form of the human spirit: music. Its final goal, man's communion with his fellow-men and with himself. ANTONIO TAURIELLO

On crossing the doors we walk into an enormous, solid, gilded, plastered and carpeted scenography, it goes on to the stage and becomes one with what is built there in wood and painted cloth.
This oneness places man outside real time, which is exactly the necessary position to attend a theater performance.
This oneness was achieved, I think, by chance, when the building was planned outside its real time, a dislocation in the History of Architecture which proved to be a success. CLORINDO TESTA

For me the Colón Theater means all the true 19th century tradition whose good taste and quality has been carefully preserved.
Among the most important memories of my work at the Colón Theater, I must mention the real love-rapport established with the public, this was an unforgetable experience in my career. GHISLAINE THESMAR

When I was a little boy I looked at it from the outside, as one of those unattainable things . . . but now I am inside and there are others who are looking at it.
Not only did this theater give me big opportunities but it also was and is a bond that has tied so many friendships, apart from having allowed me to see, listen to, applaud and be moved by the quality of marvellous artists.
May there be many more 75th anniversaries for others to celebrate it as deeply as I do. ALEJANDRO TOTTO

It is an art cathedral in Argentina, and an art temple in the world.
It is like a huge spiritual body fed with our own dreams, with our daily sacrifice. I would like to ask it what I mean to it. ANTONIO TRUYOL

They say life is a theater and what a beautiful life! if that theater would be the Colón. WASIL TUPIN

I cannot say ballet means everything for me, sometimes it proves to be a tiring task. Doesn't it happen to everybody to be dissatisfied with their work? When I feel that my dance and everybody else's are not coordinated then I get in a very bad mood, that day I wish ballet did not exist.
I don't know but I tire of the repetition of mistakes. When I am on the stage, and I start dancing, all my fear disappears, I dance thinking everything is well done. VLADIMIR VASSILIEV

To say what I feel for the Colón Theater is like uncovering a part of my soul: I am proud for what it means to our culture for its high international standard; I feel gratefulness for all I have learned there, and satisfaction to have been able to collaborate in the performances. I hope the talents that come to its doors should be recognized and the artists should experience less frustrations. I love it because it has all the virtues and defects of theaters that are unique and show the way and the times. I am happy it is a part of my life.
MABEL VELERIS

The Buenos Aires Musical Festivals, as other Argentine musical institutions find in the Colón Theater the ideal setting to carry out their noblest artistic projects. There, the weight of tradition and the creative enthusiasm intermigle. Because of the quietude and emotion the Colón can impress on the public and on so many artists, it well deserves to be called a real "Musical Temple" MARIO VIDELA

For me the Colón Theater means a house where I have met the "great family" of dance again and again. I have three memories of the Colón. The first one with the Opera de Paris in 1950 when I danced "Les Mirages". The second was ten years later with the Great Ballet of the Marqués de Cuevas, a warm and moving meeting with the marvellous and enthusiastic public of Buenos Aires; and finally, the third and last memory as "guest star" with the Colón's "great family" of ballet doing Serge Lifar's "Romeo and Juliet" accompanied by the late José Neglia, that remarkable dancer.
I cherish all these memories of my career. NINA VYROUBOVA

Nowadays it is difficult to imagine the gigantic organization of the Colón Theater, inaugurated in 1908. Even Toscanini himself confessed he had never seen in the world such an impressive theater organization; and I have never seen a theater where they work so hard. MARGARITA WALLMANN

Modern Monument Employing Laser Rays

This monument, ordered by the Municipality of Buenos Aires, consists fundamentally of two big rectangular plaques made of smoked crystal and marble placed vertically. A source emits laser rays that either strike the plaque or disappear, thus creating different figures as an efect of reflexion, dispersion, interference, diffusion, etc.
In accordance with the Municipality it was agreed to place the monument at one of the sides of the Colón Theater, what is now Toscanini Square. The project included the remodelling of this square, of the sidewalks round the Colón and of the strip of Viamonte St. between Libertad St. and Cerrito St., designing a big parking on the side of Viamonte St. opposite the Colón. The nature of this project is that of a modern art work and, in 1972, it meant that Argentina would build something completely new in the world.

AMANCIO WILLIAMS

For me, it is my life.
For the country, it is the principal center of culture we can show the world to represent us magnificently.
For the world it is one of the four top opera houses alongside Milan's La Scala, New York's Metropolitan and Paris's l'Opéra. RICARDO YOST

The Colón Theater is an honour for the country, not only for the grandeur of the premises and the enormous possibilities they offer but also for the prestige of their regular artists.
All this, added to the Argentine creative talent, must become life-strength for the Republic and one of our decisive lanterns towards the world.
JUAN CARLOS ZORZI

*

MES MEMOIRES DU THÉÂTRE COLON

J'avais environ six ans (c'est-à-dire que cela se passait vers 1916) quand pour la première fois on m'amena au Théâtre Colon. En cette occasion, on représentait heureusement Aïda. Grâce à cet opéra, à la fascination de son coloris et de sa musique, le Théâtre me séduisit pour toujours. J'y pénétrai, enfant emerveillé, conduit par la chaude main de Verdi, parmi le trompettes, et ne pouvais mieux y pénétrer. Ce fut comme un enchantement.
Aujourd'hui encore, au bout de tant d'années, chaque fois que j'assiste au retour triomphal de Radamès, la même émotion très ancíenne et très jeune, me fait tressaillir et m'enthousiasme.
Comme il est naturel, j'ai mis assez longtemps à compende toute la valeur du Théâtre Colon. Peu à peu, sa condition de lieu feérique qui rend la magie possible, s'est enrichi —sans jamais perdre cette merveille essentielle— de l'apport orgueilleux de ce qu'il représente pour notre ville et pour notre pays.
Buenos Aires, et à travers elle, la République possède plusiers miroirs somptueux où se reflète et exhalte ce qu'il y a de plus lumineux dans son esprit. Nous nous penchons sur eux avec une juste vanité, et les images qu'ils nous offrent nous poussent —ou doivent nous pousser— à être dignes de sa hiérarchie et de ce que leurs créateurs ont rêvé pour elle. Un de ces miroirs éblouissants est le Théâtre Colon. Tout en lui, depuis la majesté équilibrée de son architecture et de ses décorations, et le noble style de vie qu'implique sa splendeur, jusqu'à sa longue histoire de l'art où il excelle, parle à notre esprit de la foi en la grandeur argentine qu'éprouvèrent ceux qui le construisirent, il y a soixante dix ans. Il suffit de son existence pour imposer un ton. En le parcourant, on sent, dans le plus profond de la sensibilité, qu'il faut le mériter, et qu'en procédant ainsi, l'on correspond à l'illusion mentionnée de grandeur réalisée qui inspira nos antécesseurs. Dans le Théâtre Colon, la vigoureuse patrie de 1908 chiffre symboliquement la ferveur d'un pays prospère dans l'intellectuel et dans le matériel. Depuis le luxe mondain de ses loges et de ses fauteuils, à la simplicité de ses balcons et de son paradis, les plus diverses couches sociales ont pris place, dans sa grandeur qui les résume. Aucun de ceux qui vraiment le désirèrent n'ont été privés de jouir de la merveille de son spectacle ni d'y prendre part, car dans le Théâtre Colon des grands moments, le spectacle est à la fois sur scéne et dans la salle s'intégrant dans une seule harmonie. Souhaitons, à notre tour, de mériter una telle magnifique beauté, car cela indiquera que ce pays, notre pays, continue à être digne de celui-ci et d'autres symboles, qui réitèrent dans un silencieux langage, dans le rythme superbe de ses structures, les impérissables leçons de certitude en la trascendance de l'avenir argentin. De moi même, je peux dire que le suis revenu et revenu au cher Théâtre, tout le long de ma vie entière, et qu'il n'y a pas eu d'occasion où je n'embrassa du regard la glorieuse salle, fusse de l'accoudoir d'une longe ou appuyé sur la rampe des plus hauts derniers rangs, sans que je ne sentisse de nouveau l'impression hallucinatoire que le temps, les temps, flottaient dans l'ampleur du cadre brillant de mille lumières et sans que mon regard crut découvrir, dissimulés ci et là, dans la vibration or et rose des balustrades et des rideaux, dans un vascilant changement de modes, les traits de visages admirés ou aimés qui ont disparu. Les présences mémorables, les présences qui contribuent à donner du caractère à un endroit déterminé et qui, d'une certaine façon, le complètent, jusqu'à s'incorporer à son âme mystérieuse, lui sont inséparables, et celui qui aiguise la perception découvrira leurs traces légères, insinuées par un tremblement d'ombres et de fugaces apparitions.
Le Théâtre Colon possède cette secrète abondance, tellement sienne, pour toujours, tel le mouvement du fastueux rideau, qui, en s'ouvrant, recueille ses plis comme s'il traçait une révérence. Mais nous sommes dans le Théâtre et le murmure des conversations auxquelles se mêle, subtil, comme fait de soupirs, celui des voix passées et celui d'éventailes invisibles, cesse en tout lieu: le Chef d'orchestre est monté au pupitre et ses bras soulevés éveillent les instruments cachés. La salle s'est obscurie, jusqu'à ce que, subitement, prodigieusement, la musique l'illumine.

***

Dans ce que mon ami Aldo Sessa m'a suggéré d'écrire, il n'y a pas de place pour que je trace l'histoire lyrique du Théâtre Colon ni me risque à des techniques profondes pour accompagner ses photographies, celles d'un artiste exceptionnel. Je ne saurais le faire. Cette tâche revient dans ce livre, à des spécialistes avec des titres, des connaissances et une experience prouvée. Le fait d'avoir été un spectater assidu du Théâtre ne suffit pas, certainement, pour me considérer mélomane. Le vérité est que ma relation avec le Théâtre dérive autant du plaisir que la bonne musique et le bel canto produisent, que de la félicité qui jaillit de son atmosphère.
J'ai eu la chance, à travers bien des années, d'applaudir là, d'extraordinaires chanteurs, chef d'orchestre, musiciens et danseurs. J'ai eu des abonnements aux balcons et j'ai éprouvé le vif plaisir d'être dans des loges, par de rares chances. Ceci, quans j'étais directeur général des Relations Culturelles à la Chancellerie. Ce poste, presque honorifique à l'époque, comportait alors la faveur très enviée d'une loge au Théâtre Colon. De là, flanqué, à l'occasion, d'un décoratif agregé culturel étranger —avec turban si possible— j'ai complété commodément mes connaissances sur l'opéra, et quand j'ai abandonné de telles fonctions, si bien j'ai perdu cette loge, j'en ai gagné une autre, celle de l'Académie Nationale des Beaux Arts à laquelle j'avais droit et dont j'ai eu largement l'usufruit, souvent en compagnie du cordial sculpteur José Fioravanti, qui a parsemé Buenos Aires de monuments.
J'essaierai maintenant de nommer les grands artistes que j'ai vus défiler sur la scène du Théâtre Colon, à partir de l'époque où, jeunes-gens fiers de nos habits impécables, de nos cheveux gomminés et de notre avenir, ceux de ma génération, nous jetions des coups d'oeil sur les jeunes-filles, abrités par le programme ouvert, dans la pénombre parée de joyaux du Théâtre. Je sais que j'en oublierai beaucoup et des principaux. Je sais que pour cela les experts me critiqueront avec justice. Mais j'oserai, avec bonne volonté et mauvaise mémoire, composer une liste embrouillée et incomplète, dont la résonnance est indispensable ici, et qui —même boiteuse— sera suffisante, pour que celui qui lise ces lignes apprécie, s'il est jeune, ce qu'il a perdu, et pour qu'il se sature de nostalgie, s'il ne l'est pas: Claudia Muzio, Beniamino Gigli, Melchior, la Tebaldi, Elisabeth Schumann, la Schwartz-Kof, Lily Pons, María Caniglia, María Callas, Chaliapin, Fedora Barbieri, Birgit Nilsson, Victoria de los Angeles, Christoff . . . Serge Lifar, Tumanova, Markova, Nureyev . . . J'ai eu l'honneur de voir Manuel de Falla et Stravinsky dirigeant leurs oeuvres (celui-ci, quand la voix de Victoria Ocampo remplit la salle, récitant les vers d'André Gide pour "Perséphone") et Toscanini, de très près, d'une loge avant-scène, diriger l'orchestre de ses yeux terribles, plus qu'avec sa baguette . . . et Hindemith et von Karajan et Weingartner . . . Et les pianistes et violonistes fameux . . . Ceci, sans nommer —parc que là oui, ce serait dangereux de me tromper— les multiples et remarquables argentins.
Je ne puis me plaindre! Que de gloire! Je ferme les yeux dans le silence de ma maison de Córdoba et récrée les images. Il y a tant de musique autour de moi, que je laisse la plume et attends. Les immenses peupliers de La Carolina m'apportent, dans leurs bruissements, des échos de Mozart, de Beethoven, de Wagner, de Bellini, de Puccini, de l'adoré Verdi . . . Arthur Rubinstein est au piano; est au piano Brailovsky; Segovia salue, avec la guitarre, dans la main droite; Jehudi Menuhin, comme un cètre, élève l'archet du violon. Et le théâtre grandit autour et confond son or et son rose avec le vert et le bleu des paysages, pendant que simultanément, le chant des arbres et le chant des "diva" s'élève vers les nues, comme vers un merveilleux toit scénique.
A ces privilèges s'ajoute celui d'avoir connu l'autre face du théâtre, l'occulte, l'ignorée, celle qui gît dans l'arcane des étages distribués sous terre, et qui a grandi dans les entrailles de la place, aujourd'hui nommée Toscanini. En divers moments, j'ai visité ce monde secret, sans lequel le complémentaire, celui qui au-dessus s'étend vaniteux et brille, ne pourrait exister, parce que dans ses cachettes s'enfoncent les racines, parfois modestes, mais toujours indispensables qui alimentent de sèves vitales le monde supérieur. Celui qui est commodément assis à sa place, pourra difficilement imaginer, quand il assiste au lever du rideau et écoute les accords préliminaires de l'oeuvre qu'à cet instant même, au-dessous de lui et à toute heure, du matin au soir, les énergies d'une petite ville sont en pleine ébullition. Son admiration se transformerait en étonnement, s'il lui avair été donné de pénétrer dans ses prodiges et thaumaturgies par un dédale d'escaliers et d'ascenceurs, de passages et de galeries, oú, dans ce broullamini, il se serait perdu sans un guide averti, pour déboucher sur des rangées de studios, d'ateliers, de dépôts et de salles de répétitions, qui éventuellement reproduisent avec fidélité les proportions du grand proscénium.
Les habitants avec lesquels il trébucherait dans son pèlerinage touristique seraient en certaines occasions, les mêmes qu'il verrait sur la scène, mais il lui semblerait que, dans les zones profondes, ils avaient de différentes dimensions. Il verrait —et entendrait— des chanteurs faisant des gammes et des vocalises; il verrait les acrobaties coordonnées et les cabrioles disciplinées des danseuses et des danseurs; il verrait les coiffeurs coiffant des perruques; les modistes coupant des costumes, copiant des broderies; les peintres décorant des vielleries, idéalisant les coulisses; ceux qui sculp-

tent, les charpentiers, les tapissiers, les machinistes, les électriciens, les accesoiristes. Il croiserait, selon les saisons, Othello à demi-maquillé, Sigfried en manches de chemises, le tendre Pelléas, la terrible Turandot, la douce Butterfly, il croiserait des bandes de vaporeuses danseuses, des Walkyries qui mangent des sandwichs, des multitudes médiévales qui discutent sur le coût de la vie en Argentine. L'Histoire, la Poésie, la Fantaisie, l'Extravagance, se retrouvent là avec le plus grand naturel, et tolèrent que les époques contradictoires se coudoient ainsi que ce qui est apparemment réel avec ce qui ne l'est sûrement pas.

Tout cela métamorphose le Théâtre Colon en citadelle de la magie et en refuge des rêves, au centre de Buenos Aires, d'une métropole que les passions de la politique et de l'économie secouent, que les inquiétudes propre du temps qui s'écoule et de la vie qui fuit agitent, parce que dans le sein hermétique du théâtre triomphe le paradoxe du temps qui n'existe pas, puisque n'existe pas la vieillesse éliminée par le déguisement, et de même la mort non plus, puisque les générations passent et les Rigolettos se succèdent et se succèdent les Boris et les Aïda, et qu'après sa mort, battant des ailes, le Cygne de Saint-Saëns se relève pour faire une jolie révérence à ceux qui l'applaudissent.

Heureux parage, île ensorcelée et ensorcelleuse, invisible, dynamique, tumultueux cirque souterrain et visible palais de l'ordre suprême ordonné par la musique, ou l'élégance se donne encore rendez-vous avec l'art, en des jours où l'art et l'élégance offrent l'image d'un divorce fou (qui sait combien de temps il durera, puisque tout revient): voici le Théâtre Colon.

***

A part des liens fondamentaux déjà cités, qui depuis mon enfance m'unissent au Théâtre Colon et qu'affirmés et raffinés au cours des ans, je partage, pour différentes raisons avec des milliers d'amateurs, de gens du monde et d'admirateurs, il y a quatre épisodes originaux qui établissent entre mon existence et celle du théâtre des liens d'une rareté particulière. Ainsi, sans m'être tracé de plan préalable, je me suis trouvé par la force des circonstances, en quatre opportunités, si intimement connecté avec le Colon et sa vie, qu'aujourd'hui, si je me proposais d'écrire mes mémoires —chose qui n'effleure même pas mon imagination— je ne pourrais pas en faire abstraction.

Ils se déroulèrent, respectivement, en 1942, en 1963-66, en 1967-72 et en 1979.

***

Le premier de ces épisodes, celui de mes trente-deux ans, me confina dans le Théâtre Colon durant un été entier. A ce moment-là, son directeur scénique était mon cher ami le peintre Héctor Basaldúa. Il le fut de 1933 à 1950, et il projeta, pendant ce laps de temps des décors inoubliables, qui pour la plus part furent compilés dans un volume par l'Intendance Municipale de Mariano de Vedia y Mitre.

En 1942 il eut l'idée de peindre mon portrait au Colon même, en profitant du repos relatif du calme estival qui soulageait ses tâches accablantes. Pour choisir ma tenue adéquate, nous visitâmes ensemble les dépôts colossaux de costumes et d'accessoires, situés dans les étages souterrains. Je me souviens de la sérieuse bonne humeur et de l'habilité professionnelle avec laquelle l'artiste —que je connaissais dans le Paris de mes quinze ans— m'essaya des bonnets, des chapeaux et des casques, m'emmitoufla dans des toges, des capes et des burnous, dédaigna les pourpoints et écarta les plumeaux. Il finit par se décider sur la cape de Caravadossi, et avec elle sous le bras, nous retournâmes au studio du maître, situé au premier étage.

Son atelier occupait une pièce lumineuse. De là, par dessus la Place Lavalle et de la colonne à l'extremité de laquelle le héros que vénéraient mes ancêtres fait de l'équilibre, on découvrait, aérienne, une coupole fantastique, une aiguille perdue, laquelle survie, grâce au même Basaldúa, sur une de ses illustrations pour mon: "Chant pour Buenos Aires". Héctor me fit plusieurs esquisses pendant les premiers jours, à la recherche de la "pose" convenable, jusqu'à ce qu'il assura la toile sur le chevalet, et se disposa à l'aventure de peindre. Il opta pour une effigie à mi-corps. Je porte un pantalon bleu et une chemise blanche, à col ouvert; de mon épaule gauche pend la cape bleue de l'amant de Tosca, et mes deux mains reposent sur les pages d'un livre ouvert sur mes jambes.

Si j'avais su que le portrait allait m'exiger cinquante-quatre "poses", c'est-à-dire cinquante-quatre voyages matinaux, de chez moi, dans le quartier de Belgrano jusqu'à l'accès du théâtre par la rue Cerrito, je doute assez que j'eusse considéré la probabilité de les affronter, quoique l'idée de posséder mon portrait par Basaldúa me rendait immensément heureux. Le portrait n'aurait pas existé et son absence m'aurait privé de mon image la plus réussie de cette époque. Par bonheur, après de quotidiennes vacillations, après l'avoir bien avancé et maintes fois arrêté, il toucha à sa fin, et le tableau à l'huile pend actuellement dans la salle à manger du cadet de mes enfants. On mesurera la stricte scrupulosité du maître, en tenant compte simplement, qu'après trente séances, soudain, sans me prévenir, irrité, il brandit un couteau, gratta et effaça le visage de la toile; et que le blanc de la chemise représenta, a son tour, plus de vingt séances consacrées d'une façon maniaque à superposer des coups de pinceau recherchant la cause de la rébelion de la matière plastique et ses nuances, jusqu'à ce que l'auteur trouva ce qu'il croyait juste.

Ces visites journalières à l'atelier resserrèrent ma vieille amitié avec Basaldúa; elles les resserrèrent aussi avec le Théâtre Colon. De temps en temps, pendant que la matinée poursuivait son cours, les "poses" s'interrompaient parce que ses assistants se présentaient pour consulter le metteur en scène, ou parce que celui-ci accordait à ma rigoureuse immobilité une vacance passagère. Je la dédiais à errer dans les contours du studio. Je découvrais quelque loge entrouverte et je me glissais dans son intérieur sombre. Face à moi, me causant un vertige instantané, la salle faisait naufrage dans les ténèbres. Uniquement l'avant-scène brûlait, comme un étrange feu dans le noir. Et sur elle se succédaient les répétitions de "Pélleas et Mélisande". Ah! mystérieuse conjonction de la musique pictorique de Debussy, du texte musical de Maeterlink et du tableau poétique de Basaldúa! Aujourd'hui, après tant de lustres, il y a des sensations produites par tant de motifs divers, qui se confondent et créent une seule, longue, profonde, mystérieuse, harmonieuse émotion très belle, dont les éléments, inséparables dans ma mémoire, confirment l'unité de l'art, par-dessus la classification discriminatoire des expressions esthétiques.

La claire voix de Pelléas résonnait: "Toute ta chevelure, Mélisande, toute ta chevelure est tombée de la tour! . . . Je la tiens dans les mains, je la touche des lèvres . . ." La musique ondulait, comme si elle s'écoulait sous une rivière. J'étais revenu à l'atelier, j'avais récupéré la cape bleue de Cavaradossi; j'avais réassumé la familière attitude, les mains immobiles sur le livre; et le portrait, secrètement, convoqué par le pinceau qui semblait l'unique vivant de la pièce, s'imprégnait de l'âme du théâtre qui nous entourait.

***

Le second épisode auquel je dois me référer, eut pour antécédent une hépatite aussi bénigne que prolongée, qui en 1963 me maintint au lit presque quatre mois. Entre-temps, je lus beaucoup; je traduisis en vers "Les Femmes Savantes" de Molière; j'écrivis un nombre de lettres infini, je commençai à coller des photographies et des découpures sur un gros album, le premier d'une série qui arrive aujourd'hui à neuf tomes. Alors j'appris aussi que Chagall effectua des travaux pour doter la coupole de l'Opéra de Parîs d'une nouvelle décoration. Et, durant les longues pauses d'oisiveté plus ou moins méditatives que la maladie m'imposait, j'ai mûri lentement l'idée d'obtenir quelque chose de similaire pour le Théâtre Colon. Je me disais moi-même que l'incorporation de cet élément se justifierait incomparablement davantage dans le cas de notre Théâtre, que dans celui de l'Opéra, parce que celui-ci possédait déjà une coupole peinte, tandis qu'à Buenos Aires nous l'avions perdue il y a plusieurs années à la suite d'humidités et filtrations produites par l'invention de la réfrigération que l'on utilisa, avec sans-gêne et maladresse, pendant le cours de certains bals de Carnaval. A sa place, un ample espace nu, gris, autour du lustre, affligeait le Théâtre d'une espèce d'injuste calvitie.

Je connaissais bien les artistes en vue, il y a vingt ans. J'ai analysé attentivement leurs trajectoires et leurs caractéristiques, à la recherche de celles qui coïncideraient avec mes ambitions. Le peintre, à mon avis, devait être capable de s'exprimer et de réaliser sa tâche, sans que celle-ci soit en désaccord et se "détache" de l'équilibre de l'ensemble, en conservant intacte sa propre personnalité d'artiste, parce que je soupçonnais (ce que j'ai vérifié ensuite à Paris) que l'apport de Chagall à l'Opéra devait causer un effet exactement contraire. Et, logiquement, il fut facile d'arriver à la conclusion que le plus indiqué était Raoul Soldi. Le climat magique où Soldi avait vécu enfant, entre cirques et scènes où fleurissait le "bel canto", le désignait pour incorporer une coupole qui, en couronnant le Colon, constituerait à la fois la contribution de notre temps à l'admirable édifice.

Je me suis mis en rapport avec lui, et j'ai remarqué immédiatement que l'idée l'enthousiasmait. Peu après il me rendit visite et me confia que son exaltation et son désir de commencer l'entreprise était telle, qu'il le ferait sans percevoir aucune rétribution. Nous avons tout de suite téléphoné à notre ami commun Albert Prebisch, Maire de Buenos Aires, et lui avons fait connaître le projet. Son adhésion fut aussi totale que celle de Soldi, qui sans perte de temps, ainsi stimulé par le chef de la Commune, commença les premières esquisses. Mais la réalisation définitive ne fut pas du ressort de l'intendance de Prebisch. Le projet dormit jusqu'à ce que Mr. François Rabanal, étant "Lord-Majeur" "porteño", Mme. Zulema Paz de Zuberbühler de Hueyo, épouse du Secrétaire d'Approvisionnement de la Municipalité, vit par hazard la maquette du futur toit dans l'atelier de Soldi. Ce fut elle qui obtint officiellement que l'oeuvre se réalisa.

En Décembre 1965, je visitai cet atelier, et là je vis la grande roue ingénieuse, giratoire, ou le maître avait distribué la ronde des personnages qu'il souhaitait développer, comme un ballet multicolore, sous le toit du Théâtre Colon. Cela perfectionnait délicatement ce que j'avais imaginé. Chanteurs, danseurs, acteurs de la Comédie de l'Art, s'entrelaçaient dans un rythme suave, pour couvrir les 318 mètres carrés de la coupole. Peu de temps après, j'ai joui du privilège d'arriver jusqu'à la coupole même, utilisant un étroit petit pont tendu depuis le paradis du Théâtre. On distinguait à peine, en bas, minuscule, au-delà del'enchaînement de l'échafaudage qui nous soutenait, l'avant-scène. Soldi était en train de retoucher les transparences ténues de ses graciles peintures. Je les eus si près, tant elles m'entouraient que, comme dans les contes, je sentis que j'avais pu entrer, fugacement, après avoir traversé un vertigineux abîme, dans la région où vivent ensemble les êtres enchantés.

Enfin, le 25 mai 1966, ouverture de la saison, j'ai été ému d'assister au vernissage de la création de Soldi. Je me souviens qu'au moment d'entrer dans la salle, la totalité de ses lampes étaient allumées, exception faite de celles du grand lustre et qu'une fois le public placé, qui remplissait toute la salle, les lumières s'éteignirent subitement, pendant que s'illumina le lustre resplendissant et les lampes supérieures brillèrent. Alors tout en haut, en haut, comme s'ils détenaient le déroulement de leur spirale féerique, les personnages fabuleux semblaient s'incliner pour recevoir l'unanimité des applaudissements. D'une loge à l'autre, par dessus la distance d'une salle à moitié enfoncée sans l'obscurité, Raoul Soldi et moi nous sommes découverts et, quand le Théâtre entier s'illumina, nous avons levé les bras en signe de fraternel salut. Naturellement, il y eu des critiques. Elles ne manquent jamais lorsqu'il s'agit d'innovations.

Dix-sept ans ont passé. Aujourd'hui la ronde de Soldi appartient autant au Théâtre Colon que les petits amours qui, sur l'avant-scène, jouent des notes musicales. Et dans cette ronde, un de ceux qui y prennent part, le plus petit, soutient un masque d'unicorne, en souvenir de celui qui, sur son lit lointain de malade, rêva quelques fois aux créatures séductrices, lesquelles jour et nuit, que le Théâtre soit plein ou vide, danseraient dans sa coupole, pour la félicité du Théâtre Colon bien-aimé.

***

L'année qui suivit l'importante inauguration de Soldi, s'initia le troisième et long épisode de la série que j'évoque. En mai 1967, à Washington, fut étrenné l'opéra "Bomarzo" d'Alberto Ginastera, inspiré de mon roman du même fitre. Son succès fut réellement extraordinaire, les échos des louanges remplirent les colonnes des journaux et revues. L'ambassadeur argentin —le Dr. Alvaro Alsogaray— nous offrit un dîner splendide au siège diplomatique duquel participèrent de nombreux et distingués invités, notamment le Vice-Président des Etats-Units, Mr. Humphrey. Les monstres allégoriques du Bois Sacré de Bomarzo, avaient été peints sur de grandes toiles qui décoraient le salon de bal, et les langoustes servies sur de longs plats en argent, furent décorées en forme de clef de sol grâce à l'art du chef. Le généreux ambassadeur ne fit pas les choses à moitié. Il dut donc s'étonner autant que Ginastera et moi —et pour lui il devait être encore plus difficile, sinon impossible de trouver une explication cohérente— quand il apprit que la censure municipale avait défendu la "première" de Bomarzo au Théâtre Colon, annoncée pour le mois de Juillet. Je l'appris à Rio de Janeiro, où je représentais l'Académie Argentine de Lettres aux actes de célébration du soixante-dixième anniversaire de l'Académie du Brésil. Je le sus par un télégramme comique et énigmatique de Ginastera. Je rentrai à Buenos Aires et m'incorporai à l'amusante et immediatement tapageuse polémique qui crépita autour de l'affaire, et qui laissa en si mauvaise situation, dans la solitude de sa "gaffe" absurde et irréfléchie, le gouvernement militaire étroit de l'époque.

Après . . . "Bomarzo", le banni de sa patrie, fut vu et écouté à New-York, à Zürich, dans la République Fédérale Allemande, et recueillit partout les éloges des critiques et des assistants. Un lustre devait s'écouler depuis la prèmiere américaine, avant que l'on répare cette déraison dans notre pays. Le gouvernement changea, et le nouveau Secrétaire ã la Culture, Carcavallo, téléphona chez moi inopinément, à minuit, pour m'annoncer que "Bomarzo" monterait en scène au Colon le mois d'Avril suivant. Et il en fut ainsi. Le samedi 29 Avril 1972, de la loge avant-scène de l'Intendance Municipale, avec le Maire Mr. Saturnino Montero Ruiz et Madame, Alberto Ginastera et moi, accompagnés de nos épouses et de ma petite fille Ana Victoria, nous fûmes témoins de la première argentine de notre oeuvre "indigne". Comme revanche, ce n'était pas mal. Un public hautement personnalisé —des diplomates, fonctionnaires, écrivains, artistes, gens du monde traditionnel de Buenos Aires— innondait la salle comble et ajoutait le luxe scintillant des bijoux, des satins, des velours, des chemises amidonnées. Les arlequins, les jongleurs et les danseuses de Soldi, se penchaient pour nous contempler. A la fin du spectacle, les ovations se succedèrent, dirigées à Antonio Tauriello et sa baguette, aux chanteurs Salvador Novoa, Issabelle Penagos, Joanna Simon, Claramae Turner . . . à Tito Capobianco, le régisseur, à Araiz, le chorégraphe . . . Quand l'oeuvre touchait ã sa fin, Ginastera me fit sortir nerveusement et précipitamment de la loge de l'Intendance. Nous courrûmes ensemble à travers les escaliers et galeries (il me guidait dans le labyrinthe du théâtre) jusqu'à déboucher sur la scène, au moment où Capobianco réclamait notre présence. Je saluai le dernier. Le public debout, au parterre, aux loges, aux balcons, au paradis, nous applaudissait sans cesse. Nous nous donnâmes la main et avançâmes, le maître et moi, applaudis aussi par les interprètes de notre création. Et, pendant que les applaudissements redoublaient, que le rideau tombait et se relevait sur le décor de la Bouche de l'Enfer de Bomarzo —celle qui me suggéra mon roman, dans la lointaine région étrusque—, je saluais, remerciais, et pour la première fois j'embrassais du regard la plénitude de la salle, de l'avant-scène, comme un de ses figurants. Quelle étrange, grisante sensation! De la même façon que, dans de multiples occasions antérieures, j'avais regardé de la salle la scène, et celle-ci m'avait paru une flambée immobile, surgie des ombres, maintenant je regardais la salle, l'immensité dorée et rose, ses éclats . . . son scintillement, comme si je me trouvais face à un grand incendie semicirculaire, dont les tremblantes combustions grimpaient d'étage en étage, jusqu'à éclater dans le superbe et gigantesque lustre et ses quatre-cent cinquante lumières.

A partir de ce jour, nous étions attachés au Théâtre Colon, non seulement par le triomphe de l'oeuvre que nous avions conçue en parfaite harmonie, mais aussi et subtilement, par le triomphe de l'art sur la confusion de l'ignorance, et sur la maladresse des entraves de la censure aveugle.

***

Nous sommes arrivés, étape après, étape au dernier des grands souvenirs qui, jusqu'à présent, mélangent mes images avec la majestueuse image du Colon. Celui-ci remonte à 1978, du 16 Janvier au 13 Août, pour arriver au point culminant un an après. Mais c'est vrai que l'année d'avant, soit 1977, je l'avais passée en contact intime avec le Théâtre Colon, même sans quitter "El Paraíso" ma maison dans les "sierras" de Córdoba.

J'ai commencé alors à compiler les notes qui me faciliteraient la composition de "Le Grand Théâtre", car je m'étais mis en tête —je suppose que c'est approximativement cela que nous appelons d'habitude "inspiration"—, la fantaisie d'écrire un roman qui se passerait entièrement dans le Théâtre Colon. Déjà, bien avant, j'avais pensé en composer un qui se serait intitulé "La loge" et qui aurait eu comme atmosphère celle du même Colon, mais qui resta comme tant d'autres de mes livres dans le vague, où flottent les projets non accomplis. Cette fois j'ai valorisé nettement les avantages qui dériveraient de ce que j'entrevoyais: mon roman si je le réalisais, serait le premier de notre littérature où l'action se passerait à l'intérieur du Théâtre Colon et en plus, de ce fait, deviendrait mon hommage au théâtre, auquel je dois tant de félicités.

Je mis donc la main à l'ouvrage et à mesure que cette idée s'affirmait dans mon esprit elle me plaisait chaque fois davantage; surtout, arrivant à la conclusion que l'action ne devait jamais abandonner l'enceinte du théâtre. Je répète que j'ai vécu cette anée 1977, où j'ai accumulé les notes, comme si le Colon eut été ma propre maison. En plusieurs occasions, le matin, je le parcourais d'un bout à l'autre et d'étage en étage, conseillé par Hernan Prat, un guide indispensable. On alluma la salle pour moi, seulement pour moi, en plusieurs occasions, afin que je puisse placer mes personnages, lesquels se définissaient à mesure que les mois passaient. Après de successives exclusions, j'ai choisi "Parsifal" comme l'oeuvre la plus convenable, par son caractère, par sa présentation le soir de gala qui offrirait un fond aux intrigues romanesques. J'avais choisi 1942 —l'année de mon portrait par Basaldúa— pour placer l'oeuvre, puisque je savais que pendant son cours, on avait joué le drame musical de Wagner. Dans ma proprieté "El Paraíso", j'ai écouté deux fois les disques de la version de "Parsifal" du théâtre de Bayreuth (1951) entouré de mes amis, la romancière Sara Gallardo et les poètes Villordo et Monesterolo. Puisque je ne sais pas l'allemand, je suivais la musique avec un "libretto" italien qui indique les thèmes principaux sur la marge. Après j'en ai obtenu un, allemand-anglais; je me préocupais de l'ajustement du temps, des temps de l'action sur la scène et des actions complexes dans la salle. Qu'est-ce-qui ne me préocupait pas, allant et venant entre mes consultations, requerrant le secours des plus avisés, de Victoria Ocampo, de Julia Bullrich de Saint, de Juan Andrés Sala, de Ricardo González Benegas et naturellement du patient Hernan Prat, etc., etc.! Voici quelques exemples:

"Comment obtient-on le truc de la lance jetée par Klingsor qui s'arrête précisement sur la tête de Parsifal?".

"Dans les années 40, que faisaient les chanteuses durant l'entracte? Allaient-elles dans leurs loges ou restaient-elles dans les coulisses, bavardant ou autre? Que faisait le Directeur et les musiciens? Où étaient les loges alors? Fallait-il descendre les escaliers?".

"De la loge avant-scène la plus basse de gauche voit-on le souffleur? Le voit-on tourner les pages? Que voit-on des coulisses?".

"Comment se composait l'orchestre d'alors? Dans 'Le Voyage Artistique à Bayreuth' on parle de trente deux violons. Ce serait comme cela ici?".

"Comment était reçue en pleine guerre, à Buenos Aires, une oeuvre de Wagner, l'adoré d'Hitler? L'adoration d'Hitler, se limiterait-elle à la germanique 'Tétralogie', ou arriverait-elle aussi à un argument comme celui de 'Parsifal'? Je suppose que les directeurs d'orchestre (Kleiber et Busch) n'étaient pas hitléristes, ou fallait-il l'être pour interpréter Wagner à travers le monde?".

"En 1942, après le Théâtre, on allait à la pâtisserie 'Confitería París'... peut-être à 'L'Aguila' (moins élégante): allait-on aussi au restaurant 'Edelweiss'? Existerait-il déjà? Etc., etc. et etc. Les etcéteras étaient infinis".

Le 17 Janvier 1978, un jour après m'être lancé dans mon roman, je me suis arrêté, terrifié. Quelles preuves avais-je que "Parsifal" avait été joué en soirée nocturne, chose qui était indispensable pour la création de l'ambiance de mon livre Les trois programmes du "Sacro-mystère scénique" que je possédais, annonçaient le début à 16 heures ou 17 heures. "Le grand Théâtre" s'écroulait. J'ai interrogé par lettre les spécialistes et, après tant de travail, j'ai passé quelques jours que je ne souhaite à personne, jusqu'à ce que Hernan Prat me déclara, qu'en 1942, le 28 Août, sous la direction de Busch et avec les décors de Basaldúa, "Parsifal" commença à 20 h. 15, comme douzième fonction de gala. J'ai respiré de soulagement, et continué de l'avant. Si j'ai mis un an à compiler l'information souterraine sur laquelle je baserais la fidélité de mon roman, il me suffit de huit mois pour le rédiger.

Le 19 Août 1979, il fut présenté au Salon Doré du Théâtre. Je peux seulement comparer mon émotion de cette après-midi-là avec celle de la nuit de "Bomarzo". Le soir de la revanche prise avec Ginastera, la salle magnifique et son hémicycle de fauteuils et loges, s'offrit à nous, parée et lumineuse, au compositeur et au romancier qui s'inclinaient face aux applaudissements. A la présentation du roman "Le Grand Théâtre", ce fut le salon somptueux des entractes et réceptions, celui des vitraux mythologiques, des hauts miroirs et des colonnes aux sveltes chapiteaux qui s'offrit à celui qui l'avait utilisé pour situer plusieurs des épisodes principaux de son livre, salon qui, ce jour-là, s'embellissait de la présence des femmes les plus séduisantes de Buenos Aires.

Je lus un bref discours de remerciement à ceux qui m'avaient aidé de leurs efficaces souvenirs, et me souviens que pendant les pauses, en levant les yeux, j'imaginais que parmi le public, j'étais entouré aussi des nombreux personnages qui circulent dans le roman, que je ne pourrais plus exclure désormais, car ils sont le reflet de tant d'autres que j'ai connus et entrevus, de la "petite histoire" du Théâtre.

***

Un portrait, l'idée d'une ronde dans la coupole, le "libretto" d'un opéra, un roman: tel est, jusqu'à aujourd'hui, ma contribution individuelle au recueil bien nourri d'anecdotes, du Théâtre le plus grand de la République. Si chacun de ceux qui avons été intensément liés à lui pendant les aventures de notre vie (et qui avons quelque chose de personnel à conter), se décidait à consigner le témoignage de son expérience, je pressens que les fruits réunis de non apports hétérogènes, produiraient des richesses insoupçonnées. Peut-être alors comprendrions-nous, que sont et qui sont les fantômes; d'où procèdent les rêves; les traces impalpables de l'espoir et de la désillusion; quels secrets habitants demeurent dans le Théâtre; porquoi nous sentons qu'un spectateur invisible occupe le siège vide, voisin du nôtre; pourquoi, en avançant, distraits, dans un des couloirs déserts du Théâtre Colon, nous savons, soudainement, que nous ne sommes pas seuls.

Manuel Mujica Lainez
"El Paraíso", Mars 1983

LA NOBLE FABRIQUE ET SA SUGGESTION

Malgré tout ce qui a été dit sur le théâtre Colon et son importance, on n'a cependant que très peu cité son architecture, comme témoignage d'une époque qui demeure actuelle.

Le Colon a eu trois architectes, et sans aucun doute, chacun d'eux a exercé une influence sur le résultat final.

Francisco Tamburini, italien, fut le premier, engagé à la fin du siècle pour achever la maison du gouvernement "Casa Rosada", sa conception se perçoit clairement sur l'oeuvre accomplie.

Victor Meano, auteur du Palais du Congrès, continua, avec quelques variations, la proposition du premier. A sa mort, l'oeuvre resta paralysée jusqu'a ce que Jules Dormal, belge, qui dessina le parc de Palermo, prit en main l'achèvement du théâtre.

L'éclectisme du XIXème. siècle se joint, dans notre cas, aux différentes nationalités et différentes formations des architectes qui ont intervenu et pourquoi pas, aux artistes qui ont ajouté leurs créations pour la décoration finale.

Un indubitable sceau italien que l'on perçoit dans ses lignes se retrouve, ce n'est pas étonnant, sur la scène. La France ne pouvait pas être absente, et son influence est palpable dans d'infinis détails; sans doute, c'est cette particulière caractéristique qui date, sans équivoque, chacun des éléments qui apparaissent, tantôt dans la salle, comme dans la réception, dans les circulations et jusque sur les terrasses, —ce dernier lieu presque inconnu des "habitués"— qui forme ce qu'il faut dénominer je crois, le style 1900.

Quelle meilleure preuve de ceci que les élégantes figures féminines qui s'appuient par paires sur les loges d'avant scène, indubitables critiques musicales par saturation, dont les traits, malgré leur apparence classique, répondent comme peu aux canons du moment actuel. Elles sont l'oeuvre du sculpteur Trinchero, responsable aussi des sculptures qui apparaissent sur l'extérieur et qui contribuent, jointes à la totalité, à la personnalité de l'édifice.

Il existe dans celui-ci de nombreux détails qui passent inaperçus, quelques-uns comme les terraces, déjà nommées, aux escaliers en fer texturé, la partie extérieure des coupoles avec leurs protections aussi en fer, qui matérialisent de petits pavillons de la révolution industrielle, dont les portes d'accès aux vitraux nous permettent une vue inusuelle des mêmes, aussi inattendue que celle que l'on a de la salle, de l'intérieur de l'incommensurable lustre central, image inséparable, pour toute une génération du "Fantôme de l'Opera".

Malgré la crainte de trop insister, il est intéressant de remarquer plusieurs détails d'équipement, qui, pour être les originaux, transmettent un charme particulier, bien qu'ils ne soient que simplement utilitaires. Tel est le cas des porte-tuyaux contre incendie, materialisés en une espèce de demi-roue creuse en fer ajouré, d'où émerge le bec en bronze comme un serpent qui attend la musique pour s'élever. Les petites lampes en bronze pour la lumière permanente de la salle ne sont pas moins nécessaires, avec leur globe en cristal et leur casquet conique relevé pour contrôler la luminosité ou peut-être bien aussi, comme salut aux artistes du "bel canto" qui triomphent sur la scène.

Franchir les portes principales du théâtre, signifie se submerger à une différente échelle et s'entourer d'une atmosphère couleur ambre avec un peu de doré, avant d'être happé par les escaliers de marbre, impossibles à dater hors du 900. Cependant, en regardant avec attention sur les rampes, on découvre indélébile, l'empreinte de molusques fossilisés il y a des siècle

et des siècles, effet non prémédité, mais qui ajoute un détail de plus d'un intérêt inespéré.
D'accord avec les propositions de l'époque, le sol du hall au rez-de-chaussée, contemporain de celui de la Cathédrale, est en mosaiques aux couleurs blanches, ocres, grises et bleu gris, et le dessin est cohérent avec l'ornementation et le mobilier de ces années si intelligemment exhaltées par Luchino Visconti dans ses films.
De rien ne vaut, nonobstant, citer tout ceci, si on ne tient pas compte du public qui évolue dans ces espaces en s'intégrant au climat que signifie cette double scène: celle qui permet la représentation des artistes et celle qui réunit les mélomanes et quelques snobs suivant le rite du spectateur qui se déplace, des salons de réceptions au grand salon avec ses loges pour veuves, choses incroyables pour des êtres aussi "évolués" que les contemporains.
C'est précisément la salle qui garde encore avec ses loges, coffres à bijoux aux rideaux de velours recueillis sur les murs comme une jupe pour descendre d'un carosse, et parmi elles, les parfumeurs contre le mur et les cendriers en bronze pour cigarres, des témoignages de coutumes malheureusement difficiles a maintenir.
Nos amies, les vénus des loges avant-scène ne sont pas seules dans les hauteurs; près d'elles dans l'arc du proscénium, plusieurs chérubins peints en rose-sépia couronnent l'immense rideau qui, au moment précis où, en progressive diminution s'éteignent les lumières de la salle, s'ouvre sur la promesse du spectacle.

José María Peña

AU SUJET DES OBJECTIFS DE L'INSTITUT SUPERIEUR D'ART DU THEATRE COLON

Savoir créer un centre musical de l'envergure du Théâtre Colon de la Ville de Buenos Aires fut une oeuvre remarquable.
Savoir prévoir que cet Institut serait nécessaire —au début de la vie de ce grand Théâtre en pleines années 1920— que là même commenceraient à se former les artistes nationaux du futur, c'était avoir une vision noble et juste digne d'esprits généreux.
L'objet de l'Institut Supérieur d'Art du Théâtre Colon: former des talents. Orienter des artistes. Aider à définir des vocations: chanteurs, régisseurs, maîtres internes, souffleurs, habilleurs.
La réussite de cette finalité signifie une tâche écrasante qui comprend divers aspects: sélectionner des candidats para leurs aptitudes spécifiques pour chaque activité; les doter d'informations et de techniques adéquates à leur meilleure expression; les affirmer aux moments de conflits techniques vocationnels et même professionnels; les doter de la discipline nécessaire pour se connaître eux-mêmes, s'accepter et se réaliser comme professionnels de l'art; les préparer pour travailler en groupe.
Les points que nous énumérons ici, sont seulement des aperçus du travail de la formation complexe et changeante de l'éducation des artistes.
Changeante, parce que rien n'est plus labile qu'un artiste, surtout pendant l'étape de sa formation. Les peurs et les insécurités se succèdent et doivent être rassurées et orientées.
Complexe, parce qu'elle doit être envisagée sans concessions démagogiques ou autres. Parce que, quand il s'agit du produit esthétique, il n'y a pas —ni ne doit y avoir— d'autres raisons que les esthétiques comme paramètre maximum. Pour cela, l'interprète sera formé dans la conviction, dans la validité, dans la qualité de ce qu'il fera comme artiste et dans la recherche constante de sa perfection.
Ce n'est pas facile de l'être. ARTISTE. C'est encore moins facile à former. Il faut compter sur des professionnels de l'art qui soient capables de le sentir et de le *transmettre.* MAITRE. Une attitude de réflexion et d'évaluation constante dans celui qui donne, dans celui qui oriente, qui conduit, qui explique les "comments" et les "pourquois". Tout cela implique des approximations philosophiques et méthodologiques qui absorbent le temps et l'énergie des maîtres et directeurs de l'Institut Supérieur d'Art du Théâtre Colon.
Attitude constante de réflexion et d'évaluation. Cela veut dire que les maîtres apprennent avec l'enseignement, parce que les étudiants qui assistent aux classes de l'ISA —savamment placées dans l'édificé du théâtre même, pour que l'imprégnation formative soit maximale— méritent la quote d'humilité nécessaire de la part de leurs maîtres qui garantisse leur propre supération. Comme maîtres: évitant les routines innécessaires, travaillant en fonction des individus et de leurs réussites personnelles, note caractéristique d'un procès de formation qui s'adresse surtout à des êtres d'une extrême sensibilité.
De ce qui a été dit ci-dessus, on peut déduire qu l'ISA vise à un travail d'équipe auquel l'aspect organisateur de l'Institut n'est pas étranger. Au cours de la vie de l'Institut cette réussite s'est perfilée peu à peu et, plusieurs fois, concrétisée.
Une opéra, un ballet, une mise en scène désorganisée? Difficilement on obtiendrait le sommet de l'art —le chef d'oeuvre— dans une telle atmosphère. Pour cela, l'objectif de l'Institut du Théâtre Colon est de former des éléments humains, des artistes, des professionnels capables et dispos pour donner tout d'eux mêmes, pour que les fonctions et les spectacles qui leur soient confiés, se rapprochent continuellement, atteignant autant que possible cette mesure; la dimension du chef d'oeuvre.
Pour cette raison, l'Institut pratique un enseignement à portes ouvertes, où les élèves apprennent à comparer divers points de vue, à découvrir et évaluer d'autres criteriums, à vivre dans le milieu de la production de spectacles, dans la Capitale Fédérale, dans les provinces et à l'étranger. Telle est une mission à laquelle doivent répondre selon les niveaux, les élèves qualifiés marqués par la maison mère, para le Théâtre, duquel ils sont de continuels récipiendaires et tributaires, étant donné l'étroite coopération qui marque indélébilement les étudiants et les maîtres.
Sans aucun doute, l'on collabore à la gloire du Théâtre Colon par l'accomplissement de la fonction que développe son Institut Supérieur d'Art.

Ana Lucía Frega

LE COLON, L'OPERA ET SES RACINES

Quelle place occupe le théâtre Colon parmi les grands théâtres lyriques du monde? Voilà une question que l'on m'a posée bien des fois et que peut-être, vous aussi cher lecteur, vous êtes parfois posée. Comme je crois que mes idées sont assez claires concernant ce sujet, j'ai toujours répondu sans hésitation: parmi les premiers. Il faut peut-être que j'avertisse, que si je n'ai pas osé préciser la situation exacte du Colon dans ce cercle choisi, c'est parce que je me suis refusé à inclure le sujet dans un exposé "bizantin". Cependant, aucune affirmation, aussi catégorique soit-elle n'est valable par elle-même, mais en fonction d'un raisonnement qui la garantit. Dans ce cas, les raisons foisonnent; mais avant de m'y référer, je crois indispensable de clarifier pour une meilleure compréhension du concept, que ces considérations se rapportent exclusivement au Colon —Théâtre d'Opéra— en faisant abstraction d'autres activités trascendantes et artistiques qu'il réalise régulièrement, comme les concerts et le ballet, les deux manifestations ayant marqué des dates mémorables dans les annales de notre théâtre. Quoiqu'il en soit, le Colon doit la célébrité et le prestige internationaux dont il jouit, non pas à ces manifestations, mais à son itinéraire brillant dans le cadre de l'Opéra.
L'Opéra, cette antonomase que les italiens ont utilisé pour désigner le théâtre chanté, suprême invention de la Renaissance tardive, laquelle le jésuite espagnol Esteban de Arteaga, exilé en Italie et ami intime du Père Martini, dans son étude remarquable sur la révolution du théâtre musical italien, appelle "le dernier effort du génie humain".
En conséquence, sur quelle base repose l'affirmation que le Théâtre Colon est un des premiers théâtres d'Opéra du monde? Est-ce sa majestueuse beauté architectonique, modèle d'éclectisme, d'équilibre et de bon goût? Sans doute, le Colon est un des théâtres d'Opéra les plus beaux, sinon le plus beau parmi ceux de sa catégorie. L'extraordinaire et presque miraculeuse acoustique de sa salle? Des experts internationaux l'ont considéréе parmi les plus parfaites qui existent comme théâtre d'opéra. Son usage fonctionnel, du point de vue des exigeances du spectacle lyrique? Le Colon possède en dépit de certains manques dans son dispositif scéno-technique une infrastructure et un matériel humain qui lui permettent d'envisager les productions scéniques les plus complexes avec un haut degré d'efficacité. Peut-être, par le fait que c'est un témoignage vivant, palpitant, d'une tradition lyrique qui débute à l'éveil de la musique dans l'ancien village colonial? Ou bien, le fait d'abriter dans ses murs glorieux les plus resplendissantes étoiles du chant de l'opéra? Peut-être, l'ampleur des objectifs qu'il poursuit dans l'ordre culturel, en développant un vaste répertoire, sans limitations d'écoles ni de sources esthétiques et que ses paires du monde considèrent exemplaire? Ses propos de formation alimentés par une école d'opéra qui

lance aux arènes de nouvelles promotions d'artistes lyriques, ou bien l'expérience et l'excellence de ses corps artistiques et techniques entrainés à des défis renouvelés sous la conduite de grands maîtres, dont les enseignements ont fructifié comme des semences?
Le prestige international du Théâtre Colon, non égalé par aucune autre institution culturelle du pays, et la situation de privilège qu'il occupe parmi les grands théâtres d'opéra, se doit à la somme de ces raisons et à d'autres encore, dont l'énumération, pourrait être considérée excessive maintenant.
Je voudrais, cependant, mettre seulement en relief deux d'entre elles qui constituent, selon mon opinion, le nerf moteur de ses puissances matérielles et humaines.
Faute d'une meilleure définition, je dirais que le Théâtre Colon a une âme; une âme qui lui donne la force et l'esprit nécessaires pour atteindre les buts les plus ambitieux. J'ai vu ses gens, sans distinctions de catégories —artisans anonymes du spectacle— fêter comme un événement personnel son succès, et de même, j'ai vérifié leur émouvante peine, quand les résultats n'ont pas été favorables. Cette union substantielle, ce profond sentiment d'amour pour le théâtre, est une des clés intimes de sa grandeur et de son style. Une infinité d'artistes lyriques, plusieurs d'entre eux illustres et provenant de toutes les latitudes, m'ont manifesté que le climat que l'on respire au Théâtre Colon est unique, et que, tout en créant les conditions de travail idéales, il constitue pour eux une forte motivation.
La deuxième mais non pas la moins importante— consiste en de puissantes racines qui l'unissent avec les sources d'une culture qui nous appartient par une héritage légitime et par vocation, et dont le Théâtre Colon est une expression artistique singulière et authentique. Je remémore quelques vers de notre poète, Francisco Luis Bernárdez, qui viennent à propos, et je ne puis résister la tentation de les reproduire ici, bien que je ne me souvienne pas les mots textuellement. Voilà le concept: "Ce que l'arbre a de fleuri, il l'a, par ce qui est enterré".
Lorsque j'ai occupé pour la première fois un fauteuil à la Scala de Milan, à l'Opéra de Vienne, dans d'autre importants théâtres lyriques européens, je n'ai pas senti l'intense émotion qui m'envahit, quand à mon retour j'ai franchi les portes du Théâtre Colon pour m'interner dans sa magnifique salle, que je fréquente dès mon enfance et où m'a été révélé le monde fascinant de l'opéra. En parcourant, bien des fois, les théâtres lyriques du monde, j'ai appris qu'un spectacle d'opéra au Colon est une expérience quasi inégalable.

Enzo Valenti Ferro

ECLAT ET PENOMBRE DU BALLET

Le ballet du Théâtre Colon et ses protagonistes: Voilà de quoi il est question. Dans l'image déjà nostalgique du temps, il y a des noms inscrits qui, pour ainsi dire, n'ont changé que de visage, de personnalité, de quota de talent. Les illusions, durant ce 1925, l'an de sa fondation, furent les mêmes qui, aujourd'hui, encouragent la vocation des nouveaux danseurs.
Blanca Zimaya, Leticia de la Vega et Dora del Grande, eurent, oui, l'honneur d'être les premières danseuses du Premier Ballet Officiel du Théâtre Colon. De vieilles photos jaunâtres les montrent accompagnées du ballet, éblouies de sourires d'espérance, en tunique à la grecque, les jambes nues et de légers chaussons de danse, comme s'était l'usage de s'habiller, à cette époque-là, pour les répétitions.
Dans la décade antérieure, les figures qui rendirent le ballet universel sont passées par la scène du Colon: Nijinsky, Pavlova, Spessitseva, Karsavina. Les premiers danseurs argentins brûlaient d'enthousiasme à leur souvenir. Dans les débuts de la compagnie, la main d'Adolf Bolm créa le succès initial de la chorégraphie; Bronislava Nijinska lui succéda, suivie par la pléiade des chorégraphes les plus ressortissants du XXème. siècle.
Parmi d'autres, nous trouvons Michael Fokin, Boris Romanoff, David Lichine qui montèrent leurs oeuvres, et dans la succession de noms étrangers, un qui devint nôtre: celui de Margarita Wallman qui arriva de son Autriche natale pour forger, avec particularité la nouvelle "troupe". Egalement, sur leur passage, George Balanchine, Léonid Massine, Aurel Millos, Serge Lifar, Tatiana Gsovsky et Antony Tudor laissèrent leurs traces.
Il y eut d'autres noms dans le firmament national, au cours des années, lançant des danseurs et des danseuses qui commençaient à donner une forme, un style, une empreinte de ce qui est argentin: Maria Ruanova, Mecha Quintana, et il y eut des maîtres de ballet, comme la vénérée Esmée Bulnes. Comme toute histoire humaine, celle-ci fut tissée par l'éclat du triomphe et l'amertume de l'échec, la félicité d'un instant contre la martyre journalier de la discipline. Des corps endoloris par le travail infatigable et immolés dans l'extase de la représentation féconde. Le ballet se pétri de poésie, de nue expressivité, un esprit en scène qui, on le sait, est une synthèse de sueur et un extrait d'amour, de furie et d'obstination, outre la quote du génie.
Cher Théâtre Colon, chimère de rêves,de pointes, de pirouettes et de sauts, de tradition et de rénovation.
Ainsi persistèrent les hordes de ce ballet et tous ceux qui furent les exemples de la génération actuelle continuèrent ces répétitions dans la "rotonde". Esmeralda Agoglia, Michel Borowski, Olga Ferri, Enrique Lommi, Wasil Tupin, Irina Borowska, les abruptement absents à cause d'une mort cruelle, Norma Fontenla et José Neglia, chacun brûlant d'un feu distinct et d'une individualité dévastatrice. Cette même salle circulaire du Théâtre, cette "rotonde" insalubre, jamais baignée par la lumière naturelle, est le lieu unique de rendez-vous du corps de ballet, aussi bien d'hier que d'aujourd'hui.
Les temps changent: les danseurs oublient la formalité des classiques maillots noirs et se chargent de vêtements disparates, sympathiques, multicolores. D'énormes pullovers, des bas en laine, des vêtements de plastique pour les jambes ou le ventre, des "maillots" en lycra, des bandeaux, des foulards, des kimonos, des jupes hindoues, des chals noués, des vestes trouées, des genouillères, des jupes de tulles décolorés, des sacs gigantesques contenant un monde de choses utiles et ne servant à rien, et après, les régimes avec d'abord le "yahourt", la carotte râpée, les oeufs durs, la viande rôtie. Des cheveux longs pour eux; des permanentes pour elles; d'autres les cheveux très courts et les moins, les cheveux attachés à la "danseuse".
Le danseur professionnel n'est plus un être d'un autre monde; il est comme les jeunes des rues, habillé en "jeans" et "tennis". De fonction en fonction, il s'habille de tulles, de brocarts, de dentelles, de satins, de velours. Il se transporte à d'autres siècles, à des royaumes de fantaisie, à des drames lacérants. il souffre, il est heureux, il aime, il meurt, il renaît à chaque spectacle. il danse, voilà sa vie, et à travers la danse il forgera son propre épanouissement.
De Marius Petipa à notre Oscar Araiz, un seul chemin conduit au même amour. Dans le répertoire, déjà se coudoient entre-eux, les romantiques, les classiques, les néoclassiques, les modernes, les contemporains, les folkloriques, les locaux. Des styles et des lignes absorbés par une compagnie sans frontières qui a besoin d'être internationale, mais qui est, avec honneur, le produit de chaque pas de ballet dansé par ses innombrables intégrants depuis son origine, le produit de tout celui qui voue son âme à l'art et qui erige avec son travail, avec son amour, une part du Théâtre Colon et de tout son Ballet en entier.

Silvia Gsell

LA PRESENCE DE LA MUSIQUE PURE

Aujourd'hui encore, Buenos Aires manque d'une salle de concerts, comme d'autres villes du monde en ont. Le besoin d'un complexe musical d'accord avec une activité entremêlée de concerts réalisés d'années en années, par de multiples organismes officiels et privés qui datent d'il y a plusieurs années —1920— se développe. Par force, cette activité musicale, qui comprend la musique symphonique, l'oratorio, la musique de chambre, le récital de solistes, dans toutes ses dérivations imaginables, s'est fixée dans la salle la plus belle et de la meilleure acoustique, de l'atmosphère la plus noble et représentative. Ce fut ainsi et ne put en être autrement que le Théâtre Colon se transforma, sous le poids de ces circonstances, jusqu'à maintenant insurmontables, en un centre obligé de tels répertoires; et ce fut en vain de les déraciner de cette salle, prédestinée par son atmosphère et sa tradition à abriter la présence de ces réalisations d'une singulière transcendence.
Le Théâtre Colon fut construit comme une des plus luxueuses enceintes du monde, à un moment de grande prospérité de l'Argentine. Son histoire est l'évolution de l'art musical dans notre pays. A l'origine, de temps à autre; mais plus tard organisée avec davantage de cohérence, la réalisation de concerts comprend, après 75 ans de l'inauguration de la salle la plus grande d'Ibéroamérique, son essence et sa présence, et évoque constamment, l'écho perdurable d'événements qui vont au-delà de l'éclat momentanée et restent dans la mémoire immarcescible d'expériences sublimes.

Apparemment, par sa taille et son volume, le Théâtre Colon ne sert que pour les concerts orchestraux et symphonico-chorales, comme un complément cohérent de sa fonction spécifique de cultiver l'opéra et le spectacle chorégraphique. Par force, depuis les premiers essais de concerts symphoniques occasionnels, quand cette dédication à un répertoire de "musique pure" était encore momentanée, des cycles de concerts signifiant le couronnement de succès pour les successives saisons théâtrales, s'établirent dans son arc doré. Ces cycles dans la salle du Colon s'originèrent en 1920, après de promisoires prolégomènes, par les concerts que dirigea Richard Strauss, exécutés par un orchestre spécialement intégré pour ce génial compositeur et admirable interprète symphonique.
Depuis l'exisence d'un orchestre d'Opéra au Théâtre Colon, en un corps stable constitué selon les règlements, s'imposait la réalisation périodique de cycles symphoniques qui adaptèrent, peu a peu, le goût du public à de telles manifestations, et servirent pour "accorder" et coordiner l'utilité professionelle d'un organisme qui, durante plusieurs années, fut le seul à posséder un si haut niveau dans la capitale argentine. Les visites succesives de l'Orchestre Philharmonique de Vienne en 1922 et en 1923, activèrent la demande de ces expériences, de la part d'un public chaque fois plus avide de s'intégrer aux oeuvres remarquables du répertoire symphonique le plus insigne. Ici nous pouvons mentionner, que seulement depuis 1947, Buenos Aires compta sur un orchestre symphonique, l'actuelle "Philharmonique", municipale dès ses origines, et après incorporée d'une facon stable au Théâtre Colon, détailler l'avidité du public et documenter la répercussion de chacun de ces événements. S'il s'agit des cycles de toutes les sonates de Beethoven, que plusieurs grands pianistes, comme Backhaus et Arrau, entre autres, ont joué dans cette salle, considérée magique par eux aussi; ou de la promulgation des oratorios et passions de Händel et de Bach; ou de l'inéfable présence des Enfants Chanteurs de Vienne (depuis 1936); ou d'ensembles de musique de chambre (depuis les quatuors jusqu'aux orchestres réduites); ou d'insignes "liederistes"; tout indique que cette salle a été durant 75 ans, l'axe de la musique instrumentale et vocale aux formes pures et de sublime contenu.
Dans la grande salle, celle du Théâtre d'Opéra, les concerts des artistes définitivement consacrés, dans le splendide "foyer" protocolaire du "Salon Doré"; les cycles d'extension culturelle, avec la présence de conférenciers, comme activité collatérale de diffusion culturelle, à entrée gratuite, mais non moins importants et, y compris, dans la salle de répétitions d'opéra Neuf Juillet, au troisième sous-sol, les initiations à la musique de tous genres pour étudiants secondaires, ajoutèrent leur note spéciale aux inéfables expériences vécues sur le terrain de la musique. Si on passe, le matin ou l'après-midi de bonne heure, ou avant le début d'un concert, dans les "foyers", dans les corridors des loges, dans les escaliers, on tombe sur des musiciens qui accordent leurs instruments, qui répetent encore des passages de leurs "particelle", de facon à ce que les échos de tant de sonorités d'harmonies parfaites peuplent incessamment les infinis labyrinthes de ce Théâtre prédestiné, comme peu au monde, à abriter tant d'expériences sublimes et diversifiées.

Juan Pedro Franze

LE SILENCE DE L'ARTISAN

On a chanté les louanges des gloires de la scène avec justice; les artistes du chant et de la danse, les virtuoses de la musique, les illustres ensembles instrumentaux; maintenant il reste à garder un émotif souvenir, à rendre un juste hommage, qui n'est pas le moindre.
Dans les entrailles de la terre, dans les infinis dédales des souterrains, couloirs et enceintes vit tout un monde dévoué et fidèle qui rêve, imagine, créé par dessus toutes choses.
Dans les souterrains du Colon, une histoire ignorée s'écrit. Là aussi se manifestent ses triomphes. Peintres, dessinateurs et sculpteurs, couturières et tailleurs, cordonniers, coiffeurs, charpentiers . . . Une armée bigarrée de profesions —arts et artisanats— est convoquée par l'insatiable et contradictoire monstre du Théâtre.
Là, nous observons une tâche pathétique et magique. Ces artisans et artistes n'imaginent pas pour eux; ils subissent le processus créateur pour d'autres, pour les chanteurs du "bel canto" ou les "ballerines" immatérielles, surhumaines. Jamais ils ne porteront les diadèmes et cètres parés de bijoux; d'autres vêtiront les ailes de La Sylphide, la pesante cape de Boris ou les symboles du pharaon égiptien.
Je pense que peu de monde connaît et encore moins imagine ces trois mystérieux sous-sols du théâtre Colon, aussi bien que ses lointaines lucarnes. D'immenses dépôts qui abritent des costumes et rideaux d'innombrables productions —quelques unes définitivement oubliées— et où s'affrontent dans un chaos éblouissant, les têtus hispaniques pour "Le Retable", les "madonnes" en papier mâché, le clavecin muet de "Werther" et les icones chargés de pierreries. Dans chaque cache, pleins de quiétude, ils attendent gravement les heures décisives de la scène.
Ils s'ordonneront à travers la sélection et la prestidigitation des accesoiristes et peintres, tandis que les "maquettes", miniatures prodigieuses, sont interprétées sur de subtiles éléments plastiques pour recouvrir l'immense scène du Théâtre. Imaginons, ainsi, l'émotion qui pénétrera celui qui réélabore le style paysagiste de Ciceri pour "La Fille du Danube", celui qui récrée les éblouissants reliefs de Babylone pour "Nabuco" ou essaie de dévoiler la forêt enchantée de "La Belle au bois dormant".
D'humbles mains, malhabiles en apparence, mais d'une rare finesse technique, ont permis le miracle d'une génération à l'autre. Les mains qui ont placé, émotionnées, une perle sur la coiffure de la Muzio ou une broche sur la jaquette de Gigli, sont en essence, les mêmes qui transforment les traits des nouvelles étoiles par la magie du maquillage ou couvrent leurs corps d'oripeaux fantastiques.
Ce triomphe des créateurs cachés du spectacle, serait impossible, sans un acte d'humilité et de révérence de leur part. Chacun paraît deviner par intuition chez l'artiste, la présence sacrée, le don, la grâce; et ils offrent à cette qualité impondérable leurs rêves les plus précieux, ce qu'il y a de plus délicat dans leur imagination.
Avec eux, il reste encore les simples hommes de la scène: machinistes, accesoiristes, luminotechnitiens; la célérité de ces muscles disciplinés résoudra, en peu d'instants, le palais romain de "Cellini" ou les modestes quartiers de "La Bohème". Ces hommes traversent avec la même sécurité, aussi bien les rues moscovites que les châteaux enchantés; rapidement ils placent le tombeau de Giselle et le lit nuptial de Juliette.
Ils doivent aussi passer outre sur l'angoisse des minutes et secondes implacables qu'établie le compositeur, et un changement de scène est une prouesse impécable qui ajoute à la perfection intégrale de chaque pièce.
Le labyrinthe de ponts et cordages, colonnes de lumières et reflecteurs connaît cette inquiète corporation d'hommes du théâtre. Recouverts de costumes de travail, créés sans poésie, ils sont cependant, plus près que n'importe quel spectateur, du monde intime de l'art. Ils n'envient ni le cygne royal ni le Prince Sigfried qui passent a côté d'eux; ils sont heureux d'avoir partagé avec ces artistes, des instants de rêve et de matérialiser, de magnifier ce rêve sur la scène du Théâtre Colon, pour nous tous.

Angel Fumagalli

CONSIDERATION FINALE

Je voudrais faire un bref récit du bonheur que j'ai ressenti durant les longs dix mois pendant lesquels j'ai pris les photographies et j'ai élaboré ce livre.
Je suis passé par bien des états d'âme: les premières visites de travail et la familiarisation avec le théâtre m'ont révélé un monde si distinct et fascinant, que j'ai vécu dominé par l'émotion qui obstaculise le propre contrôle, qui désespère en pensant que certaines limitations techniques et logiques, même avec les meilleures appareils photographiques commes les utilisés, empêchent certaines images éblouissantes d'être saisies.
Au début, j'ai commis beaucoup d'erreurs: je savais clairement le "climat' visuel que je cherchais, mais il fallait ajuster divers aspects techniques et surtout dominer cette émotion. J'ai enfin, commencé a voir les résultats en concordance avec mes souhaits: mon atelier, envahi par des rubans de films, a adapté sa plysionomie aux circonstances et, loupe en main, j'ai découpé des centaines de photos incorrectes.
Ainsi, plus confiant, plus sûr de moi, je préparais mes trois LEICA dernier modèle, et avec treize kilos d'équipement, quelques fois flanqué de mon assistant, j'enfilais vers le théâtre. Maintenant j'avoue que j'arrivais aux répétitions et aux fonctions dans un état d'épuisement total.
Cinq cents ou plus de photos par jour, le manque de lumière, la température, la tension et mon ignorance d'un thème aussi spcialisé rendait ma tâche épuisante. Mais, une fois sur la scène, et voyant les visages aimables du personnel qui me saluait et de quelques artistes qui s'étaient déja habitués à

ma présence, je retrouvais la force dont j'avais besoin pour me sentir mieux. Le Colon est, à ma connaissance, le lieu qui renferme le plus de magie. A tout moment et dans n'importe quel endroit, des choses insolites se passent . . ., je me prépare, je charge mes caméras, je commence à photographier, pendant que sur la scène on ordonne et commence le spectacle. A partir de là plus rien ne pèse, la fatigue s'oublie, une vibration me domine et je me sens l'être le plus heureux et privilégié du monde.
En prenant les photos, je me déplace avec une absolue liberté n'importe où, essayant de ne pas déranger, car il existe une tension compréhensible parmi le personnel du théâtre, et il est absolument nécessaire de respecter les indications et de se guider continuellement par un sixième sens.
Etant moi-même un artiste plastique, totalement dédié à ce qui est visuel, je retiens dans mon esprit, des milliers d'images et de lieux que j'ai connus et imaginés, mais la quantité et la beauté de ceux que m'a offert le Colon dépassent ce qui est concevable et se place sur un plan de magie-picturale.
Dans les salles de répétitions de ballet de l'Institut d'Art Supérieur comblées de figures stylisées, la lumière filtrée qui se projette des fenêtres, se reflète sur les multiples glaces, le rythme musical est permanent, les expressions délicates des visages, les positions invraisemblables des corps et la plasticité de l'ensemble sont le summum pour un photographe, sans oublier les scènes où les élèves de la classe de caractérisation transforment leurs visages en masques couverts de dessins et de couleurs exotiques des personnages de fiction.
Dès le commencement, j'ai décidé de registrer sur mes photographies, la lumière réelle de chaque endroit, dans le but d'éviter que le résultat soit étrange aux personnes qui vivent dans le théâtre, et pour que le lecteur puisse partager la vision des endroits auxquels il n'a pas accès. On pourra observer ainsi, dans la série de photos prises dans la salle de répétition de ballet (appelée "la rotonde") un ton prédominant bleu-verdâtre et un abondant degré de pénombre; je n'ai pas voulu non plus dans les loges, modifier l'intensité des lumières frontales ni le désordre naturel des objets personnels qui existaient là. Le travail sur la scène a été très difficile, étant donné la variété d'éléments d'illumination utilisés qui, naturellement, diffèrent pour chaque oeuvre et qui, pendant les fonctions, présentent de permanents changements d'intensité et de couleurs, compliquant, à cause de la baisse du niveau de luminosité et le mouvement constant des artistes, l'obtention de bons résultats. Mais chaque parcours, à travers les endroits les plus cachés du théâtre, malgré le probléme posé par la pénombre, a apporté des découvertes inoubliables; les dépôts où vivent ensemble les masques, les chevaux, les dragons, les têtes de mort et les trains, les inmenses ateliers où l'on perd la notion du temps, et où, en percevant un note lointaine et en sentant la nécessité de chercher sa provenance, on trouve enfin, un musicien en train d'accorder un instrument dans un vestibule voisin de la salle.
Je désire exprimer ma profonde reconnaissance aux autorités du théâtre qui m'ont laissé travailler avec absolue liberté, à mon ami Mujica Lainez, qui m'accompagne avec son talent pour composer notre cinquième livre, aux spécialistes qui on préparé d'importants points de vue sur la structure et les discipines du théâtre et à l'équipe de collaborateurs directs qui, avec foi, ont parcouru le chemin qui me permet aujourd'hui de vous affrir cette nouvelle oeuvre.
A l'intérieur de cette ville-théâtre, les images, les sons, les mouvements et leurs mystères continueront à attendre, pour que d'autres artistes, comme moi, s'intéressent à eux et les découvrent aussi, à leur manière.

A. S.
Mars 1983

*

I MIEI RICORDI DEL TEATRO COLON

Avevo circa sei anni (avveniva, questo, presso a poco nel 1916) quando mi condussero per la prima volta al Teatro Colòn. Per fortuna,in quella circostanza veniva data "Aida". Fu propio grazie ad essa, attraverso il fascino della sua musica e della sua ricchezza coloristica che il teatro mi conquistó: per sempre.
Entrai in lui, bambinetto stupito, fra un clamore di trombe, introdotto dalla calda mano di Verdi. Non avrei davvero potuto entrarci meglio; fu come un incantesimo! Dopo tanti anni, ancora oggi ogni volta che assisto al trionfale ritorno de Radamès, pur sempre è quel la emozione (tanto vecchia e tanto giovane!) che mi entusiasma e mi commuove.
Naturalmente, mi fu necessario un notevole lasso di tempo per arrivare a valutare bene ciò che il teatro Colón significhi.
Poco a poco la sua condizione di favoloso luogo dove è possibile la magía si arricchì, senza mai perdere questa meravigliosa, essenziale caratterística, con l'aggiunta di ciò che questo teatro rappresenta per il nostro Paese. Buenos Aires, ed attraverso essa, la Republica, è signara e padrona di vari sontuosi "specchi" nei quali la parte più ilustre del suo spirito si riflette e si esalta.
Noi ci affacciamo a questi specchi con giustificata vanità, e le immagini che ci offrono ci inducono, o al meno dovrebbero indurci, ad essere degni della loro alta condizione e di ciò che sognarono quelli che crearono quest'ultima. Uno di questi abbaglianti specchi è il Teatro Colón. Tutto, in lui, dall'equilibrata maestá della sua architettura e delle sue decorazioni e il nobile stile di vita che il suo splendore racchiude fino alla sua lunga storia di Arte eccelsa, tutto parla al nostro animo della fede nella grandezza argentina che seppero nutrire in sè quelli che settantacinque anni or sono lo costruirono. . . È sufficiente il mero fatto della sua esistenza, perché possa arrivare a imporre un "tono" di vita.
Mentre uno lo visita, sente nella parte più profonda della propia sensibilità che il Colòn occorre "meritarselo"; e che, così facendo, si corrisponde a quella speranza di raggiunta grandezza che ispirò i nostri predecessori. Simbólicamente, si compendia nel Teatro Colòn il vigor patrio del 1908; il fervore di un Paese di prospera realtà intellettuale e materiale. A partire dal lusso squisitamente mondano dei suoi palchi e della sua platea fino ad arrivare alla semplictà delle sue gallerie e del suo loggione, i più diversi strati sociali hanno trovato posto nella sua vastità che tutti li abbraccia. A nessuno che veramente lo desiderasse, mancò poter godere della meraviglia del suo spettacolo e lui stesso formarne parte; perchè nel Teatro Colòn —quello dei grandi momenti— lo spettacolo proviene tanto dal proscenio quanto dalla sala; in quanto entrambi integrano una sola armonía.
Dio voglia che, a nostra volta, ci si possa considerare degni di tanta magnifica bellezza! perché ciò indicherè che il Paese, il nostro Paese, continua ad esser degno di questo e di altri simboli, che riaffermano —nel superbo ritmo delle loro strutture— con suggestione silenziosa, lezioni durevoli di certezza nella trascendenza del futuro argentino.
Di me stesso posso dire che sono tornato più volte durante tutto il corso della mia vita, a questo caro Teatro; e che in ogni occasione nella quale con lo sguardo abbracciai la gloriosa sala, o che ciò avvenisse dal parapetto di un palco o appoggiato alla ringhiera delle località più alte, non una sola volta accadde che non tornassi a provare l'impressione allucinante che il tempo, anzi! i tempi, tutti assieme lievitassero nello spazio incendiato da mille luci; e senza che il mio sguardo credesse scoprire, qua a là mascherati dalle vibrazioni oro e rosa delle balaustre e dei tendaggi e in un vacillante cambio di mode, i lineamenti di volti ammirati; anche se svaniti dalla vita. Le presenze memorabili, le presenze che contribuiscono a dar carattere a un determinato luogo e che, in certo modo, lo completano fino al punto, esse stesse, di incorporarsi alla sua misteriosa anima, sono —appunto— da un tal luogo inseparabili; e chi affini la sua capacità di percezione, troverà un loro indizio —leggero— insinuato in un trèmito d'ombre e di fugaci apparizioni. Il Teatro Colòn possiede questa segreta ricchezza, così sua!' e per sempre; simile al movimento del fastoso sipario che all'aprirsi raccoglie le sue grandi pieghe come insinuasse una riverenza al pubblico.
Ma ora siamo dentro al Teatro! e il mormorio delle conversazioni al quale si mescola, sottile como fatto di sospiri, quello di voci trascorse e di ventagli invisibili, cessa dovunque: il Direttore èe salito sul podio e le sue braccia alzate hanno svegliato gli strumenti nascosti.
Si è andata oscurendo la Sala, fino a che, improvvisamente, prodigiosamente, la musica l'ha illuminata.

***

Dentro ciò chera sto scrivendo, seguendo il suggerimento del mio amico Aldo Sessa, non c'è posto per tracciare una storia lirica del Teatro Colòn; e neppure posso avventurarmi in profondità tecniche per ben acompagnare le fotografie di questo eccezionale artista.
Non saprei farlo.
In questo libro tale compito deve rimanere riservato a degli specialisti con giusti titoli, nozioni ed abbondante esperienza. La circostanza di esser stato un assiduo frequentatore del Teatro, certamente non è sufficiente ad

ottenermi un diploma di melomano!
Vero è invece che la mia relazione col teatro proviene tanto dal piacere che la buona musica ed il buon canto producono, quanto dalla felicità che per quanto mi riguarda, scaturisce dalla sua particolarissima atmosfera. Propio lí ho avuto la fortuna —nel corso di molti anni— di poter applaudire stupendi cantanti, direttori, esecutori e ballerini. Ebbi abbonamenti per il loggione e potetti anche approfittare di palchi, per una specie di eccezionale fortuna. Ciò accadeva quando ero Direttore Generale di Relazioni Culturali, nel Ministerio degli Affari Esteri. Quell'incarico in quell'epoca quasi soltanto onorifico, era pero accompagnato dall'invidiabile favore della libera disponibilità di un palco nel Teatro Colòn.
Da lí, tenendomi a fianco, in certe occasioni, un decorativo addetto culturale straniero (con turbante quando mi fosse stato possibile), completai comodamente la mia sapienza operistica; e quando abbandonai quelle funzioni ministeriali, se è pur vero che persi quel palco ne guadagnai un altro al quale avevo diritto; quello della Accademia Nazionale delle Belle Arti e me ne valsi frequentemente per molto tempò assieme ad uno scultore che seminò Buenos Aires di monumenti; José Fioravanti.
Tenterò ora di abbozzare un elenco delle grandi figure che vidi sfilare sulla scena del Colòn. Cominciando dall'epoca nella quale noi, quelli della mia generazione, eravamo ragazzoni vanagloriosi dei nostri fiammantti "frac", delle nostre pettinature "alla gomina" e del nostro futuro; e sbirciavamo (nascondendoci dietro i programmi, che tenevamo aperti) le ragazze di buona famiglia nell'ingioiellata penombra del teatro.
So bene che dimenticheró molti artisti di rilevante importanza. E so bene che, per questo motivo, gli esperti giustamente mi criticheranno. Ma non importa! mi azzarderò lo stesso a comporre una lista, con buona volontà anche se non con altrettanta buona memoria, sia pure un po' confusa ed incompleta, perché credo possa suscitare negli animi una imprescindibile risonanza ed anche se zoppicante sarà sempre sufficiente un tale elenco perché chi legge queste righe possa apprezzare, se è giovane, quello che ha perso e se giovane non lo è, allora che si vada saturando di nostalgia! Claudia Muzio, Beniamino Gigli, Lauritz Melchior, Renata Tebaldi, La Schwarzkopf, Lily Pons, María Caniglia, María Callas. Chaliapin, Fedora Barbieri, Birgit Nilsson, Victoria de Los Angeles, Christoff V. Serge Lifar, Tumanova, Markova, Nurejev... Ho avuto l'onore di vedere Manuel de Falla e Stravinsky dirigere le loro opere; e quanto a Stravinsky, ricordo quando la voce di Victoria Ocampo riempí la sala, declamando i versi de André Gide per "Perséfone" e, molto da vicino, da un palco di "avant-scène" osservai Toscanini dirigere l'orchestra più con i suoi terribili occhi, che con la bacchetta; e anche Hindemit, e Weingartner... E pianisti e violinisti famosi... e tutto ció senza entrare a nominare (perché lí, si! sarebbe pericoloso che mi sbagliassi...) moltissimi notevoli artisti argentini.
Non posso lamentarmi!... Quanta gloria! Chiudo le pálpebre e ravvivo le immagini nel silenzio della mia casa di Córdoba. C'é tanta musica intorno, che lascio la penna; ed attendo. Gli inmmensi pioppi della Carolina, nei loro frémiti, mi portano echi de Mozart, di Beethoven, di Wagner, di Bellini, di Puccini, dell'adorato Verdi... è al piano Arthur Rubinstein; è al piano Brailovsky; Segovia saluta, con al chitarra nella desta; Yehudi Menuhin alza l'arco del violino come uno scettro. E il teatro tutto attorno cresce; confonde il suo oro e il suo rosa col verde e l'azzurro del paesaggio, mentre il canto degli alberi e quello delle dive ascende alle nubi, come verso una bellissima volta scenografica.
Si aggiunge a questi privilegi quello di avere conosciuto l'altra faccia del Teatro, quella occulta, quella ignota, quella che giace nell'arcano dei piani sotterranei e che è cresiuta entro le viscere della piazza che oggi reca il nome di Toscanini.
In vari momenti ho visitato questo mondo segreto senza il quale l'altro, complementare, quelle che si estende al di sopra e che si insuperbisce e risplende, non potrebbe esistere; perché è nei suoi nascondigli che s'affondono le radici, a volte modeste, ma imprescindibili sempre, che nutrono con vitali linfe il mondo di sopra.
Chi, accomodato nella sua poltrona, assiste all'alzarsi del sipario ed ascolta gli accordi preliminari dell'Opera, immaginerà difficilmente che sotto di lui, in quello stesso istante, fervono le energie di una piccola città. La sua meraviglia si muterebbe in stupore se gli fosse concesso di potersi addentrare nelle portentose realtà, quasi taumatugiche, di quel mondo segreto; attraverso un dédalo di scale e ascensori, di passaggi e di gallerie, nell'intreccio del quale —complicatissimo— si perderebbe se non potesse contare con una buona guida per arrivare alle fila di studi, di laboratori, di depositi e di sale di prova che riproducono con fedeltà (quando occorra) le proporzioni del grande proscenio.
Gli abitanti coi quali —durante il suo pellegrinaggio turistico— il visitatore si imbatterebbe, sarebbero qualche volta gli stessi che potrebbe vedere sulla scena; eppure gli sembrerebbe che presentassero, in quella zona tanto profonda sotto il livello del suolo! una specie di diversa dimensione.
Vedrebbe e udirebbe, cantanti provando scale, solfeggi e gorgheggi; vedrebbe le coordinate acrobazie e le disciplinate capriole delle ballerine e dei ballerini; vedrebbe anche parrucchieri pettinare parrucche; modiste tagliare vestiti e copiare ricami; pittori decorare bellamente umili cenci o idealizzare decorazioni sceniche; vedrebe falegnami, tappezzieri, macchinisti, elettricisti ed attrezzisti... Secondo una od altra delle stagioni d'Opera, si incrocierebbe con Otello mezzo truccato, con Sigfrido in maniche di camicia, con il tenero Pelleàs, con la terribile Turandot, con la dolce Butterfly, si incrocierebbe con stormi di vaporose alunne della danza, con Valchirie che inghiottono sandwiches, con moltitudini medioevali che discutono sul costo della vita in Argentina.
La Storia, la Poesia, la Fantasia, la Stravaganza, si aggirano con la più naturale semplicità; e tollerano che stiano ad intimo contatto epoche del tutto contraddittorie fra loro ed anche quello che sembra, in apparenza, reale con quello che reale certamente non è.
Tutto questo, trasforma il Teatro Colón in una roccaforte della magía e in un rifugio dei sogni posto nel centro di Buenos Aires, di una metròpoli scossa dalle passioni della politica e della economia o agitata dalle inquietudini propie di un tempo che fluisce rapido e della vita stessa che se ne va, perché nell'ermetico grembo del teatro trionfa il paradosso del tempo che non esiste perché non esiste la vecchiaia in quanto viene eliminata dal travestimento. E neppure vi impera la morte in quanto le generazioni si succedono, ma i Rigoletti si succedono uguali l'un l'altro e così i Boris e cosi le Aide e appena il Cigno di Saint-Saëns muore alitando, ecco che subito si rialza per fare una riverenza graziosa a quelli che lo applaudono. Luogo felice! Isola incantata ed incantevole; invisible, dimamico, tumultuoso Circo sotterraneo e visible grandioso palazzo di ordine supremo coordinato dalla musica, dove si danno ancora appuntamento l'Arte e la eleganza. Proprio in un tempo nel quale l'eleganza e l'Arte offrono aspetto di folle divorzio (il quale, chi sa —uno— fin quando si prolungleerà; perché è poi anche vero che "tutto ritorna") ecco il Teatro Colón!

***

A parte i fondamentali vincoli —giá citati— che, fin della mia infanzia mi uniscono al Teatro Colòn e che rafforzati, raffinati dal passar del tempo comparto, per varie ragioni, con migliaia di dilettanti, di gente del cosidetto bel mondo e ammiratori, ci sono quattro originali episodi che stabiliscono dei nessi di particolare singolarità fra la mia esistenza e quella del Teatro. Cosí —e senza che previamente mi tracciassi alcun piano— vissi per forza di circostanze quattro opportunità tanto intimamente connesse al Colòn ed alla sua vita che oggi, se mi proponessi di scrivere le mie memorie (cosa che neppur mi passa per la mente) da loro non potrei prescindere.
Avvennero, rispettivamente, nel 1942, nel 1963/1966, nel 1967/72 e nel 1979.
Il primo di questi episodi, che potrei definire quello dei miei trentadue anni, mi relegò durante tutta una estate dentro il Teatro Colòn. In quel tempo era suo direttore di scenografia un caro amico mio: il pittore Héctor Basaldúa. Coprí la carica dal 1933 al 1950 e durante tale periodo progettò indimenticabili scenografie, la meggior parte delle quali fu riunita in un volume edito a cura del Municipio nel periodo in cui fu Sindaco Mariano de Vedia y Mitre.
Venne in mente a Basaldúa di farmi nel 1942 —propio nel Colón— un ritratto, approfittando di un relativo riposo col quale la calma estiva alleggeriva un pò i suoi opprimenti compiti di scenografo—.
Visitammo assieme, per scegliere l'abbigliamento più propiziosi colossali depositi di costumi ed accessori, che si estendono lungo uno dei piani sotterranei. Ricordo il serio buon umore e la professionale destrezza con i quali l'artista —che conoscevo fin dal periodo dei miei quindici anni a Parigi— mi fece provare berretti, cappelli duri ed elmi, mi ammantò in toghe, mantelline, respinse sdegnosamente goubbe e scartò oggetti piumati. Terminò, infine, decidendosi per il manto di Cavaradossi e con quello sotto il braccio tornammo allo studio del Maestro, situato al primo piano.
Il suo "atelier" occupava una grande stanza luminosa. Di lí, sopra la piazza Lavalle e più in alto della colonna sull'estremo della quale si mantiene in equilibrio l'eroe venerato dai miei predecessori, si poteva vedere, aerea e lieve, una fantastica cupola la guglia della quale —ora scomparsa— sopravvive pur sempre, grazie allo stesso Basaldúa, in una

delle sue illustrazioni per il mio "Canto a Buenos Aires". Héctor abbozzò di me, durante i primi giorni, disegni; cercando la "posa" che pensava potesse essere la piú conveniente; fino a che, affermata la tela sul cavalletto, si dispose a gettarsi nell'avventura di dipingermi. Aveva optato per una effigie a mezzo corpo. In essa indosso un paio di pantaloni azzurri e una camicia bianca, dal colletto aperto; pende dalla mia spalla sinistra la cappa azzurra dell'amante di Tosca e le mani riposano sulle gambe, sopra le pagine di un libro.

Se avessi saputo che il ritratto mi avrebbe richiesto cinquantaquattro pose, ossia cinquantaquattro viaggi mattutini dalla mia casa nel quartiere di Belgrano fino all'entrata del Teatro che dà sopra la "calle Cerrito", dubito molto che avrei affrontata la probabilitá di portare avanti il ritratto anche se l'idea di possederlo —eseguito da Basaldúa— mi rendeva inmensamente felice! Non sarebbe esitito il ritratto e sarebbeanche mancata cosí la sua mancanza della mia piú riuscita immagine di quell'epoca.

Por fortuna, dopo quotidiane incertezze dopo incontabili progressi e retrocessi, il ritratto arrivò a buon fine ed attualmente il quadro —un olio— sta su una parete della sala da pranzo del minore dei miei figli. Si potrà valutare lo scrupoloso rigore del Maestro pensando nient'altro che quando erano trascorse trenta sedute di posa, improvisamente —senza prevenirmi— irritato, alzò in aria un coltello e poi raschiò e cancellò la mia faccia dalla tela; e che il bianco della camicia, a sua volta, rappresentò da solo piú di venti sedute consacrate a sovrapporre, con vera mania, una pennellata su l'altra come a poter indagare nella ribellione della materia plastica e nelle sue sfumature; fino a che, pero, l'autore reggiungesse ciò che credeva giusto.

Queste visite quotidiane allo studio del Maestro rafforzarono la mia vecchia amicizia con Basaldúa; ed anche —e di più!— la strinsero con il Teatro Colòn. Di quando in quando, mentre trascorreva la mattina, si interrompevano le pose, perché gli aiutanti venivano a consultare le scenografo o perché questi concedeva alla mia rigorosa immobilità una momentanea, piccola vacanza. E se mi era possibile allora la dedicavo a ricorrere i dintorni dello studio.

Scoprivo qualche palco socchiuso e scivolavo nel suo scuro interno. Di fronte a me, causandomi istantanee vertigini, la sala naufragava nelle tenebre. Unicamente il proscenio, simile a uno strano falò ardeva dentro il nero diffuso. E là si succedevano, una dopo l'altra, le prove di "Pelleás et Mélisande".

Ah! misteriosa congiunzione della musica pittorica di Debussy, del musicale testo de Maeterlinck e del quadro poetico de Basaldúa! Oggi, dopo tanti lustri, sensazioni prodotte da incentivi tanto diversi si confondono e creano una sola, lunga, profonda, arcana, armonica emozione bellissima!— i cui elementi, inseparabili nella mia memoria, confermano la unità dell'Arte al di là della discriminante classificazione delle espressioni estetiche.

Risuonava la chiara voce di Pelleàs; "Toute la chevelure, Mélisande toute ta chevelure est tombée de la tour!. . . Je la tiens dans les mains, je la touche des lèvres. . ." ondulava la musica, come fluisse sotto la specchiante superficie di un fiume.

Io ero tornato alla stanza di Basaldúa, avevo recuperato l'azzurro manto de Cavaradossi; avevo riassunta la posa che mi era ormai familiare, le mani quiete sul libro; e il ritratto chiamato dal pennello che sembrava l'unica cosa viva della stanza, segretamente si impregnava dell'anima del teatro, anima che ci avvolgeva invisibilmente.

* * *

Il secondo episodio che debbo riferire, ebbe come antecedente una epatitie tanto benigna quanto estesa nel tempo, che nel 1963 mi tenne a letto quasi quattro mesi. Durante quel tempo lessi molto; tradussi in versi "Le Femmes Savantes" di Molière; scrissi un infinità di lettere; cominciai ad appiccicare in un grosso album fotografie e ritagli (fu il primo album di una serie che oggi è arrivata a nove tomi). Venni anche a sapere dei lavori effettuati da Chagall per dotare di una nuova decorazione la cupola dell'Opera di Parigi. E nelle estese pause di un ozio meditabondo impostimi dalla malattia, lentamente maturai l'idea di ottenere qualcosa di simile per il Teatro Colòn.

Dicevo a me stesso che si sarebbe giustificata incomparabilmente di più, nel caso del nostro Teatro che in quello dell'Opera di Parigi, l'incorporazione di quell'elemento decorativo; poichè l'Opera parigina già possedeva una cupola dipintamentre in Buenos Aires da molti anni l'avvevamo persa per umidità e infiltrazioni prodotte da un impianto di refrigerazione che si utilizzò —con sciocca indifferenza!— durante alcuni balli di Carnevale. Un ampio spazio nudo e grigio attorno al lampadario, quasi una ingiusta calvizie, affliggeva il Teatro al posto delle vecchie pitture.

Io conoscevo bene gli artisti che, venti anni fa, emergevano su gli altri. Analizzai attentamente le loro traettorie e le loro caratteristiche, cercando quelle che potessero coincidere con le mie ambizioni.

Secondo la mia opinione il pittore doveva essere capace di esprimersi e realizzare il suo lavoro senza che tutto ciò stonasse e si "staccasse" dall' equilibrato insieme, sí!, però conservando intatto tutto ciò che fosse peculiare ed attinente alla sua personalità di artista, perché sospettavo (e poi constatai, a Parigi, la verità di questa mia intuizione) che il contributo di Chagall all'Opera dovesse produrre effetto tutto contrario a quello che, invece, sarebbe stato desiderabile. E, per logica, mi fu facile concludere che l'artista più adatto era Raúl Soldi. Persino il magico clima nel quale Soldi era vissuto da bambino, fra circhi e palcoscenici, dove fioriva il bel canto, lo indicava adatto a poter incorporare al Colòn una cupola che, coronando il teatro, avrebbe nello stesso tempo dovuto costituire un apporto del nostro tempo al mirabile edificio.

Mi posi in contatto con lui e mi ressi conto immediatamente che l'idea lo entusiasmava.

Poco dopo venne a visitarmi e mi confidò che erano tali la sua esaltazione e la sua ansietà per iniziare l'impresa, che anche senza retribuzione alcuna egli l'avrebbe compiuta. Subito telefonammo al nostro amico Alberto Prebisch, allora Sindaco di Buenos Aires e gli facemmo conoscere il progetto. La sua adesione fu così immediata come quella di Soldi che, senza perder tempo, e stimolato da Prebisch, inizió tutta una serie di bozzetti.

Ma non fu consentito al periodo di Prebisch poter dare l'impulso definitivo. Il progetto dormí fino a che, essendo diventato Lord Mayor de Buenos Aires il Signor Francisco Rabanal, la Signora Zulema Paz Zuberbübler de Hueyo, moglie del Segretario dei Servizi di Rifornimento del Municipio, vide per caso nello studio di Soldi il modello della futura copertura del Colòn. E fu lei che ottenne, ufficialmente, che il progetto potesse realizzarsi.

Visitai quello studio —di Soldi— nel Dicembre del 1965 e lí vidi la gran "ruota", ingegnosa, giratoria, sulla quale il Maestro aveva distribuito il "girotondo" dei personaggi, girotondo che desiderava sviluppare, come una danza multicolore nella cupola del Teatro Colòn. Ciò perfezionava, delicatamente, quello che io avevo immaginato. Cantanti, ballerini, attori della Commedia dell' Arte si intrecciavano con soave ritmo per poter coprire i 318 metri quadrati della cupola. Poco tempo dopo godetti il privilegio di arrivare lassù, fino alla stessissima cupola, valendomi di un aereo, stretto ponte che era stato proteso dal loggione del teatro. Si distingueva appena, in basso, piccolo, il proscenio: in basso, otre le connessioni della impalcatura che ci sosteneva, Soldi stava ritoccando le tenui trasparenze delle sue delicate pitture. Le ebbi cosí vicine, tanto mi circondavano che, pari a un racconto, sentii che avrei potuto entrare, fugacemente e dopo aver attraversato un vertiginoso abisso, nella regione dove possono esistere e vivere assieme gli esseri incantati.

Finalmente il 25 Maggio 1966, data di apertura della stagione teatrale, mi commosse assistere alla inaugurazione della creazione di Soldi.

Ricordo che quando entrammo nella sala erano accese tutte le sue luci eccettuate quelle del gran lampadario; e che una volta accomodato il pubblico, che riempì tutto il teatro, quelle luci improvvisamente si spensero mentre, tutto splendente per lo scintillío delle lampade superiori, si accese il lampadario. Allora lassù, lassù come arrestassero lo srotolarsi della loro incantata spirale, sembrò che i favolosi personaggi si inchinassero a ricevere l'unanimità degli applausi.

Da un palco all'altro, sopra la distanza aperta da una sala quasi sprofondata nell'oscurità, Raúl Soldi ed io ci avvertimmo e quando il teatro si illuminó completamente, alzammo le braccia in segno di fraterno saluto.

Critiche, naturalmente, ce ne furono; mai mancano quando si tratta di innovazioni.

Son passati diciassette anni. Oggi il "girotondo" di Soldi fa tanto parte del Teatro Colòn quanto gli amorini che, sul proscenio, giocano con le note musicali. E dentro a quella composizione proprio simile —ripeto— a un "girotondo d' Arte", uno dei suoi componenti piú piccoli sostiene una maschera di unicornio; in ricordo di chi, lontano da lí sognò alcuna volta nel suo letto di ammalato le seduttrici creature che, giorno e notte, vuoto o colmo il teatro, avrebbero danzato —per la felicità del beneamato Colòn!— nella cupola.

* * *

Il terzo episodio della serie che sto evocando, assai esteso temporalmente, si inizió l'anno dopo l'inaugurazione delle pitture di Soldi.
Quel 1967, di Maggio e in Washington, fu rappresentata per la prima volta l' Opera "Bomarzo" di Alberto Ginastera, ispirata dal mio romanzo dello stesso titolo. Realmente, il suo successo fu straordinario, con echi che riempirono colonne di lodi in periodici e riviste.
L' Ambasciatore argentino —lo era il Dr. Alvaro Alsogaray— ci offri nella sede diplomatica uno splendido banchetto, al quale parteciparono numerosi e importanti invitati, primo fra di essi il Vice-Presidente degli Stati Uniti Mr. Humphrey. Su grandi tele che decoravano il salone da ballo erano stati dipinti i mostri allegorici del Sacro Bosco di Bomarzo e le aragoste, servite in lunghi vassoi d'argento, furono acconciate dall' arte culinaria del "chef" a forma di "chiavi di sol". Il generoso Ambasciatore non badò a spese. Di conseguenza, dovette stupirsi non meno di Ginastera e di me (ed a lui sarà resultato più difficile se non impossibile, elaborare una spiegazione coerente) quando venne a sapere che la censura municipale di Buenos Aires aveva proibito di effettuare nel Teatro Colòn la "prima" di "Bomarzo" (che era stata annunciata per l' imminente mese di Luglio). Io lo venni a sapere mentre ero a Rio de Janeiro in rappresentanza della Accademia Argentina di Belle Lettere, durante la celebrazioni del settantesimo anniversario dell' Accademia del Brasile. Lo seppi mediante un comico ed enigmatico telegramma che mi inviò Ginastera. Feci subito ritorno a Buenos Aires e mi unii alla divertente strepitosa polemica che, crepitando, si alzò attorno alla faccenda e che lasciò —alla fine— così male e nella solitudine del suo assurdo, affrettato "granchio", l'ipocrita e confuso governo militare di quel tempo. Poi . . . "Bomarzo", esiliato dalla sua Patria, lo si vide e lo si udi a Nuova York, a Zurich, nella Repubblica Federale di Germania e raccolse ovunque elogi di critici e di pubblico. Ma sarebbe dovuto trascorrere un lustro dalla prima rappresentazione in Nord-America prima che, nel nostro Paese, si rimediasse allo sproposito fatto. Cambiò il governo ed il nuovo Segretario di Cultura, Carcavallo, telefonò inaspettatamente, di mezzanotte, a casa mia per annunziarmi che "Bomarzo" sarebbe stato posto in scena nel Colòn e nel mese prossimo di Aprile. Così fú. Il Sabato 29 Aprile del 1972, dal palco di proscenio del Municipio, con il Sindaco Saturnino Montero Ruiz e sua moglie, Alberto Ginastera ed io accompagnati dalle mostre mogli e da mia nipote Ana Victoria fummo testimoni della "prima" argentina di quella nostra "nefanda" opera. Non poi tanto male, como rivincita! Un pubblico altamente qualificato —diplomatici, funzionari, scrittori, artisti, gente della società più tradizionale di Buenos Aires— inondava la sala da punta a punta ed aggiungeva alla bellezza del luogo lo scintillante lusso dei gioielli, dei rasi, dei vellutti delle camicie inamidate da "grande soirée". Gli arlecchini, i giullari, le ballerine di Soldi si affacciavano dall' alto a contemplarci.
Alla fine dello spettacolo si susseguirono rumorose ovazioni dirette ad Antonio Tauriello ed alla sua bacchetta, ai cantanti Salvador Novoa, Isabel Penagos, Joanna Simon, Claramae Turner . . . a Tito Capobianco —il "régisseur"— ad Araiz, il coreografo . . .
Quando già l' Opera si stava approssimando al suo culmine, Ginastera nervosamente ed affrettatamente mi tirò fuori dal palco del Municipio. Corremmo assieme per scale e gallerie (lui mi guidava, in quel laberinto che è il Teatro) fino a sboccare nell' area del palcoscenico, propio nel momento nel quale Capobianco reclamava la nostra presenza. A me toccò uscir fuori per ultimo. Il publico in piedi, nella platea, nei palchi, nelle gallerie e nel loggione, ci applaudiva senza fine. Ci prendemmo per mano e venimmo avanti, il Maestro Ginastera ed io, applauditi anche dagli interpreti della nostra Opera. E mentre il batter delle mani raddoppiava e il sipario scendeva e tornava ad alzarsi sulla scena che rappresentava la Bocca dell' Inferno di Bomarzo —quella che nella remota regione etrusca mi suggerì il romanzo— io salutavo, ringraziavo, e per la prima volta abbracciavo dal proscenio con la vista lo spazio colmo della sala come se fossi stato una delle comparse. Che strana, inebriante sensazione!
Nello stesso modo che in anteriori e molteplici occasioni avevo guardato dalla sala la scena e questa mi era parsa un falò immobile sorto dalle tenebre, così ora guardavo la sala, l' immensità aurea e rosea, i suoi fulgori, i suoi scintillii, come se mi fossi trovato dinanzi a un vasto incendio semi-circolare, le trémule combustioni del quale si inerpicavano da un piano all' altro, fino a scoppiare nella orgogliosa bellezza del gigantesco lampadario e delle sue quatrocentocinquanta luci.
Da quel giorno in avanti ci univa al Teatro Colón non solamente il trionfo dell' opera che entrambi avevamo concepita in perfetta armonía, ma anche —sottilmente— il trionfo della Verità, dell' Arte, sulla confusione propria della ignoranza e sulla goffàggine degli intoppi posti da una cieca censura.

* * *

Una tappa dopo l' altra, siamo arrivati all' ultimo dei grandi ricordi che, fino ad ora, mescolano mie personali visioni alla maestosa immagine del Colòn.
Questo ultimo episodio si svolse nel 1978, dal 16 Gennaio al 13 Agosto; e culminò un anno dopo. Ma è anche certo che l' anno precedente, cioè il 1977, lo trascorsi in intimo contatto con il Teatro Colòn pur senza lasciare "El Paraíso" (Il Paradiso) la mia casa nella catena di montagne intorno a Córdoba.
Più o meno in quel tempo cominciai a compilare gli appunti che mi avrebbero permesso la stesura di "Il Gran Teatro", giacchè mi ero messo in mente —suppongo che é questo, approssimativamente, quello che soliamo definire "ispirazione"— dico, mi ero messo in mente di scrivere un racconto che trascorresse completamente dentro il Teatro Colòn. Già prima, molto prima, avevo pensato di comporne uno che si sarebbe intitolato "Il Palco" e che avrebbe avuto come atmosfera propio quella del Colòn; ma, come tanti miei libri, rimase nella popolosa indeterminatezza dove fluttuano i progetti incompiuti. Questa volta valutai chiaramente i vantaggi derivanti dalle mie congetture: il mio romanzo, se lo realizzavo, sarebbe stato il primo nella nostra letteratura che si sarebbe svolto all' interno del Teatro Colòn e oltre tutto, proprio per questa circostanza, avrebbe costituito il mio omaggio al Teatro al quale devo tante gioie! Cominciai il lavoro e via via che nell' animo mi si rafforzava l' idea, tanto più essa mi piaceva; sopratutto quando giunsi alla conclusione che l'azione del libro mai sarebbe dovuta uscire dall' ambito del Teatro.
Quel 1977 nel quale riunii gli appunti necessari, lo vissi como se il Colòn fosse stato la mia casa.
Di mattina, in più occasioni, lo percorsi da una estremità all' altra e da un piano all' altro, consigliato da una guida imprescindibile: Hernán Prat. In diverse occasioni accesero per me —per me solo!— la Sala, perché potessi collocare i miei personaggi che si andavan definendo col trascorrere dei mesi.
Dopo successive esclusioni scelsi "Parsifal" come Opera più conveniente: per il suo carattere, per la sua presentazione, per la notte di gran "soirée" che sarebbe dovuta servire di base alla trama del romanzo.
Per situare l'Opera nel tempo avevo scelto il 1942 —l'anno, appunto— del ritratto fattomi da Basaldúa— perché sapevo che nel corso di quell' anno il dramma musicale di Wagner era stato posto in scena.
Nel "Paraíso" ascoltai due volte i dischi rispondenti alla versione del "Parsifal" del Teatro di Bayreuth (1951) assieme a miei amici, la scrittrice Sara Gallardo ed i poeti Villordo e Monesterolo. Dato che non so il tedesco, seguivo la musica con un libretto italiano che recava indicati al margine i "temi". Più tardi ne conseguii uno tedesco-inglese.
Mi preoccupava l' accordo temporale, cioè fra i tempi dell' azione sulla scena e quelli delle complesse azioni che si sarebbero svolte nella Sala. E che mai non mi preoccupava?
Andavano e venivano le mie richieste di consultazioni chiedendo soccorso ai più esperti: Victoria Ocampo, Julia Bullrich-Saint, Juan Andrés Sala, Ricardo González Benegas e —in ogni momento— i pareri del paziente Hernán Prat, ecc. ecc.! Eccone alcuni esempi: "Come si ottiene il trucco della lancia, scagliata da Klinger e che si arresta giusto sulla testa di Parsifal?"
"Nella decada del 40 che facevano le cantanti durante l' intervallo? Se ne andavano ai camerini o rimanevano fra le quinte chacchierando; o magari facendo altra cosa che fosse?"
"Che facevano il direttore e i musicisti? Dove erano situati, allora, i camerini? Bisognava scendere le scale?"
"Dal basso 'avant-scène' dalla sinistra si vede il suggeritore? Lo si vede girare le pagine? e dalla zona fra quinte o sipari, che è che si vede?
"Come era composta, allora, l' orchestra? Nel 'Voyage artistique à Bayreuth' si parla di trentadue violini. Sarà stato così anche qua, da noi?" "Come era ricevuta in piena guerra e in Buenos Aires una opera di Wagner, l' adorato di Hitler? La adorazione di Hitler si sarebbe limitata alla germanica "Tetralogia" o avrebbe compreso anche un tema come quello di "Parsifal"? Suppongo che i direttori d' orchestra (Kleiber e Busch) non erano hitleriani? od era necessario esserlo per poter portare Wagner a spasso per il mondo?"
Nell 1942, dopo la funzione teatrale si andava alla "Confitería París" (Pasticceria Parigi) o forse all' Aguila" (l' Aquila) meno elegante; si sarebbe andati, magari, anche all' "Edelweiss"? E sarebbe allora, già esistito l' "Edelweiss"? ecc. ecc. Gli "ecc." furono infiniti.

Il 17 Gennaio 1978, propio un giorno dopo essermi lanciato a buttar giù la stesura del romanzo, mi fermai atterrito. Che prove avevo che Parsifal fosse stato dato —allora— in funzione notturna, cosa indispensabile per la creazione dell'ambiente del mio libro? I tre programmi del "sacro misterio scenico", che possedevo, annunziavano per le 16 o le 17 l' inizio della rappresentazione.
"Il Gran Teatro" mi veniva giù, franando.
Interrogai, per lettera, gli specialisti e dopo tanto lavoro trascorsi giorni che non auguro a nessuno, fino a che Hernán Prat mi spiegò che nel 1942, il 28 Agosto, sotto la direzione di Busch e con scenografia di Basaldúa, "Parsifal" si iniziò in dodicesima funzione del Gran Abbonamento, alle 20 e 15! Respirai a fondo e tirai avanti. Se mi ci volle un anno a riunire la sotterranea informazione sulla quale basare la fedeltà del romanzo, mi bastarono solo otto mesi per la stesura. Il 19 Agosto 1979 il romanzo fu presentato: nel "Salón Dorado" del Teatro.
Posso paragonare la mia emozione, di quel pomeriggio, soltanto a quella che provai la notte di "Bomarzo".
La volta passata, quella della rivincita assaporata assieme a Ginastera, la sala magnifica col suo emiciclo di poltrone e di palchi si offrì, ingioiellata e luminosa, al compositore ed allo scrittore che si inchinavano sul proscenio, di fronte agli applausi: la volta di "Il Gran Teatro" scenario fu il principesco salone degli intervalli e dei ricevimenti, quello delle vetrate mitologiche, degli alti specchi e delle colonne di slanciati capitelli. Fu lui che si offrì a chi lo aveva utilizzato per situare vari episodi principali del suo libro, quel salone che, propio in quella data, s'abbelliva con la presenza delle più attraenti donne di Buenos Aires.
Lessi un breve discorso di ringraziamento per coloro che nel lavoro mi avevano favorito con efficaci memorie e mi ricordo che nelle pause, alzando la vista, immaginai che fra il pubblico mi circondassero anche i numerosi personaggi che circolano nel racconto, che già non potevo escludere perché erano riflesso di tanti che ho conosciuto o intravisto e appartenenti alla "petite histoire" del Teatro.

* * *

Un ritratto, l' idea di un aereo girotondo nella cupola, il libretto di una Opera e un romanzo: tale è, fino ad oggi, il mio individuale contributo al numeroso aneddotario del maggior teatro della Repubblica.
Se ciascuno di quelli che siamo stati intensamente vincolati a lui durante i casi delle nostre esistenze (e che, quindi, qualcosa di nostro pur abbiamo da raccontare) si decidesse a depositare un attestato della propia esperienza, io presento che il frutto, sommato, delle nostre eterogenee contribuzioni produrrebbe insospettate ricchezze.
Forse allora capiremmo chi sono i fantasmi, da dove vengono i sogni, le impalpabili tracce di speranza e di delusione, e quali residenti segreti abitano il teatro; e perché sentiamo che uno spettatore invisibile occupa la poltrona vuota al lato della nostra, e perché, avanzando distratti lungo uno dei corridoi deserti del Teatro Colón, improvvisamente "sappiamo" di non essere soli.

MANUEL MUJICA LAINEZ
"El Paraíso", Marzo 1983

IL NOBILE OPIFICIO E IL SUO FASCINO

Nonostante le molte cose che si sono dette sul Teatro Colòn e la sua importanza, poco si è riferito in relazione alla sua architettura como vigente testimonianza di un' epoca.
Tre furono i suoi architetti e indubbiamente ciascuno di loro influì sul risultato finale.
Francesco Tamburini fu il primo; un italiano contrattato, alla fine del secolo scorso, per completare la residenza del Presidente: la "Casa Rosada". I suoi concetti architettonici sono avvertibili chiaramente nel risultato finale.
Víctor Meano, autore del palazzo del Congresso, continuò con alcune varianti l' insieme proposto dal precedente e, dopo la sua morte, l' opera rimase paralizzata finché Jules Dormal, belga, autore del progetto del parco di Palermo, la prese sotto la sua responsabilità; e diede fine alla costruzione.
Nel nostro caso, l' eclettismo del secolo XIX° si aggiunge alle diverse nazionalità e la diversa formazione degli architetti che intervennero e —perché no?— agli altri artisti che sommarono alle precedenti le loro creazioni nella decorazione finale.
Si nota nelle sue linee un' indubitabile impronta italiana, in relazione —niente di strano!— con quel che accadeva sul suo palcoscenico. La Francia non poteva rimanere assente; e il suo influsso si palpa in infiniti dettagli; ma senza dubbio ciò che credo debba essere definito "stile 1900", è quella particolare caratteristica che data, senza luogo ad equivoci, ciascuno degli elementi che appaiono tanto nella Sala quanto nel vestibolo, nei passaggi e perfino nelle terrazze, posto quest' ultimo quasi sconosciuto anche agli usuali frequentatori.
Quale miglior prova di questo asserto che le eleganti figure femminili che si reclinano appaiate sui palchi anteriori, divenute per saturazione indubitabili critici musicali, i cui connotati, nonostante la loro apparenza classica, rispondono come pochi ai canoni del momento nel quale furono scolpite? Loro autore fu lo scultore Trinchero, responsabile pure delle sculture che si vedono all' esterno, le quali contribuiscono, aggiungendosi all' insieme, a dare all' edificio una propria personalità.
Tra questi numerosi particolari che generalmente passano inosservati, ce ne sono taluni come quello già menzionato delle terrazze con i loro scalini di ferro intrecciato, l' esterno delle cupole con le loro protezioni, pure di ferro, che sembrano configurare quei piccoli padiglioni propri delle esposizioni dell' epoca della rivoluzione industriale, e le cui porte d' accesso alle grandi vetrate ci permettono di avere un' inusuale visione di queste, tanto inattesa come quella della Sala che si vede dall' interno dell' incommensurabile lampadario centrale; visione inscindibile, per tutta una generazione, del "Fantasma dell' Opera".
Chissà, pur col timore di insistere troppo, che valga la pena di soffermarci su molti dei dettagli delle rifiniture che, proprio perché sono originali, malgrado siano puramente utilitarie trasmettono a chi le osserva una particolare suggestione. Così è per gli alloggiamenti dei tubi contro incendio, realizzati come una specie di mezza ruota vuota, di ferro traforato, dalla quale emerge la vera e propria bocca da getto, di bronzo, come un serpente che aspetti: per ondularsi ed innalzarsi. Nè sono meno necessarie le piccole lampade di bronzo per la luce permanente in Sala, con il loro globo di cristallo ed il loro cappelluccio conico alzato per controllare il grado di luminosità, o forse anche, chissà! come saluto per gli artisti del "bel canto" trionfanti sullo scenario.
Oltrepassare le porte principali del Teatro significa entrare in una scala di valori diversa da quella quotidiana e circondarsi di una atmosfera di color ambra con alcuni riflessi dorati, prima di essere assorbiti dalle scale di marmo; cose non databili altrimenti che nel primo novecento. Nonostante questo, guardando attentamente le ringhiere scopriremo l' orma di molluschi fossilizzati tanti secoli fa; ed è un effetto non premeditato, ma che aggiunge un dettaglio di più, di inaspettato interesse.
In corcordanza con i suggerimenti dell' epoca, il pavimento del vestibolo al piano terreno, contemporaneo a quello eseguito per la Cattedrale, è di mosaico in colori bianco, ocra, grigio e celeste-grisaceo e il suo disegno mantiene stretta coerenza con l' ornamentazione generale e la mobilia —propria di quegli anni che Luchino Visconti esaltò tanto intelligentemente nelle sue pellicole—.
Ma citare tutto questo a niente varrebbe se non si tenesse in conto il pubblico, che si muove in questi ambiti integrandosi al clima che caratterizza questo doppio scenario: quello che permette l' attuazione degli artisti e quello che riunisce melomani e qualche snob nel rituale dello spettatore che si sposta dai saloni di ricevimento alla gran Sala con i suoi palchi "per vedove"; incredibili per esseri tanto evoluti come i nostri contemporanei! . . .
E' proprio la Sala con i suoi palchi bassi ingioiellati dai loro tendaggi di velluto ricamato e raccolti sulla parete come le nostre antenate raccoglievano le loro gonne scendendo da una vettura, e fra essi le profumiere da pareti, che ci offre testimonianza, con i posaceneri di bronzo per sigari, pure applicati alle pareti, di abitudini purtroppo difficili da mantenere. Le nostre amiche, le Veneri dei palchi di proscenio, non sono sole nelle parti alte del Teatro; assieme a loro, nell' arco del proscenio, vari cherubini dipinti in tono rosa seppia, coronano l' immenso sipario principale che, nel preciso momento in cui gradualmente si spengono tutte le luci nella Sala, s' apre promettente; dando inizio allo spettacolo.

JOSE MARIA PEÑA

SUGLI OBBIETIVI DEL "INSTITUTO SUPERIOR DE ARTE DEL TEATRO COLON"

Il sapere dare una certa vitalitá a un centro musicale dell importanza del Teatro Colón nella cittá di Buenos Aires é stato un notevole sforzo. Il saper vedere, negli anni venti e maggiormente agli inizi de questo grande teatro, che era necessario l'inizio li stesso della formazione delle figure nazionali del futuro che avrebbero potuto dare eccezionali artisti, é stata una visione nobile e accertata di elevati spiriti generosi.

L'obbiettivo dell "Instituto Superior de Arte del Teatro Colón": La formazione dell'artista di grande livello, l'orientamento dell'artista; L'aiuto a scegliere la vocazione: cantanti, ballerine, registi, maestri interni e suggeritori nonché truccatori.

Il successo di questo obbiettivo significa lo svolgimento di un arduo lavoro che comprende diversi aspetti: scegliere candidati per le loro attitudini specifiche per ogni attivitá; dotarli delle informazioni tecniche adequate alla migliore espressione; aiutarlo nei critici aspetti tecnici, vocazionali nonché professionali; dotarli della disciplina necessaria per conoscersi, accettarsi e realizzarsi come professionista dell'arte; preparandoli per lavori in gruppi operativi.

Questo che descriviamo é soltanto una minima parte del complesso lavoro della formazione di un artista.

Complesso perché deve essere visto senza concessioni, ne demagogiche, ne altrimenti. Poiché quando si guarda l'effetto estetico non cé ne deve esserci, altre ragioni all infuori dell' estetica come massima espressione. Pertanto l'interprete sará formato nella convinzione, nella validitá, nella qualitá di quanto esprima come artista e nella ricerca costante della sua perfezione come tale.

Non é facile diventare ARTISTA. Meno facile ancora é formarlo. E neccessario avere a disposizione validi professionisti che siano capaci di sentirlo e di trasmetterlo. MAESTRI. Una attitudine di riflessione e valutazione costante in chi dá, in chi orienta, in chi conduce, in chi insegna come e perché. Tutto ció comporta attitudini filosofiche e di metodo che assorbono tempo ed energie ai maestri ai direttivi del Instituto Superior de Arte del Teatro Colón.

Attitudine costante di riflessione e valutazione, ció che significa che i maestri imparano nell' insegnare. Poiché gli studenti che assitono nelle aule del ISA, installate saggiamente nello stesso edificio del teatro, meritano la quota de umiltá neccessaria da parte dei maestri con la dovuta garanzia di una loro ulteriore crescita come maestri ivitando tutto quanto sia innecessario lavorando nella funzione dell' individuo e delle loro aspirazioni personali, nota caratteristica di un processo formativo che é diretto, soprattutto, a esseri di notevole sensibilitá. Da quanto descritto é evidente che nell' ISA si mira verso un lavoro di insieme che non é discosto all' aspetto organizzativo della istituzione.

Una opera, un balletto, una regia mal presentata?, difficilmente si puó aspirare alla massima espressione dell' arte, alla opera maestra, in codesto ambiente. Per questo motivo l'obbiettivo del ISA é messo nella formazione di elementi umani, artisti, professionisti, capaci e disposti per dare tutto di se stessi agli effetti che gli spettacoli si avvicinano il piú possibile al massimo livello artistico.

Per questo motivo, l'Instituto pratica una insegnanza di porte aperte dove gli alunni imparano a distinguere situazioni, a scoprire e valutare criteri, a vivere l'ambiente della produzione degli spettacoli in questa capitale, nelle province e all'estero.

Questa missione deve rispondere ai livelli e alle qualitá segnate dalla casa madre, cioé il Teatro Colón.

Non c'é dubbio che questo contribuisce alla gloria del Teatro Colón e questa é la funzione specifica del Instituto Superior de Arte.

ANA LUCIA FREGA

IL COLON, L'OPERA E LE RADICI

Che posto occupa il Teatro Colòn fra i grandi teatri lirici del mondo? È una domanda che frequentemente mi é stata posta e che forse Lei stesso, Lettore, qualche volta si è posta. Giacchè penso di avere idee chiare in proposito, ho sempre risposto: "fra i primi".

Sarà forse opportuno chiarire che se non ho tentato di precisare l' esatta posizione del Colòn dentro questo gruppo scelto, è statto perché mi son negato a chiudere il tema in un ambito di sottigliezze e di analisi di tipo bizantino. Comunque sia, nessuna affermazione —per quanto categorica— in se stante è valida; ma solamente lo è in funzione del ragionamento che la sostenta.

Nel caso del Colòn le ragioni abbondano; ma, prima di richiamarmici, crederei indispensabile chiarire, per meglio comprendere il concetto, che queste considerazioni si riferiscono al Colòn esclusivamente come teatro di Opera, prescindendo da altre pur importanti attività artistiche che il Teatro compie regolarmente, come i concerti e il ballet; manifestazioni, entrambe, che annoverano memorabili date negli annali del nostro Teatro. Eppure il Colòn non deve la sua celebrità e il suo prestigio internazionale a quelle manifestazioni, quanto invece alla sua brillante traiettoria nell' ambito dell' Opera.

L' Opera! questo termine antonomastico utilizzato dagli italiani per designare il "teatro cantato", supremo ritrovato del tardo Rinascimento; e che il gesuita spagnolo Esteban de Arteaga, esiliato in Italia ed intimo di Padre Martini chiama, nel suo importante studio sopra la rivoluzione del teatro musicale italiano, "l' ultimo sforzo dell' ingegno umano"...

Sopra qual fondamento riposa, dunque, l' asseverazione che il teatro Colòn sia uno dei primi teatri operistici del mondo? Starà nella sua maestosa bellezza architettonica, vero modello di eclettismo, di equilibrio e di buon gusto? Non c' è dubbio che il Teatro Colòn sia uno dei più bei teatri d'Opera, se non propio il più bello fra quelli della sua categoria. O forse la stupenda, quasi miracolosa acustica della Sala? Esperti internazionali l' han considerata fra le più perfette dei teatri operistici. Forse la sua funzionalità, considerata dal punto di vista delle esigenze di uno spettacolo lirico? Malgrado alcune carenze nel dispositivo scenografico, tuttavia il Colòn possiede una infrastruttura ed un materiale umano che gli consentono di poter afrontare le più complesse produzione sceniche con alto livello di efficienza. Forse il fatto che è vivo, palpitante testimonio di una tradizione lirica che inizia da quelli che furono, nel nostro paesone coloniale di un tempo, gli albori della musica? O forse il fatto di accogliere nei suoi gloriosi muri le più splendenti luci che illuminano l' ambito del canto operistico?

O forse, in un ambito culturale, l' elevatezza degli obbiettivi che vuol raggiungere sviluppando un ampio repertorio senza limiti di scuole nè divergenti versanti estetici, funzione che i suoi pari nel mondo considerano esemplare?

O forse i suoi propositi formativi, nutriti da una scuola d' Opera che nell' arena getta sempre nuove promozioni di artisti lirici? O magari l' esperienza e l' eccellenza dei suoi "corpi" artistici e tecnici, resi veterani da sempre nuove sfide e sempre nuove conquiste sotto la guida di grandi Maestri, gli insegnamenti dei quali han dato messi, come grani di semina?

Il prestigio internazionale del Teatro Colòn non uguagliato da istituzione culturale alcuna del nostro Paese e la situazione di privilegio che occupa fra i grandi teatri operistici si deve a tutto l' insieme di queste ragioni e ad altre ancora, l' enumerazione delle quali si può considerare —a questo punto— anche eccessiva.

Vorrei porre l' accento, però, solo su due di esse che costituiscono a mio parere, il motore delle forze, tanto materiali quanto umane, del nostro Teatro.

In mancanza di una migliore definizione, direi che il Teatro Colòn ha un' anima, un' anima che gli dà la forza, lo spirito necessari per raggiungere le mete più ambiziose.

Ho visto la sua gente, senza distinzioni di categoria —anonimi artefici dello spettacolo— festeggiare, come loro proprio, il successo di uno spettacolo ed ho anche potuto verificare la commovente pena di tutti loro quando i risultati non sono stati quelli sperati.

Questa specie di realtà consustanziale, questo intimo senso d' amore per il teatro, è una delle segrete chiavi del suo stile e della sua grandezza. Una infinità di artisti lirici, molti dei quali illustri e provenienti da ogni latitudine, mi ha confessato che il clima che si respira nel Teatro Colòn è unico; e che mentre crea condizioni ideali di lavoro, costituisce, anche per loro venuti da fuori, un potente stimolo. La seconda definizione che potrei dare —ma non la meno importante!— si riferisce alle vigorose radici che allacciano il Teatro alle sorgenti di una cultura che ci appartiene tanto per legittima eredità, quanto per vocazione; e della quale il Teatro Colòn è singolare e genuina espressione artistica. Ricordo versi del nostro poeta

Francisco Luiz Bernárdez che convalidano questo asserto; versi che non resisto alla tentazione —qui— di riferire anche se non ricordo le testuali parole. Il concetto è però questo: "Ciò che l' albero ha di fiorito, lo ha per ciò che mantiene occulto". Quando occupai per la prima volta una poltrona alla Scala di Milano, alla Opera di Vienna e in altri importanti teatri lirici europei, non mi sentii soffuso da un' emozione così intensa come quella provata quando, di ritorno in Argentina, tornai a oltrepassare la porta del Teatro Colòn per penetrare nella sua magnifica Sala che frequentavo fin da bambino e nella quale abbi la rivelazione dell' affascinante mondo operistico.
Ricorrendo più di una volta i teatri lirici del mondo imparai che uno spettacolo d' Opera nel Colòn è un' esperienza quasi ineguagliabile.

ENZO VALENTI FERRO

SPLENDORI ED OMBRE DEL BALLET

Ballet del Teatro Colòn. Ed i suoi protagonisti. Di questo si tratta. Nella visione, già nostalgica, del tempo sono incisi nomi che, si potrebbe dire, cambiarono solo di volto, di personalità e di livello di talento.
Le speranze, in quell'anno 1925 della fondazione del ballet, furono le stesse che ancor oggi incitano la vocazione dei nuovi ballerini.
Blanca Zirmaya, Leticia De la Vega, Dora Del Grande, ebbero l'onore di essere le prime figure del "Primo Ballet Ufficiale" del Teatro Colòn. Alcune fotografie —ormai ingiallite— ce le mostrano assieme al corpo di ballo, assorte, abbagliate in sorrisi colmi di speranze; con le loro tuniche greche, le gambe nude, le leggere scarpette da ballo tal quale come era uso vestirsi per le prove di pratica, in quell'epoca.
Nel decennio precedente erano sfilate sullo scenario del Colòn figure che avevan situato il nostro ballet su un piano di interesse mondiale: Nijinsky, Pavlova, Spessitseva, Karsavina. I primi ballerini "ufficiali" argentini ardevano nel ricordo di questi grandi. Agli inizi del ballet, la mano di Adolfo Bohm creó il primo, emozionante successo coreográfico. Poi, giunse colei che raccolse l'eredità di Bohm, Bronislava Nijinska e, più tardi, la pleiade dei più importanti coreografi del XX° secolo.
Fra altri, prepararono le loro opere Michael Fokin, Boris Romanoff, David Lichine e, nel succedersi di nomi stranieri, uno che divenne nostro: Margarita Wallmann che giunse dalla sua Austria natale per forgiare con la sua originalità la nuova "troupe".
Ugualmente, lasciarono luminose orme del loro transito; George Balanchine Leonid Massine, Aurel Milloss, Serge Lifar, Tatiana Gsovsky ed Antony Tudor.
Col trascorrere dei decenni sorsero e ascesero altri nomi nel firmamento nazionale; ballerini che cominciavano ad esprimere una forma, uno stile, un segno dell'essenza argentina: Maria Ruanova, Mecha Quintana; e ci furono grandi maestre, come la venerata Esmée Bulnes.
Come ogni storia umana, anche questa fu intessuta con lo splendore del trionfo e con l'amarezza dell'insuccesso; la felicità di un attimo contro il quotidiano martirio della disciplina. Corpi indolenziti da un instancabile lavoro e immolati nell'estasi di una feconda attuazione scenica. Il ballet si intride di poesia, di nuda espressività, diviene spirito sulla scena che, ben si sa, è sintesi di sudore ed essenza di amore, furia e testardaggine, oltre a un non trascurabile grado di genialità. Amato Teatro Colòn, chimera di sogni di punte di scarpette, di giri, di salti, di tradizioni e di rinnovamenti!.
Così perdurarono nel tempo le sempre rinnovate schiere di quel Ballet e tutti quelli che furono d'esempio alla presente generazione continuarono ad esercitarsi nella "rotonda". Esmeralda Agoglia, Michel Borowski, Olga Ferri, Wasil Tupin, Irina Borowska e quelli che bruscamente passarono ad assenti, perché sommersi da crudele morte: Norma Fontenla e José Neglia, ciascuno entro un diverso suo fuoco ed una diversa, soggiogante individualità. Nella stessa sala circolare, situata nelle zone profonde del Teatro; quella insalubre "rotonda" mai bagnata da luce naturale,, inevitabile luogo di appuntamento per il corpo di ballo di ieri come per quello di oggi . . .
I tempi cambiano, i ballerini dimenticano la serietà formale delle classiche maglie nere: si caricano di stravaganti vestiture, simpatiche, multicolori. Enormi maglioni, calze di lana, "scafandri" plastici per le gambe o il ventre— "maillots" di lycra, bande e fazzoletti per capelli, chimoni, gonne indiane, scialli annodati, giacche bucherellate, ginocchiere, cavigliere, altre gonne di scoloriti tuls, borsoni giganteschi che contengono tutto un mondo di cose utili ed inservibili; e poi, i regimi dietetici: soprattutto lo "Yoghurt", poi la carota grattugiata, le uova dure, la carne ai ferri. Capelli lunghi nei giovani, 'permanente" nelle ragazze, ma altre coi capelli molto corti e, le meno, con le chiome annodate "stile ballerina".
Ormai il professionista della danza non è più un essere di un altro mondo; è uguale al giovane della strada che veste "Jeans" e "tennis". Da una funzione scenica all'altra, veste tuls, broccati, trine, rasi, velluti.
Si trasferisce in altri secoli: a sogni di fantasia e a drammi laceranti. Soffre, è felice, ama, muore e rinasce secondo la funzione. Balla: quella è la sua vita!. E attraverso la danza arriverà a forgiare la sua piena e completa verità.
Da Marius Petipa fino al nostro Oscar Araiz c'e un solo cammino, che conduce a un identico amore. Già nel repertorio, stanno l'uno vicino all'altro i romantici, i classici, i neoclassici, i moderni, i contemporanei, i folklorici ed i locali. Stili e linee, assorbiti da una compagnia di ballet che non conosce frontiere, che ha bisogno di essere internazionale, ma che è, onorevolmente, il prodotto di ogni passo di ballet dato dagli inizi fino ad ora, dai suoi innumerevoli integranti; e da ognuno che ha posto la sua anima nell'Arte e che con il suo impegno, il suo affetto, ha innalzato a fastigi una parte del Teatro Colòn e tutto il suo Ballet.

SILVIA GSELL

LA PRESENZA DELLA MUSICA PURA

Fino ad ora manca a Buenos Aires una Sala di concerti, come invece ce l'hanno altre città del mondo.
Il clamore del pubblico desideroso di avere a disposizione un vero complesso musicale —in relazione alla variatissima attività di concerti sviluppantisi un anno dopo l'altro per iniziative di organismi uficiali e di privati, è già cosa di molti anni fa; data, perlomeno, dal decennio del '20.
Fu, quindi, quasi per forza che questa attività musicale comprendente la musica sinfonica, l'oratorio, la musica de camera e il "recital" di tipo solistico (in tutte le sue immaginabili derivazioni) si uni alla sala più bella, di migliore acustica, di ambientazione più nobile e più rappresentativa. Fu così —e non potette essere in altro modo!— che il Teatro Colòn (dinanzi al peso di queste circonstanze fino ad ora insuperabili) si trasformò nel centro obbligato di quei repertori; e fu invano che si tentasse di sradicarli da questa Sala predestinata dalla sua atmosfera e dalla tradizione a dar luogo a queste realizzazioni molto elevate.
Il Teatro Colòn fu costruito in un 'epoca di grande prosperità economica argentina per divenire uno dei più lussuosi ambiti del mondo destinati all'Opera. La sua storia è quella stessa della maturazione, nel nostro Paese, dell'Arte della musica. Sporadica prima, poi organizzata con maggior coerenza, la realizzazione di concerti integra, a settantacinque anni dall'inaugurazione della massima sala teatrale iberoamericana, l'essenza e la presenza del Colòn nel pubblico; ed evoca costantemente la durevole eco di avvenimenti che trascendono il loro momentaneo splendore per situarsi come memoria incorruttibile dei più vitali ricordi.
Apparentemene, per la sua grandezza e il suo volume, il Teatro Colòn può servir solo per concerti orchestrali e sinfonico-corali come complemento della sua più specifica funzione che è dedicarsi all'Opera ed allo spettacolo coreografico. Quasi forzosamente, fin dai primi indizi di occasionali concerti sinfonici, quando questa dedicazione della Sala a un repertorio di "musica pura" era ancora cosa sporadica, si andarono affermando nel suo dorato "ferro di cavallo" cicli di concerti che marcavano "momenti culmine" di ciascuna stagione lirica. Questa nuova funzione del Colòn —dopo inizi meno promettenti— cominciò nel 1920 con i concerti diretti da Richard Strauss al fronte di un'orchestra appositamente riunita e posta a disposizione della bacchetta di quel geniale compositore e ammirevole interprete sinfonico.
Da quando nel Teatro Colòn esistette una orchestra d'Opera organizzata como corpo stabile e costituita regolarmente, anche veniva a imporsi la necessità di una periodica realizzazione di cicli sinfonici che, pian piano, abituarono a tal genere di manifestazioni il gusto del pubblico e così servirono ad armonizzare e coordinare l'utilità professionale di un orga-

nismo unico a tal alto livello, per molti anni, nella Capitale argentina. Visite successive, della Orchestra Filarmonica di Vienna, nel 1922 e nel 1923, intensificarono la domanda di tali esperimenti, avanzata da un pubblico sempre più avido di approfondirsi nelle più alte opere del maggior repertorio sinfonico. Dobbiamo ricordare che appena dal 1947 Buenos Aires potè contare su un'orchestra sinfonica (l'attuale "Filarmonica"; che agli inizi fu municipale e poi fu incorporata alla struttura stabile del Teatro Colòn.)

E' grande la tentazione di scrivere "hic et nunc" una storia di questa attività di concerti nel Colòn; porre in evidenza proprio l'avida richiesta da parte del pubblico e documentare la ripercussione causata —volta per volta— da ognuno di questi importanti avvenimenti. O che si tratti dei cicli di tutte le Suonate di Beethoven interpretata in questa Sala —considerata magica anche da grandi pianisti come Bakhaus ed Arrau— o che si tratti della divulgazione degli Oratori e Passioni di Haëndel e di Bach, o la presenza ineffabile dei Bimbi Cantori di Vienna (dal 1936) o di insiemi da camera —da quartetti fino a ridotte orchestre— o di insigni complessi "liederistici", tutto indica che questa Sala fu per ben settantacinque anni l'asse intorno al quale girò la presenza della musica strumentale e vocale, musica fatta di pure forme e di sublimi contenuti.

Nella Sala grande, quella del Teatro dell'Opera, vengono dati concerti di interpreti consacrati definitivamente dal pubblico e dalla critica; e nel bellissimo "foyer" di protocollare carattere, i cicli di ampliamento culturale con la presenza di conferenzieri e cicli di diffusione di cultura con entrata gratuita. Ma non meno importanti —e a volte persino nella sala "9 de Julio" per prove di opera— sono i cicli di iniziazione ad ogni genere di musica dedicati agli studenti medi; e che si svolgono nel terzo piano del sottosuolo. Cicli che aggiunsero alle più alte esperienze nel campo della musica, il loro apporto speciale.

Chi cammina, in ore della mattina o del primo pomeriggio o prima che s'inizi un concerto, nei "foyers", nei corridoi dei camerini o per le scale o sui pianerottoli, può trovarsi improvvisamente dinanzi a musici che accordano e affinano il suono dei loro strumenti e che van ripetendo passi delle loro "particelle" in modo che gli echi di tante sonorità di perfette armonie riempiono senza tregua gli echi di questo Teatro predestinato come pochi lo sono nel mondo, a riunire e raccogliere in sè —sublimate— tante diverse esperienze musicali.

Juan Pedro Franze

IL SILENZIO DELL'ARTIGIANO

Si son già cantate, con giustizia, le glorie della scena, gli artisti del canto e della danza, i virtuosi della musica, gli illustri complessi strumentali; rimane ora, non minore, un ricordo emotivo; un giusto omaggio.

Nelle viscere della terra, nell'infinito dedalo di scantinati, corridoi e recinti sotterranei, vive una stirpe abnegata, fedele, che sogna, immagina e —sopratutto— crea.

E' nei sotterranei del Colòn che si potrebbe situare una ignorata storia del teatro. Anche lì si delineano i suoi trionfi! Pittori, disegnatori, scultori, modiste e sarte, calzolai, parrucchieri, fabbri, falegnami . . . tutto un variopinto esercito di professioni varie —arti ed artigiania— vien riunito da quell'insaziabile e contradditorio mostro che è il teatro.

Proprio lì possiamo osservare un lavoro patetico e magico. Quegli artigiani ed artisti non immaginano per se stessi; soffrono il travaglio creativo per altri, per i "divi" del "bel canto" o le immateriali, sovrumane ballerine. Mai sfoggeranno i diademi e gli scettri ingioiellati: saranno altri che indosseranno le ali di "La Sylphide" o l'opprimente manto di Boris o i simboli egiziani del faraone.

Forse pochi conoscono e tantomeno immaginano questi tre misteriosi piani di sotterranei, il sottosuolo del Teatro Colòn; o, all'inversa, le sue remotissime soffitte! Immensi depositi conservano vestiti e decorazioni sceniche d'innumerevoli rappresentazioni, alcune delle quali definitivamente dimenticate senza possibilità di appello; e dove in un fantastico caos son posti di fronte l'un le altro i "testoni" spagnoli del "Paliotto", le "Madonne" di cartapesta, il clavicordio —muto— di "Werther" ed icone appesantite da profusioni di pietre preziose. Tutto cio sta immoto in ogni nascondiglio; attendendo la gravità delle ore —decisive— della scena.

Ma tutto si porrà in ordine sotto il gioco di prestigio, la scelta: degli attrezzisti e dei pittori. Intanto le "maquettes", prodigiose miniature, vengon interpretate, per coprire l'immensa scena del Teatro mediante sottili materie plastiche. Possiamo immaginare l'emozione che proverà chi rielaborerà lo stile paesaggista di Cicenti per "La fille du Danube" o chi ricreerà gli splendidi altorilievi di Babilonia per "Nabucco" o tenterà mostrare il bosco magico della "Bella Dormente".

Umili mani, in apparenza rozze, ma invence di straordinaria delicatezza tecnica han prodigato il miracolo; una generazione dopo l'altra. Le mani che, commosse, posero una perla nell'acconciatura della Muzio o un fermaglio sulla giacca di Gigli son le stesse mani che trasformano i lineamenti delle nuove stelle dell'Arte con la magía del trucco o racchiudono i loro corpi dentro figurini fantastici.

Senza un permanente atto di umiltá e di rispetto, questo trionfo dei segreti creatori dello spettacolo sarebbe impossibile. Sembra che ciascuno di loro sappia intuire nell'artista la sacra presenza, il dono dell'arte scenica, la grazia; ed offrono a tal imponderabile qualità i loro sogni più cari e la più delicata parte della loro immaginazione. Assieme a loro, ci rimangono da considerare i modesti uomini di scena; macchinisti, attrezzisti, uomini delle luci.

La velocità di questi disciplinati muscoli cambierà in pochi istanti il palazzo romano del "Cellini" o i modesti quartieri della "Bohème".

Passano con egual sicurezza per strade moscovite, come possono aggirarsi in castelli incantati; possono porre rapidissimamente in scena la tomba di Giselle o il letto nuziale di Giulietta. Ma devono anche saper superare le angustie causate dagli implacabili minuti e secondi che il compositore ha previsto; ed un cambio di scena è una irreprensibile prodezza che incide sulla perfezione di una rappresentazione.

Il laberinto di ponti e cordami, di fasci di luci e di riflettori conosce questo inquieto, ampio gruppo d'uomini di teatro.

Con vestimenta di lavoro create senza alcuna poesia, stanno, nonostante, più vicini di qualsiasi spettatore al mondo dell'arte. Non invidiano il Cigno Reale, nè il Principe Sigfrido che passano accanto a loro; sono felici di aver condiviso con gli artisti momenti di sogno e poter materializzare e render magnifico questo sogno per noi tutti.

Angel Fumagalli

CONSIDERAZIONI FINALI

Vorrei riferire —brevemente— la felicità che ho sentita per dieci mesi scattando fotografie ed elaborando questo libro.

Durante questo tempo sono passato per stati d'animo diversi: le prime visite all'ambiente, per familiarizzarmi col lavoro e col teatro, mi rivelarono un mondo così diverso da quello usuale e così affascinante che vissi, poi, dominato dall'emozione; quella emozione che impedisce ad uno di potersi controllare e che lo fa disperare, perchè uno pensa che certe limitazioni tecniche, pur valendoci del miglior equipaggiamento possibile, non consentono racchiudere nelle fotografie certe speciali, impressionanti immagini.

Commisi molti errori, nei primi momenti; il "clima", che cercavo, l'avevo chiaro —come idea— nella mente; ma bisognava adattarci diversi aspetti tecnici e, più che tutto, arrivare a dominare proprio quella emozione! Ma finalmente potetti cominciare a vedere che i resultati andavano collimando con le mie aspettative: il mio studio, invaso da nastri e nastri di pellicole, adattò il suo aspetto usuale a quel nuovo tipo di lavoro e —lente di ingrandimento alla mano— scartai, una per una, centinaia di fotografie sbagliate.

Così più fiducioso, più sicuro, ogni volta preparavo le mie tre fiammanti "Leiche" e con tredici chili di equipaggiamento e spalleggiato a volte dal mio aiutante, mi dirigevo verso il Teatro.

Posso confessare, ora, che arrivavo alle prove —o alle funzioni— in uno stato di totale esaurimento. Cinquecento o più foto ogni giorno, la mancanza di luce adeguata, la temperatura, la tensione nervosa e la mia ignoranza su temi di alta specializzazione, rendevano il mio compito spossante.

Ma salendo sullo scenario e rendendomi conto del cortese comportamento del personale di scena, che mi salutava; e degli artisti che già si erano abituati alla mia presenza, incontravo la forza della quale avevo bisogno per sentirmi meglio.

Il Colòn è il luogo più "magicamente suggestivo" che ho conosciuto; in ogni momento, in qualsiasi sua parte accadono fatti insoliti! . . . mi prepa-

ro; carico i miei apparecchi fotografici, comincio a scattare fotografie mentre lo scenario si va ordinando e lo spettacolo comincia. A partire da tale momento niente, più, pesa; si dimentica la stanchezza, una strana vibrazione mi anima: mi sento l'essere più felice e più privilegiato del mondo.
Continuando a scattare fotografie mi sposto dovunque, con assoluta libertà; stando però attento a non molestare dato che esiste nel personale del teatro una comprensibile tensione nervosa e rispettare le indicazioni e sapersi guidare mediante l'uso quasi di un sesto senso, resulta imprescindibile.
Dato che sono un artista plastico, totalmente dedito a tutta una parte visiva, conservo nella mente migliaia di immagini di cose e di luoghi che ho conosciuto e che ho immaginato; però la quantità e la bellezza di quelle che il Colòn mi offri superano tutto ciò che è possibile concepire e van situate su uno specialissimo piano "magico-pittorico".
Nelle sale di prova del Ballet dell'Istituto d'Arte Superiore del Colòn, colme di stilizzate figure, la luce che scende —come filtrata— dalle finestre, si riflette in molti specchi; ritmo e tempi musicali sono permanenti e le delicate espressioni dei volti, gli inverosimili atteggiamenti dei corpi e tutta la plasticità dell'insieme sono davvero il "summum" al quale può aspirare un fotografo! E questo senza dimenticare le scene nelle quali gli alunni del Corso di trucco trasformano i loro volti in maschere coperte di disegni e di esotici colori rappresentando fantastici personaggi!
Fin dal principio decisi —direi così— di "annotare" nelle mie fotografie la luce esatta, reale, di ogni luogo; con lo scopo di evitare che il resultato potesse divenire irreale per la gente che vive nel Teatro; ed anche perchè il lettore potesse conoscere l'aspetto dei luoghi ai quali non ha accesso. Così, nella serie di foto scattate nella sala di prova del Ballet (detta "la rotonda") si potrà osservare un tono predominante, azzurro-verdoso, e un accentuato grado di penombra; così, nemmen volli svigorire —nei camerini— l'intensità delle luci frontali o diminuire quel naturale disordine di oggetti personali che esisteva quando scattai le fotografie.
Resultò poi molto difficile il lavoro sullo scenario, data la varietà degli elementi di illuminazione che vi viene utilizzata; elementi che variano da un' Opera all' altra e che, durante le rappresentazioni presentano cambi continui di intensità e di colore complicando, con la luce a basso livello e il continuo movimento degli artisti, la possibilità di ottenere buoni resultati.
Ma, a parte il problema causato dalla penombra è anche vero che ogni incursione nelle zone più appartate del Teatro condusse a indimenticabili scoperte: i depositi, dove coesistono cavalli, draghi, teschi e treni; gli immensi "ateliers" dove si perde la nozione del tempo: e poi, percepire una lontana nota musicale ed avvertire in noi la necessità di intendere donde mai provenga e finalmente incontrare un musicista che sta accordando il suo strumento, magari in un vestibolo vicino alla Sala.
Desidero esprimere alle Autorità del Teatro che mi lasciarono lavorare in assoluta libertà, la mia più profonda gratitudine ed ugualmente la esprimo al mio amico Mujica Lainez che mi accompagna col suo talento in questo nostro quinto libro.
Vada la mia gratitudine anche agli specialisti che prepararono importanti studi sulla struttura e sulle discipline del Teatro ed al gruppo dei diretti collaboratori che percorsero —con fede— il cammino che mi ha permesso di offrire, oggi, questa nuova opera al pubblico.
Ricordando tanti dettagli di questa indimenticabile esperienza, provo una emozione non minore di quella che provai quando la iniziai; anche se ora vi si aggiunge la tristezza di averla terminato. Continueranno, le immagini, ad attendere dentro questa città-teatro; e suoni e movimenti ed i loro misteri; perchè altri artisti si interessino di loro come io me ne interessai e a loro volta ed a loro modo li presentino al pubblico.

A.S.
Marzo 1983

*

MEIN ANDENKEN ANS TEATRO COLON

Ich war etwa sechs Jahre alt (und somit muss das 1916 geschehen sein), als man mich zum ersten Male mit ins Teatro Colón nahm. An jenem Tage wurde glücklicherweise "Aida" gespielt. Dank dieser Oper, dem Zauber ihres Farbenreichtums und ihrer Musik, hat mich das Theater für alle Zeiten erobert. Ich zog in dasselbe, als erstauntes Kind, ein, geführt von der gütigen Hand Verdis, unter Trompetengeschmetter, und besser konnte ich da nicht eingeweiht werden. Es war wie eine Verzauberung. Noch heute, nach so vielen Jahren, jedes Mal wenn ich dem Triumphzuge des Radames beiwohne, ergreift und überwältigt mich die gleiche altgewohnte und stets neu gefühlte Gemütsbewegung.
Selbstredend hat es einige Zeit gedauert bis ich begriffen habe was das Teatro Colón bedeutet. Nach und nach bereicherte sich seine Eigenart als Märchenreich, wo jegliche Verzauberung möglich sein kann —ohne je diese grundlegende Wunderwirkung im geringsten einzubüssen—, mit der stolzbewussten Feststellung, was dieses Theater für unsere Stadt und das gesamte Land verkörpert.
Buenos Aires, und durch sie die Republik Argentinien, besitzt mehrere prunkvolle Spiegel aus denen das Hervorragendste des Geistes dieser Stadt zurückstrahlt und uns überhöht. In solche Spiegel blicken wir mit gut begründeter Eitelkeit, und die Bilder, die sie uns gewähren, sollen und müssen uns anregen diesen höchsten Werten würdig zu sein im Sinne ihrer Begründer. Einer dieser Prunkspiegel ist das Teatro Colón. Alles an ihm, die ausgeglichene Majestät seiner Architektur und der Austattung und der veredelte Lebensstil, den diese Herrlichkeit voraussetzt, bis zu seiner langjährigen Geschichte von höchsten künstlerischen Ereignissen, spricht zu unserem Geiste von jenem Glauben an die Grösse Argentiniens, den jene fühlten, die es vor 75 Jahren erbauten. Die Gewissheit seiner Existenz genügt um diesen Ton richtig anzugeben. Man fühlt bis in die innigste Herzensstimmung, dass man, wenn man es durchschreitet, dieses Hauses würdig zu sein hat und nur auf diese Art der erwähnten Illusion von erfüllter Grösse, die unsere Vorfahren inspiriert hat, entsprechen kann.
Im Teatro Colón konzentriert sich, als bleibendes Symbol, die vaterländische Stosskraft des Jahres 1908, die Inbrunst eines sowohl auf geistiger wie auf materieller Ebene blühenden Landes. Vom mondänen Luxus der Logen und Parkettplätze bis zur würdigen Schlichteit der Galeriesitze und der Stehplätze des "Paradieses", haben die verschiedensten Schichten der Gesellschaft in diesem Saale ihren Platz eingenommen in einer räumlichen Weite, die sie alle zusammenfasst. Keiner, dessen Verlangen aufrichtig war, hat den Glanz und die Vielfalt seiner Aufführungen versäumen müssen, denn in den grossen Feierstunden des Teatro Colón findet die Vorstellung sowohl auf der Bühne wie im Saale statt, beide nehmen an einer einzigen Harmonie teil. Es bleibt zu hoffen, dass wir, auf unsere Art, den Weg finden Anspruch erheben zu können, soviel grossartige Schönheit zu verdienen, denn diese Haltung könnte unter Beweis setzen, dass dieses Land, unser Land, noch würdig ist über dieses und andere Symbole zu verfügen, welche mit ihrer tonlosen Sprache, im überrragenden Rhythmus ihrer Strukturen fortdauernde Weisungen für die Tragweite der argentinischen Zukunft bestätigen.
Von mir selbst kann ich nur sagen, dass ich immer wieder zurückgekehrt bin in das geliebte Theater, im Verlauf meines ganzen Lebens, und dass bei jedem meiner Besuche, wenn ich den grossartigen Saal überblickte, sowohl wenn ich mich an der Brüstung einer Loge befand oder am Geländer der allerhöchsten Stehplätze lehnte, immer den selben Eindruck empfand: die Zeit, die verschiedenen Zeitabläufe, in der Weite dieses Raumes schwebten, von tausend Lichtern erhellt und dass ich dabei, versteckt inmitten der goldenen und rosafarbenen Schwingungen der Logenbrüstungen und der Vorhänge, in einer taumelnden Umwandlung der Kleidungssitten veränderlicher Moden, die bewunderten oder geliebten Antlitze von jenen, die nicht mehr unter uns weilen, zu entdecken wähnte. Die denkwürdigen Anwesenheiten, das Beisein jener die dazu beitragen, einem bestimmten Raum seine Eigenheit zu gewähren und die, bis zu einem gewissen Grade, ihn vervollständigen, bis sie sich in seine geheimnisvolle Seele einverleiben, gehören untrennbar zu ihm, und wer seine Aufnahmenfähigkeit verschärfen kann, wird die gelinde Spur entdecken, die sich in dem Zittern der Schatten und als rasch entweichende Erscheinungen andeutet. Das Teatro Colón verfügt über dieses geheimnisvolle Vermögen , ihm zugehörig, unwandelbar, wie die Bewegung des prunkvollen Bühnenvorhanges, der seinen Faltenwurf zu einer Reverenz gestaltet, wenn er sich öffnet.
Aber nun befinden wir uns im Theater, und das gedämpfte Murmeln der Gespräche, dem sich, zart als wären sie Seufzer, Stimmen aus früheren Zeiten und das Geräusch unsichtbarer Fächer beimischen, hört auf: der Dirigent hat das Podium betreten, seine erhobenen Arme wecken die nicht sichtbaren Instrumente auf. Der Saal verdunkelt sich bis er, plötzlich, zauberhaft, durch die Musik erhellt wird.

***

Das, was ich hier schreibe, einem Vorschlage meines Freundes Aldo Sessa folgend, kann und soll nicht zu einer Geschichte der Opernkunst im Teatro Colón ausgestaltet werden. Ich will nicht das Risiko wagen, technische Tiefgründigkeiten auszusprechen, um die Photographien dieses aussergewöhnlichen Künstlers zu beschriften. Ein solches Unterfangen könnte ich nicht wagen, diese Arbeit haben in diesem Buche Spezialisten, mit grosser Erfahrung, Wissen und Ehrentiteln zu übernehmen. Der Umstand ein beharrlicher Besucher des Theaters gewesen zu sein, gestattet nicht die Vorrechte eines Musikkenners zu geniessen. Im Grunde entspringt mein Verhältnis mit dem Theater sowohl aus dem Genuss, den die gute Musik und der gut ausgeführte Gesang verursachen, wie auch aus dem Glücksgefühl, welches für mich aus der Atmosphäre des Hauses entspringt.
Ich hatte das Glück, im Verlauf vieler Jahre, daselbst hervorragenden Sängern, Dirigenten, Instrumentalisten und Tänzern Beifall gespendet zu haben. Ich hatte Abonnements in den Galerieplätzen vierten Ranges (in der "Cazuela") und genoss Logen mit besonderer Bevorzugung. Letzteres geschah als ich Generaldirektor für kulturelle Beziehungen des Aussenministeriums war. Diesem Amt, das damals in erster Linie ein Ehrenposten war, stand das beneidenswerte Anrecht zu, über einer Loge im Teatro Colón zu verfügen. Von dieser Loge aus, gelegentlich in Begleitung eines malerischen ausländischen Kulturbeauftragten (unter Bevorzugung von Turbanträgern), konnte ich gemächlich meine Kenntnis im Opernbereich vervollständigen. Als ich dieses Amt aufgab, und diese Loge einbüsste, konnte ich eine andere einnehmen, die der National-Akademie für schöne Künste, zu der ich berechtigten Zutritt hatte, und von der ich lange Zeit hindurch Nutzniesser war, oft in Beisammensein mit dem freundlichen Bildhauer José Fioravanti, der Buenos Aires mit Denkmälern übersät hat.
Ich versuche nunmehr eine Namensliste der grossen Persönlichkeiten aufzustellen, die ich auf der Bühne des Teatro Colón erlebt habe, von jener Epoche an, als wir, selbstgefällige Burschen in unseren nagelneuen Fracks, unserer mit Gomina geglätteten Haare und unserer hoffnungsvollen Zukunft, die hübschen jungen Damen beäugten, die sich hinter den Programmheften verschanzten in dem juwelenbestreuten Halbdunkel des Theaters. Sicherlich werde ich viele bedeutende Namen vergessen. Auch werde ich mir dadurch den gerechtfertigten Tadel der Eingeweihten zuziehen. Aber ich werde es doch wagen, mit gutem Willen und lückenhaftem Gedächnis, eine ungeordnete und unvollständige Aufzählung vorzunehmen, deren Widerhall hier unerlässlich ist und die, wenn auch auf lahmen Füssen, für den Leser hinreichend sein wird, besonders wenn er zu den jüngeren Generationen gehört, um sich zu vergegenwärtigen, was er verpasst hat, und um sich, sollte er in die älteren Jahrgänge einpassen, mit sehnsuchtsvoller Wehmut vollzusaugen: Claudia Muzio, Beniamino Gigli, Melchior, die Tebaldi, die Schwarzkopf, Lily Pons, Maria Caniglia, Maria Callas, Schaljapin, Fedora Barbieri, Birgit Nilsson, Victoria de los Angeles, Christoff . . . Serge Lifar, Tumanova, Markova, Nureyev . . . ich hatte den Vorzug zugegen zu sein als Manuel de Falla und Strawinsky ihre Werke dirigierten (und bei Letzterem: als die Stimme von Victoria Ocampo den Saal erfüllte und sie die Verse von André Gide für "Persephone" deklamierte), und Toscanini, aus nächster Nähe, in einer Proszeniumsloge sitzend, konnte ich erspähen wie er sein Orchester mehr mit seinen schreckerregenden Augen als mit seinem Taktstock anleitete . . . und Hindemith und Weingartner . . . und die berühmten Pianisten und Violinisten . . . Und alle diese Namen, ohne die zahlreichen und überragenden Argentinier aufzuzählen, denn da würde es besonders gefährlich sein, einen Irrtum zu begehen.
Ich kann mich wahrlich nicht beklagen! Wieviel Ruhm! Ich schliesse meine Augenlider, in der Stille meines Heimes in den Bergen von Córdoba, und alle Erinnerungen beleben sich aufs Neue. Es umgibt mich so viel Musik, dass ich meine Feder niederlege und warten muss. Die grossen Carolina-Pappeln bringen mir, mit ihrem Erzittern, den Nachhall von Mozart, Beethoven, Wagner, Bellini, Puccini, dem geliebten Verdi zurück . . . Arthur Rubinstein sitzt am Klavier; an einem anderen sitzt Brailovsky; es verneigt sich Segovia mit seiner Gitarre in der rechten Hand; Jehudi Menuhin, aufrecht, wie ein en Zepter, hebt den Bogen seiner Violine. Und das Theater wächst um sie herum und mischt sein Gold und die rosafarbenen Tönungen mit dem Grün und Blau dieser Landschaft, während, zur gleichen Zeit, der Gesang der Bäume und der Gesang der Primadonnen zu den Wolken aufsteigt, als ob sie ein schöner Bühnenhimmel wären.
Zu diesen Vorzügen gesellt sich die Gnade ein anderes Antlitz des Theaters kennengelernt zu haben, das geheimnisvolle, unbekannte, das in den Verborgenheiten der Kellerstockwerke unter der Erde verteilt ist, und das in den Eingeweiden des heute mit dem Namen von Arturo Toscanini bezeichneten Platzes entstanden sind. Zu verschiedenen Zeitpunkten habe ich diese verborgene Welt besucht, ohne deren entsprechende Ergänzung diejenige, die sich über dem Erdboden ausbreitet, voller Stolz erglänzend, nicht möglich sein würde, denn in diese Verstecke vertiefen sich die oftmals bescheidenen, aber immer unumgänglichen Wurzeln, die mit ihren Lebenssäften die obere Welt nähren.
Schwerlich kann sich derjenige, der auf seinem Sitzplatz bequem untergebracht ist, der zusieht wie der Vorhang aufgezogen wird und die einleitenden Akkorde des Werkes hört, vorstellen, dass genau unterhalb von ihm, im gleichen Augenblick und zu jeglicher Stunde, vormittags oder abends, sich die Tatkraft einer kleinen Stadt unstet rührt. Seine Bewunderung würde sich in Erstaunen verwandeln, wenn es ihm möglich wäre in diese Wunderwelt und Verzauberungen einzutauchen, in das Labyrinth von Treppen und Aufzügen, von Durchgängen und Galerien, in deren Netzwerk er sich verirren würde, wenn er keinen wegkundigen Begleiter bei sich hätte, und in die Reihenfolge von Studiensälen, Ateliers, Depots und Proberäumen kommt, von welchen einige mit genauen Ausmassen die grosse Bühne wiedergeben.
Die Bewohner, auf welche er während dieser Wanderung stossen könnte, sind unter Umständen die gleichen, die er auf der Bühne sehen kann, aber sie würden ihm in diesen unterweltlichen Gebieten andere Dimensionen vermitteln. Er könnte dort Sänger sehen und hören, welche ihre Solfeggien und Triller üben; er würde die akrobatischen Luftsprünge und disziplinierten Tanzstellugen des Balletts sehen; ebenfalls könnte er zusehen, wie die Friseure die Perücken kämmen; die Schneider Kostüme zuschneiden, Stikkereien kopieren; die Maler Versetzteile dekorieren, Soffitten idealisierend; diejenigen beobachten die Schnitzereien ausführen, die Tischler, die Tapezierer, die Maschinisten, die Elektriker, die Requisiteure . . . Er würde, je nach den Spielzeiten, auf einen halbgeschminkten Othello stossen, auf einen Siegfried in Hemdsärmeln, auf einen sanften Pelléas, eine schreckenerregende Turandot, eine innige Butterfly; auf seinem Wege kämen ihm Scharen von leichtfüssigen Ballettelevinnen entgegen; Walküren die Butterbrote verzehren; mittelalterliche Heerscharen, die über die Lebenshaltungskosten Argentiniens diskutieren. Die Geschichte, die Poesie, die Phantasie, das Absonderliche bewegen sich dort mit aller Natürlichkeit und lassen es zu, dass die widersprüchlichsten Epochen untereinander Tuchfühlung nehmen und dass, anscheinend, alles das zur Wirklichkeit wird, was niemals wirklich sein kann.
Alle diese Gegebenheiten verwandeln das Teatro Colón in eine magische Zitadelle, in einen Zufluchtsort der Träume, im Mittelpunkt von Buenos Aires, einer Metropole welche von politischen Passionen und von wirtschaftlichen Fragestellungen erschüttert oder von den Unruhen der Zeiterscheinungen bewegt wird, und inmitten des Lebens, das vorbeifliesst, denn in der verschlossenen Welt des Theaters siegt das Paradoxon, demzufolge es keinen Zeitablauf gibt, das Alter durch die Maskierung abgeschafft wurde und es auch keinen Tod geben kann, da die Generationen vorüberziehen und fortlaufend ein Rigoletto und ein Boris oder eine Aida von den nächsten abgelöst wird und wenn dann flügelerzitternd der Schwan von Saint-Saëns stirbt, er wieder aufstehen kann und eine hübsche Verbeugung vor jenen macht, die ihm Beifall spenden.
Glücklicher Ort, verzauberte und bezaubernde Insel; unsichtbarer, dynamischer, tosender unterirdischer Zirkus, und sichtbarer Palast der höchsten Regelmässigkeit, geordnet durch die Musik, wo noch immer die Eleganz mit der Kunst zusammentrifft, in diesen Tagen der geistesgestörten Trennung von Kunst und Eleganz (und man müsste sich fragen wie lang diese Scheidung noch andauern kann, denn alle Dinge kehren einstmals wieder): das alles ist das Teatro Colón.

***

Abgesehen von diesen grundlegenden Bindungen, die ich schon erwähnt habe und die mich seit meiner Kindheit mit dem Teatro Colón verquicken und die ich, befestigt und verfeinert im Verlauf der Zeit, aus verschiedenartigen Gründen, mit tausenden von Musikliebhabern, mit Leuten von Welt und mit Verehrern der Kunst, teile, gibt es vier originelle Episoden, welche eine besondere Reihe von Zusammenhängen speziellster Eigenart zwischen meinem Leben und dem des Theaters verursachen. Auf diese Art, ohne dass ich mich darum bemüht hätte, infolge von besonderen, unumgänglichen Umständen, wurde ich so innig mit dem Teatro Colón und seiner Existenz zusammengeschaltet, dass ich heute, wenn ich meine Memoiren

schreiben würde (was in meiner Einbildung nie vorkommen wird), sie nicht übergehen könnte.
Sie fanden in den Jahren 1942, 1963-66, 1967-72 und 1979 statt.

***

Die erste dieser Episoden, die ich erlebte als ich zweiundreissig Jahre alt war, schloss mich während eines ganzen Sommers ins Teatro Colón ein. Damals war der leitende Bühnenbildner mein guter Freund, der Maler Héctor Basaldúa. Er hat dieses Amt von 1933 bis 1950 bekleidet und hat während jener Jahre unvergessliche Bühnenbilder entworfen, von denen ein Grossteil in einem Bildbande zusammengefasst wurden, welchen die Stadtverwaltung des Oberbürgermeisters Mariano de Vedia y Mitre veröffentlichte.
Im Jahre 1942 nahm er sich vor, mein Bildnis im Theater zu malen und nützte dazu die relative Ruhepause von seiner ermüdenden Tätigkeit im Verlauf des Sommers aus. Um eine entsprechende Tracht auszuwählen, begaben wir uns in die riesigen Depots von Kostümen und dekorativen Zubehören, die sich in einem der Unterstockwerke des Kellers befinden. Ich erinnere mich an die ernsthafte gute Laune und die professionelle Gewandtheit mit denen dieser Künstler, den ich seit meinem Pariser Aufenthalt, als ich fünfzehn Jahre alt war, kannte, mir Mützen, Hüte und Helme aufsetzte, mich in Togen, Umhänge und Mäntel einhüllte, Wamskleider zurück legte und Federbüsche verschmähte. Schliesslich entschied er sich für den Umhang des Cavaradossi und mit demselben unter den Arm geklemmt, stiegen wir wieder hinauf in das Atelier des Meisters, das im ersten Stock lag.
Sein Atelier war ein lichterfüllter Raum. Von dort aus, über den Lavalle-Platz hinweg und die Säule auf deren Spitze sein Gleichgewicht der Held erprobt, den meine Vorfahren vergötterten, sah man, wie in der Luft schwebend, eine ferne Kuppel, deren inzwischen verlorengegangene Turmspitze dank einer Illustration vom selben Basaldúa für mein Epos "Gesang an Buenos Aires" überlebt. Im Verlauf der ersten Tage skizzierte Héctor mehrere Zeichnungen von mir, um die geeignete Pose zu finden, bis er auf der Staffelei die Leinwand befestigte und mit dem Abenteuer des Malens begann. Er hatte beschlossen ein Bildnis mit dem Oberkörper zu verfertigen. Auf demselben trage ich eine blaue Hose und ein weisses Oberhemd mit offenem Kragen; von meiner linken Schulter hängt der blaue Mantel des Liebhabers der Tosca und meine beiden Hände ruhen auf den offenen Seiten eines Buches das auf meinen Beinen liegt.
Hätte ich wissen können, dass dieses Bildnis vierundfünfzig Sitzungen und hiermit vierundfünfzig Vormittagsfahrten von meinem Hause im Stadtteil Belgrano bis zum Bühneneingang des Teatro Colón erfordern würde, zweifle ich dass ich diesen Plan weitergefürt hätte, so sehr mich auch der Gedanke, mein von Basaldúa gemaltes Portrait zu besitzen, unendlich beglückte. Das Bildnis wäre niemals zustande gekommen und seine Nichtexistenz hätte mich um mein bestes Ebenbild aus jener Epoche beraubt. Zum Glück, nach täglichen Zweifeln, nach unzähligen Fort —und Rückschritten, wurde es fertig, und das Oelgemälde hängt heutzutage im Speisezimmer in der Wohnung des jüngsten meiner Söhne. Man kann die peinliche Gewissenhaftigkeit des Meisters daraus ermessen, wenn man bedenkt, dass nach Verlauf von dreissig Sitzungen, er plötzlich, ohne mich darauf vorzubereiten, erzürnt ein Messer schwang und das Antlitz von der Leinwand herunterkratzte; und dass das Weiss meines Hemdes, ausserdem, mehr als zwanzig Sitzungen erforderte, die in hellem Wahnwitz der Aufschichtung von Pinselstrichen gewidmet wurden, der Widerspenstigkeit des Materials del bildenden Künste und seinen Nuancen nachforschend, bis der Künstler dasjenige ausfindig gemacht hatte, das ihm das richtige zu sein schien.
Diese tagtäglichen Besuche im Atelier vertieften meine alte Freundschaft mit Basaldúa und vertieften ebenfalls meine Beziehungen zum Teatro Colón. Von Zeit zu Zeit, im Verlauf dieser Vormittage, unterbrachen wir unsere Sitzungen, weil seine Gehilfen erschienen, um vom Bühnenbildner Ratschläge zu erheischen oder weil derselbe meiner Regungslosigkeit zeitweiligen Urlaub gewährte. Ich benützt sie, je nach Möglichkeit, um in der Umgebung des Ateliers herumzuschweifen. Wenn ich eine halboffene Logentür entdeckte, schlich ich mich in das dunkle Innere der Loge. Vor mir, nicht ohne dass mich ein plötzlicher Schwindel erfasste, erlitt der Saal Schiffbruch in der Dunkelheit. Nur die Bühne blieb erleuchtet, wie durch eine eigentümliche Feuersbrunst, inmitten der Schwärze. Und auf dieser Bühne gingen die Proben zu "Pelléas und Mélisande" weiter.
Ach, welch geheimnisvolle Verbindung der malerischen Musik Debussys, des wie Musik tönenden Textes von Maeterlinck und des poetischen Bildes von Basaldúa. Heute, nach mehreren Jahrzehnten, vermischen sich die aus so verschiedenen Anregungen entstandenen Eindrücke, und schaffen eine einzige, langandauernde, tiefe und geheimnisvolle, wunderbar schöne Seelenregung, deren meiner Erinnerung unauslöschbar zugeteilte Bestandteile meinem Bewusstsein die Einheit aller Künste bestätigen, jenseits jeglicher unterschiedlicher Einteilung der ästhetischen Aussdrucksformen.
Es erklang die helle Stimme des Pelléas: "Toute ta chevelure, Mélisande, toute ta chevelure est tombée de la tour! . . . Je la tiens dans les mains, je la touche des lèvres . . .". Die Musik wogte, als ob sie unterhalb eines Flusses flösse. Ich war ins Atelier zurückgekehrt; hatte den blauen Mantel des Cavaradossi aufs neue umgehängt; hatte die gewohnte Haltung wiederum eingenommen, still die Hände aufs Buch gelegt; und heimlich sättigte sich das Bildnis, unter den beschwörenden Pinselstrichen des einzigen, der in diesem Raume Leben zu haben schien, mit der Seele des Theaters, das uns in sich einhüllte.

***

Die zweite Episode, von der ich berichten muss, erlebte ihr Vorspiel während einer gutartigen aber lange Zeit pflegebedürftigen Leberenzündung, die mich im Jahre 1963 fast vier Monate lang ans Bett fesselte. Während dieser Zeitspanne habe ich viel gelesen; übersetzte in Versen "Les femmes savantes" von Molière; begann Photographien und Zeitungsausschnitte in ein dickes Album einzukleben, das erste von einer neunbändigen Reihe. Damals erfuhr ich auch von der Arbeit, die Chagall ausführte, um die Kuppel der Oper von Paris mit einem neuen Deckengemälde auszustatten. Und, während der langen, mehr oder weniger nachdenklichen Ruhepausen, zu welchen die Krankheit mich zwang, reifte in mir allmählich der Vorsatz heran, etwas Aehnliches für das Teatro Colón zu erlangen.
Ich überzeugte mich, dass die Einverleibung einer solchen Malerei weitaus berechtigter in unserem Theater sei als in der Pariser Oper, die ja schon über eine gemalte Kuppeldekoration verfügte, während in Buenos Aires wir eine solche seit langen Jahren eingebüsst hatten, infolge von Feuchtigkeiten und Nässe, die durch eine improvisierte Luftkühlung anlässlich einiger Faschingsbälle, aus Nachlässigkeit und Unvorsicht, verursacht worden waren. Anstelle der Malereien ergab sich rund um den grossen Deckenleuchter, ein nackter, grauer Raum, der unser Theater wie eine ungerechtfertigte Kahlköpfigkeit beschämte.
Ich kannte bestens alle Künstler, die sich vor zwanzig Jahren hier auszeichneten. Ausführlich analysierte ich den Werdegang und die Charakterzüge eines jeden dieser Künstler, um jene Eigenschaften ausfindig zu machen, die sich meinen Ansprüchen bestmöglich annäherten. Der Maler musste, laut meiner Ueberzeugung, fähig sein seinem Künstlertum Ausdruck zu verleihen und sein Werk zu schafen, ohne dass dasselbe einen eigenwilligen Misston im ausgewägten Milieu ergeben könnte, aber auch, dass er fähig sei seine künstlerische Eigenart ungetrübt zu bewahren, weil ich den, späterhin in Paris bestätigten, Argwohn hegte, dass der Beitrag Chagalls in der "Opéra" geradezu die gegenteiligen Resultate hervorbringen würde. So war es ein Leichtes, richtiggehend logisch, dass der geeignetste Künstler Raúl Soldi sein müsse. Selbst die geradezu magische Umwelt in der Soldi als Kind, umgeben vom Zirkus und Bühnenkunst, wo auch das "Belcanto" erblühte, aufgewachsen war, wies darauf hin, dass er der Auserwählte sein müsse der das Teatro Colón mit einem Kuppelgemälde auszuschmücken hatte, das, den Saal krönend, gleichzeitig der Beitrag unserer Zeit zum herrlichen Bauwerk bedeuten würde.
Ich trat mit ihm in Verbindung und augenblicklich merkte ich, dass dieser Vorschlag seine Begeisterung erweckte. Kurz darauf besuchte er mich und gestand mir, dass seine Erregung und Begierde, um mit dieser Arbeit beginnen zu können, so gross wäre, dass er sie ohne jegliche Bezahlung ausführen würde. Sogleich riefen wir unseren gemeinsamen Freund Alberto Prebisch, Oberbürgermeister von Buenos Aires, telephonisch an und berichteten ihm von unserem Vorhaben. Seine Beistimmung war so unmittelbar, wie die Soldis, der sogleich, ohne Zeit zu verlieren, angespornt von der Zusage des Stadtoberhauptes, mit den Entwürfen für sein Werk begann. Aber es sollte nicht die Verwaltung Prebisch sein, welche diesem Plan den entscheidenden Anstoss gab. Das Projekt schlummerte bis, während der Verwaltung des Oberbürgermeisters Francisco Rabanal, Frau Zulema Paz Zuberbühler de Hueyo, Gattin des Versorgungs-Sekretärs der Stadtverwaltung, zufällig den Entwurf des Kuppelgemäldes in Soldis Atelier kennenlernte. Sie war es, welche es fertigbrachte, dass dieses Werk mit amtlicher Genehmigung ausgeführt werden konnte.

Im Monat Dezember 1965 besuchte ich das Atelier des Künstlers und sah dort das grosse geistreich erfundene Rad, das drehbar war, und auf dem der Meister das Rondell der Figuren verteilt hatte, die er auszuführen gedachte, wie in vielfarbiges Ballett, für die Kuppeldecke des Teatro Colón. Was ich sah war eine verfeinerte Vervollkommnung meiner Vorstellungen. Sänger, Tänzer, Schauspieler der "Commedia dell'Arte", verknüpften sich in leichtem Rhythmus, die 318 Quadratmeter der Kuppel auszufüllen. Einige Zeit später wurde mir die Auszeichnung zuteil bis zur hohen Kuppel hinaufzusteigen, über eine schmale Brücke gehend, die vom siebenten, dem höchsten Rang des Theaters, hinüberführte. Kaum erkannte man unten in der Tiefe, verkleinert, jenseits der aneinandergefügten Stützen des Gehsteiges, der uns trug, die Bühne. Soldi war dabei die zartgearteten Durchsichtigkeiten seiner feinsinnigen Malereien zu retuschieren. Ich war ihnen so nahe, so sehr umringten sie mich, dass ich, wie im Märchen, das Gefühl hatte in sie flüchtig eindringen zu können, nachdem ich eine angsterregende Schlucht überbrückt hatte, um in dieses Reich zu gelangen, in dem die verzauberten Wesen heimisch sind.
Endlich, am 25. Mai 1966, der Eröffnungsvorstellung der Saison, wohnte ich in tiefster Rührung der Einweihung des Werkes von Soldi bei. Ich erinnere mich, dass im Saal, als wir eintraten, alle Lichter angezündet waren, ausser denen des grossen Deckenleuchters inmitten der Kuppel, und dass, als das Publikum, das das gesamte Haus ausfüllte, Platz genommen hatte, alle Lichter plötzlich ausgelöscht wurden, während gleichzeitig der grosse Deckenleuchter aufstrahlte und alle Lampen der oberen Ränge. Da oben, ganz oben, befanden sich, unbeweglich, als ob man diese märchenhafte Spirale aufdrehen müsse, alle jene Fabelwesen, welche sich zu verneigen schienen, um die Einmütigkeit des allgemeinen Beifalles zu empfangen. Von einer Loge zur anderen, über die Weite des im Dunkel halbuntergetauchten Saales hinweg, entdeckten Raul Soldi und ich uns gegenseitig und, als das Theater vollständig wieder erleuchtet wurde, hoben wir unsere Arme in einem brüderlichen Freundschaftsgruss.
Natürlich fehlte es nicht an Kritiken; sie fehlen niemals, wenn es sich um Neuerungen handelt. Nun sind siebzehn Jahre verflossen. Heute gehört das Rondell Soldis so sehr zum Teatro Colón wie die kleinen Putten die über der Bühnenöffnung mit den musikalischen Notenzeichen spielen. Und, inmitten dieses Rondells, hält eine der kleinsten Figuren eine Einhornsmaske in der Hand, als Erinnerung an denjenigen, der in der Ferne seines Krankenlagers eines Tages diese liebenswerten Figuren erträumt hatte, welche nunmehr, bei Tag oder Nacht, sei das Theater menschenerfüllt oder leer, in dieser Kuppel ihren Reigen vollführen zur Glückseligkeit dieses heissgeliebten Teatro Colón.

***

Ein Jahr nach der imposanten Einweihung von Soldis Deckengemälde, begann die dritte und längste Periode der Reihe meiner Erlebnisse, die ich heraufbeschwöre. Im Mai 1967 wurde in Washington die von Alberto Ginastera komponierte Oper "Bomarzo" uraufgeführt, deren Handlung von meinem gleichnamigen Roman übernommen wurde. Der Erfolg des Werkes war wirklich aussergewöhnlich und Berichte über dasselbe füllten, voller Lob, lange Spalten in Zeitungen und Zeitschriften. Der argentinische Botschafter, Dr. Alvaro Alzogaray, lud uns zu einem glänzenden Festmahle in dem Gebäude der diplomatischen Vertretung ein, bei der zahlreiche bedeutende Gäste teilnahmen, angeführt vom Vizepräsidenten der Vereinigten Staaten, Mr. Humphrey. Die allegorischen Ungeheuer des sakralen Waldes von Bomarzo waren auf grosse Leinwände gemalt worden, die den Festsaal dekorierten, und die Langusten, die in grossen Silberschüsseln serviert wurden, waren vom Küchenchef als G-Schlüssel zugerichtet worden. Der freigiebige Botschafter gestaltete dieses Fest zu einem grossartigen Ereignis, ohne Kosten zu sparen. Infolge dessen dürfte sowohl er, genauso wie Ginastera und ich, verwundert gewesen sein (und die Ursachen waren wohl für ihn noch schwerer zu verstehen, als für uns), als er erfuhr, dass die städtische Zensur die Erstaufführung von "Bomarzo" im Teatro Colón veboten hatte, die auf den unmittelbar nachfolgenden Monat Juli festgesetzt worden war. Ich erfuhr es in Rio de Janeiro, wo ich die Argentinische Akademie für Literatur bei den Feiern anlässlich des siebzigsten Jahrestages der brasilianischen Akademie vertrat. Ich erfuhr es durch ein humorvolles und rätselhaftes Telegramm Ginasteras. Ich kehrte augenblicklich nach Buenos Aires zurück und tauchte ein in die belustigende und geräuschvolle Polemik, die diese Affaire umknisterte, und bei der in der Einsamkeit ihrer übereilten und albernen Blamage, die scheinheilige und vollkommen irrige Militärregierung jener Zeiten so schlecht davonkam.
Danach . . . "Bomarzo", der aus seiner Heimat Verbannte, wurde in New York, in Zürich, in der Bundesrepublik Deutschland aufgeführt und wurde überall mit Lobsprüchen der Kritiker und des Publikums bedacht. Bevor unser Land das alberne Verbot aufhob und für ihren Irrtum eintrat, gingen fünf Jahre seit der Uraufführung in den Vereinigten Staaten vorbei. Es wechselte die Regierung und der neue Kultursekretär der Stadtverwaltung, Carcavallo, telephonierte unerwartet eines Tages um Mitternacht, um mir mitzuteilen, dass "Bomarzo" im nächsten April über die Bühne des Teatro Colón gehen würde. Und so war es! Am Sonnabend, den 29. April 1972 konnten wir, in der Proszemiumsloge des Oberbürgermeisters Saturnino Montero Ruiz und Gattin, Alberto Ginastera und ich, begleitet von unseren Gattinen und von meiner Enkelin Ana Victoria, Zeugen der argentinischen Erstaufführung unseres "verruchten" Werkes sein. Als Genugtuung war die Sache nicht schlecht! Ein hochbedeutendes Publikum von Diplomaten, hohen Funktionären, Schriftstellern, Künstlern, Persönlichkeiten der traditionellen hohen Gesellschaft von Buenos Aires, füllte vollständig den Saal und fügte seinem Glanz den Luxus von strahlenden Juwelen, von kostbaren Stoffen,von gestärkten Hemdbrüsten der Galakleidung hinzu. Die Harlekine, Spielleute und Tänzerinnen von Soldi blickten zu uns herab.
Als die Aufführung zu Ende war, folgten die geräuschvollen Beifallskundgebungen, für Antonio Tauriello, den Dirigenten, die Sänger Salvador Novoa, Isabel Penagos, Joanna Simon, Claremae Turner . . . für Tito Capobianco, den Spielleiter, für Araiz, den Choreographen . . . Als das Werk zu Ende ging, zerrte mich Ginastera plötzlich und mit nervöser Hast aus der Loge der Stadtverwaltung. Zusammen eilten wir treppab und durch vielfache Gänge der Bühne entgegen —er leitete mich durch das Theaterlabyrinth— und kamen dort zu dem Augenblick an, als Capobianco unsere Anwesenheit erheischte. Mir stand es zu als letzter auf die Bühne zu kommen. Das Publikum im Parterre, den Logen, in der "Cazuela", der "Tertulia" und dem "Paraíso", hatte sich erhoben und aplaudierte ohne Unterbrechung. Wir fassten uns bei den Händen und der Meister und ich traten vor, auch unter dem Beifall der Interpreten unseres Werkes. Während das Händeklatschen anschwoll und der Vorhang sich vor der Dekoration mit dem Höllenschlund aus Bomarzo hob und senkte (jener Höllenschlund, der mir in der fernen etruskischen Landschaft meinen Roman eingegeben hatte), grüsste ich und bedankte mich und zum ersten Male erfasste ich die Gesamtheit des Saales von der Bühne aus, wie wenn ich einer der Darsteller wäre. Welch eigenartige, berauschende Empfindung! Auf die gleiche Art und Weise wie ich oftmals vom Saal auf die Bühne geschaut hatte, und diese wie ein unbewegliches Freudenfeuer, das aus Schatten entsprang, auf mich wirkte, so schaute ich jetzt in den Saal, seine goldene und rötlich getönte Unermesslichkeit, seinen Glanz, seine Lichter, geradeso als ob ich vor einem halbrunden Feuer stünde, dessen Brände zitternd von Stockwerk zu Stockwerk stiegen, bis sie inmitten der gigantischen Deckenlampe mit ihren vierhundertfünfzig Glühbirnen, bersten wollten.
Seit jenem Tage sind wir mit dem Teatro Colón nicht nur mit dem Triumph des von uns in aller Harmonie geschaffenen Werkes verbunden, sondern auch in scharfsinniger Erkenntnis des Triumphes der Wahrheit der Kunst über die Verwirrung der Unkenntnis, über die Plumpheit der Schranken einer blinden Zensur.

***

Wir sind nun, Schritt für Schritt, bis zur letzten grossen Erinnerung vorgedrungen, die bis heute meinen eignen Blickpunkt mit dem majestätischen Ebenbilde des Colón vermengt. Dieses letzte Erlebnis wickelte sich 1978 ab, zwischen dem 16. Januar und dem 13. August und gelangte ein Jahr später zu seinem Höhepunkt. Es ist aber andererseits wahr, dass ich im Vorjahre, also 1977, in intimster Weise mit dem Teatro Colón Fühlung nahm, wenn ich auch mein cordobeser Heim des "Paraíso" kaum verliess.
Ich begann damals Aufzeichnungen zusammenzustellen, die es mir ermöglichen würden den neuen Roman "Das grosse Theater" zu schreiben, denn es hatte sich mir der phantastische Vorsatz in den Kopf gesetzt (und ich nehme an, dass es annähernd das ist was man allgemeinhin "Inspiration" nennt), einen Roman zu schreiben, der vollständig im Teatro Colón spiele. Schon früher, viele Jahre vorher, hatte ich an einen Roman gedacht, der "Die Theaterloge" als Titel führen sollte, und der als Milieu das des gleichen Colón gehabt hätte, aber dieser Vorsatz blieb, wie so manche andere

meiner Ideen in jener vielbewohnten Unbestimmtheit, in der so viele unerfüllte Projekte eingetaucht sind. Dieses Mal schätzte ich mit Klarheit die Vorteile ab, die meiner Einsicht entsprangen: mein Roman, sollte ich ihn zur Ausführung bringen, wäre der erste innerhalb unserer Literatur, der im Inneren des Teatro Colón spielen und der– ausserdem, infolge dieser Umstände, eine Ehrung meinerseits für das Theater darstellte, dem ich so viele glückliche Ereignisse meines Lebens verdanke. Ich begann also zu arbeiten und je weiter sich mein Vorhaben in meinem Geiste festigte, umsomehr gefiel mir dieser Plan, hauptsächlich weil ich zur Ueberzeugung gelangte, dass die Handlung des Buches in keiner Weise die Räumlichkeit des Theaters verlassen dürfe.

Ich wiederhole, dass ich jenes Jahr 1977, während sich bei mir die Notizen anhäuften, so verlebte, als ob das Colón mein eigenes Haus sei. An mehreren Vormittagen bin ich durch das gesamte Theater von einem Stockwerk zum anderen unter der unerlässlichen Führung von Hernán Prat gegangen. Die Lichter des Saales wurden des öfteren für mich erhellt, einzig für mich, damit ich die handelnden Personen placieren könne; dieselben erlangten klare Umrisse im Verlauf der Monate. Nach mehreren Ausschliessungen erwählte ich "Parsifal" als das Werk, welches infolge seines Charakters am besten für die Vorstellung eines Gala-Abends im "grossen Abonnement" passen könnte, die der Grund für die heraufbeschworenen Intrigen sein würde. Ich hatte das Jahr 1942 erwählt, das Jahr meines Bildnisses, das Basaldúa gemalt hatte, um in dasselbe dieses Werk Wagners zu placieren, wissend, dass es im Verlauf jener Spielzeit dargeboten wurde. In "El Paraíso" hörte ich zweimal die Schallplattenaufnahmen der "Parsifal" Wiedergabe in Bayreuth aus dem Jahre 1951, zusammen mit meinen Freunden, die Romanschriftstellerin Sara Gallardo und den Dichtern Villordo und Monestorolo. Da ich kein Deutsch spreche, folgte ich der Musik mit einem italienischen Libretto, welches die Leitmotive am Rande verzeichnete. Später bekam ich ein deutsch-englisches Textbuch. Ich war besorgt wegen der Zeiteinteilung, des Zeitablaufes der Handlung auf der Bühne und der komplizierten Abläufe im Saale.

Was hat mir da nicht alles Sorgen bereitet, während meine Nachfragen hin und hergingen, und ich die Hilfe der Eingeweihteren einholte, wie Victoria Ocampo, Julia Bullrich de Saint, Juan Andrés Sala, Ricardo González Benegas und, selbstredend, des geduldigen Hernán Prat, und vieler anderer! Hier zitiere ich einige Beispiele:

"Wie kommt der Bühnentrick der von Klingsor geworfenen Lanze zustande, die genau über dem Kopfe Parsifals anhält?"

"Was machten in den vierziger Jahren die Sänger während der Pausen? Begaben sie sich in ihre Garderoben oder verblieben sie hinter den Kulissen auf der Bühne, sich dort unterhaltend oder was sie sonst hätten tun können? Was machten der Dirigent und die Orchestermusiker? Wo waren damals die Künstlerzimmer placiert? Musste man Treppen auf-und absteigen?"

Kann man von der linken unteren Proszeniumsloge aus den Souffleur sehen? Kann man beobachten wie er die Blätter wendet? Was sieht man von dort aus innerhalb der Kulissen?"

"Wie war das Orchester damals zusammengesetzt? In der "Voyage artistique à Bayreuth" wird von zweiunddreissig Violinen gesprochen. Waren es hier ebensoviele?

Wie wurde im Verlauf des Krieges, in Buenos Aires ein Werk Wagners aufgenommen, dem Lieblingskomponisten Hitlers? Ich nehme an, dass die Dirigenten (Kleiber und Busch) keine Hitler-Anhänger waren. Oder musste man das sein, um die Werke Wagners durch die gesamte Welt zu führen?"

"Wohin ging man im Jahre 1942 nach dem Theater? Ging man in das Café "París" . . . oder vielleicht in das weniger elegante "Aguila"? Ging man damals schon ins "Edelweiss"? Gab es das damals schon?"

Und so weiter, bis zur Unendlichkeit! Brief and jene Freundin, oder an eine andere, sie eilig anspornend, nach der Art des Proust, zuruckzudenken, wie die auffäligsten Abendkleider (Obacht: 1942!), aussahen. Brief an Dr. Jorge Cranwell, Leiter der Abteilung für Kriechtierkunde im Museum für Naturkunde in Buenos Aires . . . wegen der argentinischen Schildkröten; Brief an meine liebe Victoria, die bald daraufhin starb, um mir das unauffindbare Sonnett Verlaines über Parsifal ausfindig zu machen . . . und Briefe und Briefe . . . und Lektüren und Lektüren . . .

Am 17. Januar 1978, ein Tag nach Beginn der Niederschrift meines Romans, hielt ich entsetzt inne. Welche Beweise hatte ich, ob damals "Parsifal" in Abendvorstellungen dargeboten wurde, ein Umstand der unumgänglich für die Schaffung des Milieus meines Buches sein musste? Die drei Programme des "Bühnenweihfestpiels", die ich besass, kündigten als den Anfang der Vorstellungen auf vier oder fünf Uhr nachmittags an. "Das grosse Theater" brach in sich selbst zusammen! Ich schrieb Fragebriefe an Spezialisten und, nach so viel vorbereitender Arbeit, verbrachte ich einige Tage, die ich keinem anderen wünschen möchte, bis Hernán Prat mir mitteilte, dass im Jahre 1942, am 28 August, unter Leitung von Busch und mit Bühnenbildern von Basaldúa, die zwölfte Vorstellung im grossen Abonnement um 20.15 Uhr begonnen hatte. Ich atmete zutiefst auf und schrieb weiter. Ich habe ein ganzes Jahr gebraucht, um alle die untergründige Information zusammenzustellen, die die Echtheit meines Romans unterstreichen könne, aber habe bloss acht Monate gebraucht, um ihn niederzuschreiben.

Am 19 August 1979 wurde das eben erschienene Buch im "Goldenen Foyer" des Theaters vorgestellt. Ich kann meine Gemütsbewegung jenes Nachmittags nur mit jener anderen vergleichen, die ich am Abend des "Bomarzo" empfunden hatte. Das vorige Mal, als ich die wohlverdiente Genugtuung zusammen mit Ginastera empfand, der uns aus dem grossartigen Saal und seinem Halbkreis des Parterres und der Logen dargeboten wurde, geschmückt und erleuchtet, und der Komponist und der Romancier sich vor dem Beifall auf der Bühne verbeugten; dieses Mal, die Feier des Romans des "Grossen Theaters" fand in dem Prachtsaal der Pausen und der Empfänge statt, dem "Foyer" mit den mythologischen Glasmalereien, den hohen Spiegeln und den Säulen mit schlanken Kapitelen, der in Bereitschaft gewesen war, von dem, der in ihm jetzt gefeiert wurde, benützt zu werden, um in diesem Raum einige der wichtigsten Episoden seines Buches zu placieren, und der, an diesem Tage, verschönt wurde durch die Anwesenheit der schönsten Frauen von Buenos Aires.

Da las ich nun eine kurze Dankesadresse, an alle diejenigen gerichtet, die mir mit nützlichen Erinnerungen geholfen hatten, und ich weiss auch, dass ich in einigen Pausen, als ich meine Augen erhob, mir einbilden konnte, dass sich dort unter dem Publikum, das mich umgab, sich auch jene zahlreichen Gestalten befanden, die durch den Roman streifen und die ich nicht mehr ausschliessen konnte aus der "Petite histoire" des Theaters, da auch sie Spiegelbilder waren von so vielen wirklichen Persönlichkeiten, die ich kennengelernt oder erahnt hatte.

***

Ein Bildnis, der Vorschlag für ein Rondell in der Kuppel, das Textbuch zu einer Oper, ein Roman: das ist, bis heutigen Tages, mein individueller Beitrag zur umfangreichen Anekdotensammlung des grössten Theaters der Republik. Wenn jeder von uns, der mit diesem Hause im Verlauf seines Lebens mit ihm genauso intensiv verbunden gewesen ist —und jeder von uns etwas eigenes zu erzählen hätte—, sich entschliessen würde, den Bericht seiner Erfahrungen niederzuschreiben, erahne ich, dass die Ernte aller unserer verschiedengearteter Erfahrungen unerwartete Schätze zu Tage bringen könnte. Vielleicht würden wir dann vestehen, welche unsere Gespenster sind, und woher sie kommen, woher unsere Träume stammen, die unfühlbaren Pfade der Hoffnung und der Enttäuschung, welche geheimnisvollen Einwohner das Theater beleben; woher es kommt, dass wir fühlen auf dem unbesetzten Platze neben uns könnte sich ein unsichtbarer Zuschauer befinden; wieso wir auf einmal erfahren haben, wenn wir zerstreut durch einen menschenleeren Gang des Theaters gehen, dass wir nicht allein sind!

Manuel Mujica Lainez
"El Paraiso", Marz 1983

DAS EDLE BAUWERK UND SEINE AUSSTRAHLUNG

Viel ist über das Teatro Colón und seine Bedeutung gesagt worden, aber selten hat man seine Architektur als gültiges Zeugnis für eine Epoche erörtert.

Drei Architekten haben an ihm gearbeitet; jeder von ihnen hat diesem Bauwerk seinen Stempel aufgedrückt und beeinflusste somit das Gesamtresultat des Gebäudes.

Francisco Tamburini war der erste, ein italienischer Architekt, der hierher verpflichtet worden war, um die Arbeiten am Regierungsgebäude, der "Casa Rosada", abzuschliessen; bei ihm ist es leicht seinen entscheidenden Einfluss aufzufinden. Victor Meano, Schöpfer des Kongresspalastes, führte

den Plan von Tamburini mit einigen Abänderungen weiter und nach seinem Tode blieb der Bau zunächst unterbrochen, bis ihn der Belgier Julio Dorval abschloss.Dieser Architekt ist auch der Schöpfer der Anlagen des "Palermo" Parks.
Die eklektischen Richtungen des neunzehnten Jahrhunderts addieren sich in diesem Falle mit den verschiedenen Nationalitäten und der jeweiligen Ausbildung dieser Baumeister und dazu kommen noch die Eigenheiten der Künstler, die die Ausstattung des Theaters fertigstellten.
Ein unverkennbarer italienischer Einfluss kann in seinem Aufbau festgestellt werden, was selbstverständlich scheinen mag mit den Ereignissen, die dann auf der Bühne stattzufinden hatten. Die französischen Stilrichtungen konnten selbstredend nicht fernbleiben und deren Eigenarten kann man in unzähligen Einzelheiten ersehen. Dennoch entspringt zweifelsohne aus diesen spezifischen Eigentümlichkeiten, die den Zeitpunkt jedes einzelnen der Details bestimmen, die sowohl im Saale, wie in den Empfangsräumen, den Seitengängen und sogar auf den Terrassen sichtbar sind — und letztere sind selbst für jene kaum bekannt, welche das Teatro Colón sehr oft besuchen—, ein klar umschriebener Stil der Jahrhundertwende, ein Zeitstil 1900.
Das beweisen am besten jene eleganten Frauenfiguren, die sich paarweise von den Vorderlogen herabneigen, die zweifelsohne aus Uebersättigung zu Musikkritikerinnen wurden, und ihre Züge, wenn auch innerhalb des neuklassischen Stiles, gehören zweifelsohne in jenen Zeitgeschmack. Der Künstler der sie schuf war der Bildhauer Trincero, der auch für die Skulpturen der Fassade verantwortlich war und die, zusammen mit allen anderen Einzelheiten, die Eigennote des Gebäudes verursachen.
Es gibt unzählige solcher Einzelheiten, die meistens unbeobachtet bleiben, einige auf den schon erwähnten Terrassen mit ihren Treppenstufen aus texturiertem Eisen, den äusseren Verschalungen der Glaskuppeln und ihrer Schutzleisten, ebenfalls aus Eisen, welche kleine Pavillons im Geiste der Kunstbewegung der industriellen Revolution darstellen, und deren Zugangstüren zu den Glasgemälden uns einen ungewohnten Blickpunkt ermöglichen, so unerwartet, wie ihn der Durchblick durch den Deckenleuchter, von oben aus, in den Saal gewährt, ein Bild welches für eine Generation untrennbar mit dem "Phantom der Oper" war.
Selbst auf die Gefahr hin, zuviele Einzelheiten hier aufzuzählen, verdienen es manche derselben Ausstattungsteile erwähnt zu werden, da sie hochoriginell sind und ihren eigenen Zauber dem Bauwerk hinzufügen, obgleich sie reinen Nützlichkeitswert beinhalten. Dies ist der Fall von den offenen Behältern für die Feuerlöschspritzen, die aus einem halben Rad aus durchlöchertem Eisen bestehen, aus welchem die Spitze des Feuerlöschers wie ein Schlangenkopf herausragt, bereit, um sich beim Ertönen der Musik emporzuheben. Genau den gleichen Nützlichkeitswert haben die kleinen Bronce-Lampen, die die Notausgänge erleuchten, mit ihrem Kristallglobus und einem hutförmigen Schutzdeckel, der die Leuchtkraft kontrolliert, oder der sich vielleicht von selbst abheben könnte, um die Künstler des "Bel-canto" auf der Bühne zu begrüssen. Wenn man die Hauptportale des Theaters durchschreitet, beginnt man in eine veränderte Wertskala einzutauchen; man wird umringt von einer bernsteinfarbenen Atmosphäre, die mit einigen goldenen Reflexen durchwoben ist, nachdem man die grossen Marmorfreitreppen überwunden hat, die man nur in die Zeit um die Jahrhundertwende datieren kann. Und ausserdem, wenn man genau auf die Treppengeländer hinschaut, bemerkt man kaum sichtbar, die Eindrücke von vor vielen Jahrhunderten fossilisierten Muscheln, ein Effekt der sicherlich bei der Ausschmückung nicht mit einkalkalkuliert wurde, der aber ein weiteres, nicht uninteressantes Detail hinzufügt.
Gemäss der Vorstellungen jener Epoche, wurde der Fussboden der grossen Eingangshalle des Hauptgeschosses, der mit dem der Kathedrale gleichaltrig ist, aus Mosaiken gestaltet, dessen Farben: blau, ocker, verschieden graue Tönungen und graublau, mit einer besonderen Reihe von Ornamenten und dem Mobiliar zusammenstimmen, und dem Bildblick zugehören, den Lucchino Visconti mit hoher Intelligenz in seinen Filmen vermittelt hat.
Man kann alle diese Einzelheiten nicht in Betracht ziehen, wenn man nicht gleichzeitig an die Anwesenheit des Publikums denkt, das sich in diesem Rahmen bewegt und sich mit diesem Milieu in eine Einheit verwandelt. Diese ergibt ein doppeltes Szenarium: die Bühne, auf der die Künstler auftreten und jene andere, die die Musikliebhaber vereint, und einen oder anderen "Snob", in dem Ritus des Zuschauers, der durch diese Empfangsräumlichkeiten zum grossen Theatersaale schreitet, in dem sich auch halbversteckte Logen für Witwen befinden, die für den vorurteilslosen Opernbesucher von heute unglaublich zumuten.
Es ist geradehin jener Saal, mit seinen unteren Logen, die noch mit Vorhängen von gesticktem Samt geschmückt sind, deren Halbflügel an der Wand befestigt sind, so dass sie wirken wie lange Frauenröcke, wenn einst die Damen aus ihren Karossen stiegen. Mitten unter diesen Vorhängen befinden sich Wandbehälter für Duftzersteuber und bronzene Wand-Zigarrenaschenbecher, die von Gewohnheiten zeugen, die heute nicht mehr gebräulich sind.
Unsere Freundinnen, die schönen Venusstatuen der Proszeniumslogen liegen nicht für sich allein in den Höhen. Neben ihnen, auf der Decke des Bühnenvorhauses befinden sich mehrere Putten, die mit rosa Sepiafarben gemalt wurden, und die den riesigen Hauptvorhang bekrönen. Sie werden lebendig in dem Augenblick, wenn langsam das Licht im Saale abgedämpft wird, kurz vor Beginn der Aufführung, und sich der Vorhang verheissungsvoll öffnet.

José María Peña

UEBER DIE ZIELE DES HOEHEREN KUNSTINSTITUTS DES TEATRO COLON

Einem so hochbedeutenden Kunstzentrum, wie es das Teatro Colón der Stadt Buenos Aires darstellt, Leben einzuhauchen war eine grossartige Leistung. Gleichfalls zeugt es für die sinnreiche Einstellung hochherziger Persönlichkeiten, schon im dritten Jahrzehnt unseres Jahrhunderts, als sich unser Theater noch in seinen Anfängen befand, erkannt zu haben, dass es notwendig sein würde im gleichen Hause mit der Ausbildung einheimischer Künstler zu beginnen.
Die Ziele des Kunstinstitutes des Teatro Colón sind folgende: Talente auszubilden, Künstlern Wege zu weisen, Hilfe zu leisten jungen Studenten, die in sich die Berufung zur Kunst fühlen, damit sie zu einer klaren Entscheidung gelangen können: Sänger, Tänzer, Regisseure, Korrepetitoren, Souffleuren, Maskenbildner. Um solche Ziele in Wirklichkeit umzusetzen bedarf es der Abwicklung einer vielschichtigen Arbeit, die sehr unterschiedliche Aspekte umfasst: man muss Kandidaten auswählen nach eingehender Prüfung ihrer Eignung für jede dieser Karrieren, denselben die notwendigen Informationen und technischen Hinweise für ihre bestmögliche Entwicklung erstatten, sie unterstützen in allen konfliktiven Randerscheinungen ihrer Ausbildung, auch wenn es um berufliche Fragen geht, es ihnen ermöglichen sich selbst objektiv zu erfassen und durch eine grundlegende Disziplin ihre Fähigkeiten auszureifen, sie für eine Gruppenarbeit vorbereiten und sie als Fachleute innerhalb ihrer Spezialisierungen zu erziehen.
Diese Grundlagen sind nur vereinzelte Anzeichen der sehr vielschichtigen und komplizierten Erziehung von Künstlern. Vielschichtig und kompliziert, da jeder Künstler im Stadium seiner Ausbildung sehr labil ist; Angst und Verunsicherung müssen abgeschaltet und durch klare Wegweisung ersetzt werden. Ebenfalls muss diese Ausbildung konzessionslos gewährleistet werden, denn die wirkliche Handhabung der ästhetischen Gestaltung kann einzig nur künstlerischen Zielen dienen. Für sie gibt es keine andere Wertgleichung, als diese künstlerischen Inhalte. Somit muss jede Künstler zur Ueberzeugung geführt werden, dass es keine wichtigere Eigenschaft gibt, als jene die aus seinem Künstlertum entspringt und derzufolge er ununterbrochen verpflichtet bleibt, diese unmittelbaren Inhalte zu erforschen.
Es ist nicht leicht ein Künstler zu sein. Noch schwieriger ist es einen solchen auszubilden. Dazu benötigt man ausübende Künstler, die diese Berufung in sich selbst fühlen und die bereit sind, eine solche an jüngere Menschen weiterzugeben. Sie müssen als Meister Vorbilder sein durch ihre Ueberlegenheit in der Erwägung und beständigen Wertschätzung ihrer Tätigkeit des Gebens, der Orientierung, der Führung, der Erklärung der Ziele. Das erfordert auch eine Annäherung zu philosophischen und methodologischen Begriffen, die von den Pädagogen Zeit und Tatkraft verlangen und für die die Leitung des Kunstinstitus in besonderer Hinsicht Verständnis hat. Beständiges Verhalten innerhalb der Ueberlegung und Erwägung von Resultaten: somit müssen die Meister es erlernen Pädagogen zu werden. Klugerweise wurden die Unterrichtssäle des Kunstinstituts in das Gebäude des Theaters eingerichtet, wodurch die Ausbildung nie den Kontakt mit der praktischen Seite der künstlerischen Betätigung verliert. Die Kunststudenten, die in diese Unterrichtsräume einziehen, verdienen es, dass ihnen ihre Lehrer mit Demut entgegenkommen, denn auch sie wachsen in eine geistige Tätigkeit hinein. Eben als: Meister. Hierbei muss überflüssige Routine

vermieden werden: die Arbeit hat auf das Ziel hinzustreben, Individuen mit unübertragbaren persönlichen Resultaten heranzubilden. Diese ist eine Eigenheit eines Lehrganges, der sich in erster Linie mit Menschen von aussergewöhnlicher Sensibilität beschäftigen muss.
Aus diesen Ausführungen kann ersehen werden, dass es sich im Kunstinstitut des Teatro Colón um eine pädagogische Gemeinschaftsarbeit handelt, die in den Aufbau dieser Schule einberechnet wurde. Im Verlauf der Existenz des Instituts wurde ein solches Ziel immer erneut angestrebt. Kann es eine nicht organisch vorgeplante Opern-oder Ballettaufführung, oder etwa eine Inszenierung geben? Schwerlich kann eine künstlerische Ausschöpfung eines Meisterwerkes in einem ungeordeneten Milleu erreicht werden. Aus diesem Grund ist es die Aufgabe des Kunstinstituts des Teatro Colón Menschen auszubilden, als Künstler, als Berufene, die befähigt und entschlossen sind, aus sich selbst heraus alle erdenklichen Leistungen und Ergebnisse anzustreben, um alle Aufführungen und Wiedergaben, die ihnen anvertraut wurden, stets mit allen Mitteln, bis zur Grenze des Möglichen, zur Statur des Meisterwerkes zu verlebendigen.
Diese Ziele sind auch die Ursache, dass das Institut eine Lehrgemeinschaft "mit offenen Türen" darstellt, in dem die Studenten unterwiesen werden verschiedene Standpunkte zu vergleichen, Kriterien zu entdecken und sie zu bewerten, und um sich in die Atmosphäre und den Rhythmus des Theaterbetriebes in der Bundeshauptstadt, in den Provinzen und im Auslande einzuleben.
Diese Zielstellung entspricht in allen Ebenen der Quallität, die das Mutterhaus, unser Theater, für sich beansprucht. Das Institut empfängt tagtäglich, ununterbrochen solche Anregungen und strahlt sie auch wiederum aus, infolge der engen Zusammenarbeit welche ihre unsichtbaren Spuren stets allen Studenten und Dozenten eineicht.
Somit besteht kein Zweifel, dass es Aufgabe des Kunstinstitutes ist, mit seiner eignen Arbeit, dem weltweiten Ruhm des Teatro Colón aktiv beizutragen.

Ana Lucia Frega

DAS TEATRO COLON, DIE OPER UND DIE VERWURZELUNGEN.

Oft wurde mir die Frage gestellt: Welchen Platz nimmt das Treatro Colón unter den grossen Opernhäusern der Welt ein? Vielleicht haben Sie selbst, verehrter Leser, diese Frage einmal gestellt! Ich nehme an, darüber durchaus klare Ideen zu haben und beantwortete immer diese Frage: einen Platz unter den allerersten! Vielleicht müsste ich hinzufügend noch erklären, dass ich es nie versucht habe diese Wertschätzung genau zu umschreiben, denn ich habe es vermeiden wollen dieses Thema in ein byzantinisches Streitgespräch einzufassen.
Sei dem wie man wolle, keine Bejahung, möge sie noch so kathegorisch sein, besitzt einen vollständigen Eigenwert; dieser entspringt nur aus den Erörterungen, die sie zu stützen vermögen. In unserem Falle vervielfältigen sich die Urteilsmöglichkeiten. Aber bevor ich mich mit diesen beschäftige muss ich notwendigerweise noch als Bekräftigung hinzufügen, um dem Konzept eine höhere Klarheit zu verleihen, dass diese Erwägungen ausschliesslich mit dem Teatro Colón als Opernhaus zu tun haben, unter Ausschliessung von anderen wertvollen künstlerischen Befugnissen denen es auch dient, wie das Ballett und das Konzertwesen. Beide Branchen haben ein beachtliches Eigenleben in der trefflichen Geschichte unseres Theaters. Trotz allem verdankt das Colón seinen Ruhm, sein internationales Prestige, in allererster Linie seiner glanzvollen Laufbahn als Opernhaus. Die Oper, dieser eigenständige Fachausdruck, den die Italiener zur Bezeichnung für das im Verlauf der Spätrenaissance entstandene gesungene Theaters prägten, ist wohl nie wieder so gediegen in seiner Eigenart umrissen worden, wie von dem in Italien im Exil lebenden spanischen Jesuiten Esteban de Arteaga, einem Zeitgenossen und Freunde des Padre Martini, in seiner Studie über die Evolution des italienischen Musiktheaters, in dem er sie "die letzte Bestrebung der menschlichen Erfindungsgabe" nannte.
Auf welchen Fundamenten beruht nun die Feststellung, das Teatro Colón sei eines der bedeutendsten Opernhäuser der Welt? Ist es die majestätische Schönheit seiner Architektur, eklektisches Beispiel von Ausgewogenheit und hoher Geschmacksrichtung? Zweifelsohne, das Teatro Colón ist eines der schönsten Operntheater, wenn nicht das schönste unter seinen Artgleichen. Ist es die grossartige, fast an ein Wunder grenzende Vollkommenheit seiner Akkustik? Internationale Sachverständige halten diese für eine der perfektesten der Welt. Seine organischen Betriebsmöglichkeiten im Dienste der Anforderungen von der Zweckmässigkeit der Opernaufführungen? Obgleich die bühnentechnische Einrichtung einige Mängel aufweist, besitzt das Teatro Colón eine Infrastruktur und ein technisches Personal, die es ermöglichen in ihm die kompliziertesten Inszenierungen mit sehr hohem Niveau darzubieten. Mag es vielleicht deswegen sein, weil dieses Theater ein immer lebendiges Zeugnis einer vielschichtigen Operntradition darstellt, die bis in die ersten Anzeichen der Musikausübung in der alten kolonialspanischen Kleinstadt zurückreichen? Oder könnte es darauf beruhen, dass in seinen ruhmreichen Mauern die glänzensten Sterne des Opernhimmels gestern und heute aufgetreten sind? Ist es vielleicht der hohe Anspruch auf Ziele die im kulturellen Bereich angestrebt werden, mit einem sehr umfangreichen Repertoire, an dessen Zusammenstellung sich alle Stilrichtungen und die verschiedensten Schulen aller Nationalitäten beteiligen und dessen Aufbau andere Opernhäuser der Welt als vorbildlich halten? Sind es etwa die pädagogischen Einrichtungen, die durch eine Opernschule vertreten werden, die jedes Jahr neue Berufssänger-Promotionen hervorbringt, oder ist es die reiche Erfahrung und das künstlerische Niveau seiner Ensembles und seiner Techniker, die ihre Tätigkeit Jahr um Jahr durch die Herausforderung und jeweilige beste Resultate unter der Leitung von grossen Meister stählen, deren Lehren aufgeblüht sind aus dem fruchtbarem Samen hervorragender Vorbilder?
Das weltweite Prestige des Teatro Colón, welches mit dem keiner anderen kulturellen Einrichtung unseres Landes verglichen werden kann und den Ehrenplatz, den es inmitten der grossen Opernhäuser der Welt einnimmt, entsteht aus der Addition aller dieser Gründe und aus dem Beitrag anderer Ursachen, deren Aufzählung sicherlich hier zu weit führen könnte. Ich möchte dennoch zwei von solchen Ursachen hier noch unterstreichen, die, meines Erachtens, den Lebensinhalt seines materiellen und menschlichen Potentials bestimmen.
Da es mir an einer weiteren Begriffsbestimmung ermangelt, möchte ich sagen, dass das Teatro Colón eine Seele besitzt: eine Seele, die ihm die notwendige Kraft und den tätigen Geist verleiht, um die ehrgeizigsten Ziele anzustreben. Ich habe oft gesehen, dass die Mitarbeiter des Teatro Colón, jenseits jeglicher beruflichen Rangstufe, alle anonymen Mitschöpfer der Darbietungen, jeden Erfolg der musikalischen und bühnentechnischen Arbeit als ihren eigenen, individuellen, persönlichen feiern, aber auch festgestellt, dass, bei weniger glücklichen Resultaten, sie alle eine ergreifende Traurigkeit erfasst. Diese Wesenseinheit, dieses im Tiefsten verankerte Gefühl aufrichtigster Liebe sind die geheimnisvollen Schlüssel, die zu dem Ursprung der grossen Leistungen und des Eigenstiles des Theaters führen. Unzählige Opernsänger, unter ihnen viele hochbedeutende, berühmte, aus aller Herren Länder, haben mir bestätigt, dass die Atmosphäre des Teatro Colón einmalig sei, verbunden mit vorzüglichen Arbeitsbedingungen, und dass sie sich in derselben zu höchsten Resultaten aufzuschwingen vermögen.
Die zweite dieser Ursachen, und die nicht weniger wichtigere, besteht aus den starken Verwurzelungen, die dieses Theater mit einer Kultur verbinden, die uns als rechtmässiges Erbe zusteht, wie auch aus Berufung und Neigung, und zu der das Teatro Colón als eigentümliche und wirkliche künstlerische Instituton zugehört. Hierbei kommen mir einige Verse unseres Dichters Francisco Luis Bernárdez in den Sinn, die damit in gewisser Hinsicht verbunden sind und die ich mich nicht scheue zu erwähnen, wenn auch der richtige Reim nicht in meiner Erinnerung lebt:
"Was der Baum in seinen Blüten treibt,
Das lebt in ihm auch unter der Erde versunken".
Als ich zum ersten Male mich auf einem Sitzplatz der Mailänder "Scala" befand, und dann in der Wiener Staatsoper, und schliesslich in vielen anderen bedeutenden europäischen Theatern, habe ich dennoch nicht die tiefe Gefühlsregung verspürt, die ich danach empfand, als ich, von der Reise zurückgekehrt, wieder durch die Tore des Teatro Colón schritt, um in den herrlichen Saal einzutreten, den ich seit meiner Kindheit immer besucht habe und in dem sich mir die zauberhafte Welt der Oper eröffnete. Jedesmal wenn ich die Opernhäuser der Welt besucht hatte, immer wieder, habe ich gelernt zu begreifen, dass eine Opernaufführung im Teatro Colón ein schier unvergleichliches Erlebnis darstellt.

Enzo Valenti Ferro

GLANZ UND SCHATTEN DES BALLETTS.

Das Ballet des Teatro Colón und seine Mitwirkenden. Von ihm wird hier gesprochen. Im wehmütigen Spiegel der Zeit schimmern Namen auf, deren

Antlitz, Persönlichkeit, Gehalt ihres Talentes sich sozusagen nur gewandelt haben. Die Traumbilder waren wohl damals, im Jahre 1925, als es gegründet wurde, genau die gleichen Illusionen, die heute die innere Berufung der neuen Tänzer anspornen.
Blanca Zirmaya, Leticia de la Vega und Dora del Grande wurde die Ehre zuteil, die Tänzerinnen zu sein, die dem ersten Ballettkorps des Teatro Colón vorstanden. Vergilbte Photographien zeigen sie und das Ensemble, hoffnungsvoll erleuchtendes Lächeln im Antlitz, bekleidet mit griechischen Tuniken, mit nackten Beinen und leichten Tanzschuhen, so wie sie in jener Zeit für die Uebungsstunden gebräuchlich waren.
Ein Jahrzehnt zuvor hatten jene Persönlichkeiten die Bühne des Teatro Colón betreten, die die Weltbewegung des Balletts begründeten: Nijinsky, Pavlova, Spessivetsa, Karsavina. Die ersten beamteten argentinischen Ballet-Tänzer durchglühte noch die Erinnerung an jene Künstler. Der erste Ausbilder war Adolf Bolm und erzielte choreographische Treffer. Nachher übernahm diese Arbeit Bronislawa Nijinska und später die leuchtende Milchstrasse der bedeutendsten Choreographen des zwanzigsten Jahrhunderts.
Unter vielen anderen, inszenierten ihre Werke Michel Fokin, Boris Romanoff, David Lichine und, inmitten vieler ausländischer Namen, eine Choreographin, die sich in Argentinien niederliess: Margarita Wallmann, die aus Oesterreich kam, um hier ihren Eigenstempel dem neuen Korps einzudrücken. Ebenfalls hinterliessen hier bedeutsame Lehren Georges Balanchine, Leonid Massine, Aurel Milloss, Serge Lifar, Tatiana Gsovsky und Anthony Tudor.
Am einheimischen Ballett-Himmel erstrahlten Sterne, im Verlauf der Jahrzehnte, die viele Namen trugen, die kamen und gingen, Tänzer und Tänzerinnen, die eine argentinische Eigenart in Technik, Stil und Ausdruck schufen: María Ruanova, Mecha Quintana, und es gab auch eine grosse Tanzmeisterin, die unvergessene Esmée Bulnes.
Wie aus jeglichem menschlichen Treiben, entstand das Gewebe dieses historischen Ablaufs aus dem Glanz des Erfolges und der Bitternis des Fiaskos, die Seeligkeit eines Augenblicks gegen die tägliche Marter der Disziplin. Schmerzende Muskeln nach der unermüdlichen Arbeit und hingegeben der Extase des fruchtbaren Auftretens. Das Ballett wird gegoren mit den Zutaten der Poesie, der vollkommen enthüllten Ausdrucksfähigkeit, Geistesgegenwart auf der Bühne, es ist — und man weiss es allzugut— Synthese des Schweisses, Elixir der Liebe, Wut und Beharrlichkeit, mit der notwenigen Zutat eines grossen Quantums von Genialität.
Liebes Teatro Colón: Traumbild des Spitzentanzes, von Drehungen und Sprüngen, von Tradition und Erneuerung.
Da verblieben jene Tänzerscharen und probten weiter in der "Rotunde", alle jene Künstler, die Vorbilder für die Generation unserer Zeit wurden: Esmeralda Agoglia, Michel Borovski, Olga Ferri, Enrique Lommi, Wasil Tupin, Irina Borowska, und jene plötzlich Verunglückten, die ein grausamer Tod dahinraffte: Norma Fontenla und José Neglia, jede dieser Persönlichkeiten mit ihrer eignen unterschiedlichen Glut und einer hinreissenden Individualität. In jener immer gleichen, ungesunden Rundhalle in den Kellertiefen des Theaters, wohin nie ein Sonnenstrahl dringt, unwiederholbarer Sammelplatz für das gestrige Ballett-Korps, wie für das heutige.
Die Zeiten ändern sich: die Tänzer vergessen die Formalität der klassischen schwarzen Trikots und erscheinen nun in Phantasietrachten, vielfarbig, aber sympathisch: unförmige "Pullis", Wollstrümpfe, Plastikhüllen als Wärmer für die Beine oder den Leib, "Maillots" aus "Lycra", Haarbänder, Halsbinden, Kimonos, indische Röcke, zusammengebundene Schals, durchlöcherte Kittel, Fersenschoner, Knieschoner, Langröcke aus verblasstem Tüll, Riesentaschen, in denen sie eine Unmenge von nützlichen und überflüssigen Dingen herumschleppen, und dann die jeweilige Diät, mit Joghurt an erster Stelle, geraffelte Mohrrübe, harte Eier, gegrilltes Fleisch. Lange Haare bei den Männern, Dauerwellen bei den Mädchen, andere mit ganz kurzem Haar, und einige wenige auch mit dem klassischen Haarbund, wie ihn eigentlich Tänzerinnen tragen sollten.
Der Berufstänzer ist heute nicht mehr ein Lebewesen aus anderen Welten; genauso wie jeder andere Sterbliche trägt er "Jeans" und "Tennis"-"Klamotten". Von einem Auftritt zum anderen kleidet er sich in Tüll, Brokat, Spitzen, Seide und Sammt. Er entschwindet in andere Jahrhunderte, in Phantasiereiche, spielt erschütternde Tragödien. Er leidet, ist glücklich, liebt, stirbt und feiert seine Wiederaufstehung nach jeder Aufführung. Er tanzt: das ist sein Leben, und durch seine tänzerische Begabung schmiedet er seine eigne Reife.
Seit Marius Petipa bis zu unserem Oscar Araiz gibt es nur einen einzigen Weg, der zur allumfassenden Liebe mündet. Im Repertoire leben zusammen die Romantiker, die Klassiker, die Neoklassiker, die Modernen, die Zeitgenossen, die Volkstümlichen, die Bodenständigen. Es sind Stile und Gepflogenheiten, die von einem Tanzkorps übernommen wurden, das keine Grenzen kennt, das international sein muss, aber das, mit jedem Schritt, den seine zahlreichen Mitglieder ausführen, ehrenvoll, von Anfang an, von jedem, der seine Seele in die Kunst hineintaucht, miterlebt, voller Hingabe und Liebe, erschaffen werden, als Teil des Teatro Colón und seines vollgültigen Ballett-Ensembles.

Silvia Gsell

DIE ANWESENHEIT DER REINEN MUSIK

Bis zum heutigen Tage entbehrt Buenos Aires eines richtigen Konzertsaales, so wie ihn andere Städte der Welt ihr eigen nennen. Die Anträge für den Bau einer "Philharmonie", die dem reichhaltigen Musikleben, das von Jahr zu Jahr von vielen staatlichen und privaten Organisationen gesteuert wird, Genüge tragen würde, reichen bis in die zwanziger Jahre zurück. Notgedrungen musste sich dieses vielschichtige Musikleben der symphonischen Konzerte, des Oratoriums, der Kammermusik, der Solistenabende, in allen vorstellbaren Abwechslungen, in dem schönsten Saale, mit der besten Akkustik, eine Bleibe verschaffen, in dem Hause der edelsten, aristokratischsten Atmosphäre. So geschah es — und konnte auch garnicht anders sein—, dass sich das Teatro Colón, infolge dieser bis heute nicht überwundenen Placierungsfrage, in den zwangsläufigen Mittelpunkt dieser Musikgattungen verwandelte und es wäre ein unnützes Unterfangen heute dieselben aus diesem Saale zu verbannen, da dieser, als traditionelles Milieu, geradezu prädestiniert ist, diesen hochbedeutenden musikalischen Ereignissen ein Heim zu bieten.
Das Teatro Colón wurde als eines der prunkvollsten Opernhäuser der Welt erbaut, zu einem Zeitpunkt von grossem materiellem Wohlergehen in Argentinien. Die Geschichte dieses Theaters ist auch die des künstlerischen Wachstums dieses Landes. Zunächst vereinzelt, dann in grösseren Zusammenhängen organisiert, beherbergt es das Konzertleben seit den 75 Jahren, die seit der Einweihung dieses hervorragendsten Theaters Lateinamerikas verflossen sind; in diesem Saale tönt ununterbrochen und unvergessen jene Sammlung von Ereignissen nach, die den Glanz des Einzelerlebnisses in der Erinnerung von höchsten musikalischen Spitzenleistungen überdauert.
Wenn man die Ausmasse des Teatro Colón in Bezug nimmt, müsste dieser Saal nur für Orchesterkonzerte und Oratoriendarbietungen in Frage kommen, als Ergänzung für seine Hauptbestimmung als Opernhaus und Ballettbühne. Es ist nicht zu verwundern, dass nach den ersten sporadischen Orchesterkonzerten, als dieses Repertoire "reinster" Musik nur ausnahmsweise in Buenos Aires gepflegt wurde, das "goldene Hufeisen" seines Logenhauses immer häufiger Konzertreihen beherbergte, die für jede Saison, in ihrer Eigenart, einen Höhepunk bedeuteten. Diese definitive Beherbergung begann im Jahre 1920 mit jenen Konzerten, die Richard Strauss, der geniale Komponist und umsichtige Dirigent, mit einem eigens für ihn zusammengestellten Orchester gab.
Seit es im Teatro Colón ein hauseigenes, ständiges Orchester gibt, wurde die Darbietung von regelmässigen symphonischen Zyklen zu einer Notwendigkeit. Diese Konzertreihen erzogen den musikalischen Geschmack des Pubikums und dienten auch dazu, das Orchester als berufliche Institution künstlerischer Geltung, auszubauen und seine Klangfähigkeiten zu verfeinern. Während vieler Jahre war das Orchester des Teatro Colón das einzige von so hohem Niveau in der Bundeshauptstadt. Die Besuche der Wiener Philharmoniker (1922 und 1923) vertieften die Nachfrage des Publikums für die grossen Meisterwerke des anspruchsvollsten symphonischen Repertoires. Erst seit 1947 zählt Buenos Aires mit einem städtischen Symphonie-Orchester, die heutige "Philharmonie", die auch ins Teatro Colón eingegliedert wurde.
Die Versuchung ist gross "hic et nunc" eine Geschichte des Konzertwesens im Teatro Colón aufzuzählen, dabei die Musikliebe des Publikums nachzuweisen und das Echo eines jeden solchen Ereignisses zu dokumentieren. Handelt es sich dabei nun um die Wiedergabe aller Beethoven-Sonaten, die mehrere grosse Pianisten, wie Backhaus und Arrau in diesem Saale darboten, den auch sie für vorbildlich hielten, betrifft es die Verbreitung von Oratorien und Passionen von Händel und Bach, die engelsgleiche Gegenwart der Wiener Sängerknaben (seit 1936), die von Kammermusikensembles und Streichquartetten, das Auftreten berühmter Liedinterpreten, alles

beweist einzig, dass dieser Saal seit 75 Jahren die Achse ist, um die sich das Rad aller musikalischen Ereignisse in seinen höchsten Voraussetzungen dreht.
Im grossen Saale, im Opernhause, finden die Konzerte der Künstler von Weltruf statt. Im prunkvollen Wandelgang des "Salón Dorado" werden Kulturveranstaltungen mit Vorträgen und Kammermusik, bei unentgeltlichem Eintritt, dargeboten. Auch im Saal "Nueve de Julio", dem grossen Opern-Proberaum des dritten Kellergeschosses werden erläuternde Vorträge und musikalische Darbietungen für Mittelschüler veranstaltet. Diese Ereignisse verleihen ebenfalls dem täglichen Rhythmus des Theaters ihr eigenes Gepräge. Es kann auch vorkommen, dass ein Besucher, der vormittags oder am frühen Nachmittag, oder vor Beginn einer Aufführung oder eines Konzertes, durch die "Foyers", die Garderoben-Gänge, die Treppenhäuser oder Vorzimmer geht, plötzlich auf Musiker stösst, die ihre Instrumente stimmen oder "erwärmen", die nochmals einige Passagen üben. Der Nachklang so verschiedener und vielfältiger Töne ergibt eine besonders wohllautende Harmonie, welche unentwegt, unaufhörlich, in den schier unendlichen Labyrinthen dieses vom Schicksal begünstigten Theaters fortlebt, denn dieses Haus ist wie nur wenige andere der Welt für den hohen Zweck der Pflege so unterschiedlicher Ereignisse der höchsten künstlerischen Vitalität augenscheinlich vorherbestimmt worden.

Juan Pedro Franze

DIE STILLE DES HANDWERKERS

Man hat nun schon, mit Recht, den Ruhm der Bühne, die Künstler des Gesanges und des Tanzes, die Virtuosen der Musik, die berühmten Instrumental-Ensembles besungen; nun bleibt noch ein ergreifendes Andenken, eine nicht kleinere, ebenfalls berechtigte Ehrung.
In den Tiefen des Erdbodens, in einem unendlichen Labyrinth von Kellerräumen, von Gängen und Sälen lebt ein opferwilliges und getreues Volk, dass da träumt und ersinnt, und hauptsächlich erschafft.
In den Kellern des Teatro Colón wird eine kaum bekannte Geschichte des Theaters geschrieben. Dort werden auch die Erfolge vorgezeichnet. Maler, Bildhauer, Entwurfzeichner, Modeschöpfer und Schneider, Schuster, Friseure, Schmiede, Zimmerleute . . . ein vielschichtiges Heer von Berufen —Künste und Handwerk—, werden dort zur Arbeit aufgerufen vom unersättlichen und widersprüchlichen Ungeheuer des Theaters.
Dort können wir einer pathetischen und magischen Tätigkeit zuschauen. Alle diese Handwerker und Künstler erfinden nichts für sich selbst; sie erleiden diesen Schöpfungsablauf für andere, für die "Stars" des "Belcanto" oder für die ätherischen, unwirklichen "Ballerinen". Die Diademe und Schmuckzepter, die sie dort schaffen, werden nie von ihnen selbst getragen werden; andere wird die Flügel der Sylphide, der schwere Mantel des Boris oder die Symbole der ägyptischen Pharaone kleiden.
Sicherlich kennen nur sehr wenige die drei geheimnisvollen Kellerstockwerke des Teatro Colón, sehr wenige können sie sich überhaupt vorstellen, ebensowenig jene weltentfernten Mansarden. Unendlich grosse Depots beherbergen und stapeln die Kostüme und bemalte Dekorationsteile von ungezählten Inszenierungen, einige von ihnen scheinen unwiederbringlich vergessen worden zu sein. Da reihen sich nebeneinander, oder stehen sich gegenüber in einem schwindelerregenden Chaos die Riesen-Maskenköpfe aus dem spanischen "Puppenspiel", die "Madonnen" aus "Papiermaché", das stumme Cembalo aus "Werther" und die von Schmucksteinen strotzenden Ikone. In jedem Winkel warten in demütiger Stille alle diese Gegenstände auf die Wichtigkeit der entscheidenden Stunden ihrer Auferstehung auf der Bühne.
An dem Tage dann werden sie eingeordnet werden durch die auswählenden Zauberhände der Requisiteure und Maler. Währenddessen werden sorgfaltig ausziselierte Kleinmodelle von feinfühligen Bildkünstlern ausgedeutet, um das weitläufige Bühnenhaus auszufüllen. Stellen wir uns in dieser Hinsicht einmal vor, welche Ergriffenheit diejenigen fühlen, die den zauberhaften Stil des Landschaftsmalers Ciceri für "La fille du Danube" wieder herausarbeiten, oder jene anderen, die die kolossalen babylonischen Reliefs für "Nabucco" neu herstellen und den verzauberten Wald des "Dornröschens" zu enthüllen trachten.
Es sind demütige, scheinbar plumpe Hände einer ausserordentlich technischen Feinfühligkeit, die im Verlauf vieler Generationen diese Wunder sorgsam gepflegt haben. Diese Hände waren es die noch eine Perle in den Haarschmuck von Claudio Muzio oder eine Brosche an die Weste Beniamino Giglis ansteckten; es sind im Grunde die gleichen welche die Gesichtszüge der neuen "Etoîles" mit der Hilfe der Schminke veredeln oder deren Körper unter Beihilfe von phantasievollen Kostümentwürfen einkleiden.
Alles das wäre nicht möglich ohne das beständig wiederkehrende Gebahren respektvoller Bescheidenheit; nur auf diese Weise kann der Sieg dieser verborgenen Schöpfer des Schauspiels zustande kommen. Jeder von ihnen vermag im Künstler die geheiligte Anwesenheit des Talentes und der Begnadung vorauszusetzen. Dieser unvergleichlichen Eigenschaft opfern sie ihre schätzbarsten Traumbilder und die Verinnerlichung ihrer schöpferischen Einbildungskraft.
Neben ihnen stehen auch die bescheidenen Männer der Bühne: die Maschinisten Requisiteure, Beleuchter . . . Die Hurtigkeit ihrer gestählten Muskeln baut in wenigen Minuten den römischen Palast des "Cellini" auf oder die volkstümlichen Quartiere der "Bohème". Sie gehen mit der gleichen Sicherheit durch die Strassen Moskaus, wie durch die Säle verwunschener Schlösser; sie bauen mit gleicher Behendigkeit das Grab der Giselle oder das Brautbett der Julia auf.
Auch sie müssen jeder Einengung der herrischen Minuten und Sekunden, die der Komponist vorschreibt, gehorchen und sie uberwinden, und jeder Szenenwechsel ist eine durchaus vollwertige Heldentat, die zur Tadellosigkeit jedes Werkes, jeder Inszenierung beiträgt.
Das Labyrinth von Brücken und Seilen, Lichtsäulen und Scheinwerfern kennt die Anwesenheit dieser lebhaften Gruppe von Theaterleuten. Mit ihren unpoetischen Arbeitsanzügen bekleidet, stehen sie der Zauberkraft des Kunstwerkes näher als jeglicher Zuschauer. Sie beneiden weder den königlichen Schwan noch den Prinzen Siegfried, die an ihrer Seite einherschreiten. Ihr Glücksgefühl beruht auf der Ueberzeugung, mit diesen Künstlern die gleichen Träume miterlebt zu haben und dieselben von der Bühne des Teatro Colón aus, für uns alle realisiert und veredelt zu haben.

Angel Fumagalli

VIDA Y GLORIA DEL TEATRO COLON, con texto de Manuel Mujica Lainez y fotografías de Aldo Sessa, se terminó de imprimir el 19 de junio de 1983 en Japón.

Participación en la realización de este libro:

Aldo Sessa: Diseño gráfico
Philip Grushkin: Dirección gráfica
Augusto Cuberas: Diagramación y armado de originales
Carlos Buezas: Asistente de producción
Ina Lorsch: Laboratorio color y blanco y negro
Linas S.R.L.: Fotocomposición
Miguel de Torre: Cuidado de la edición
Yolanda Alderoqui: Traducción al inglés
Maggy Lecoq de Pampillo: Traducción al francés
Leonardo Gigli: Traducción al italiano
Juan Pedro Franze: Traducción al alemán
Taller de Aldo Sessa: Producción general de la obra

Ediciones Cosmogonías, Buenos Aires, agradece especialmente la colaboración de: Teresita G. H. de Sessa, Lisl Steiner, Alberto García Hamilton (h.), Valeria Sessa, Raúl Ricardo Colombres, Leandro Vivet, Ricardo Szwarcer, Alberto B. Alonso, Renato E. Cesari, Jeanette A. de Erize, Angel Pini, José Lococo, Eugenio Scavo, Francisco D'Antonio, Ricardo C. Morales, Manuel Quintana, Enrique Bordolini, Carlos Ortiz, Ernesto Ferreiro, María Teresa S. de Farjat, Aída O. de Sermoneta, Enrique Limbrunner, Roberto Estévez, Liliana Mirabella, Richard del Pino, Santiago Rocca, Osvaldo Lucentini, Francisco Bausili, Susana Ayala, Elías Mejalelaty, Jorge Alonso, Eduardo Sambrizzi, Alberto García Hamilton, Stella Maris Huguetti, Angel Chamosa, Juan Carlos Leonelli, Osvaldo Paggi, Jorge Letemendía, Jorge Kogan, Arturo Muzzio, Julio Alvarez, Daniel Viacava, Orlando Bongiardino, Jean Grushkin, Tomeji Maruyama, William Bianco, Sassiluck S. A., Pirelli, Lutz Ferrando, Rabello y Cía. S.A., Christine Lorsch de Favela, Aldo Demichelis, Barney Duane, Carlos Manuel Muñiz, Eduardo García Mansilla, Carlos A. Yáñez, Héctor Abal, Eduardo Buenader Frías, Manuel Guerreiro y Oscar Urbinati.

Ejemplar Numero

1203

Se imprimieron 5.000 ejemplares numerados del 1 al 5.000. Además, con destino a los amigos y colaboradores se tiraron 200 ejemplares fuera de comercio individualizados F.C. y 20 más para bibliófilos firmados por los autores con una fotografía original de Aldo Sessa. El total de 5.220 ejemplares constituye la primera edición de esta obra.